유아교육기관 운영관리

유아교육기관 운영관리

류윤석

파워북

머리말

나지막한 나무 울타리 안에 자리 잡은 조그마한 유치원에서 귀여운 우리 아이들이 뛰어 노는 모습을 보고 있노라면 나도 모르게 입가에는 커다란 미소를 머금게 된다. 어디서도 볼 수 없는 멋진 광경이다.

'저 녀석들에게 꿈과 희망을 안겨 줘야 할 텐데…….
어떻게 하면 마음껏 뛰고,
뒹굴고,
만들고,
부수고,
노래할 수 있는 환경을 만들어 줄 수 있을까?'

한 가정의 미래를 자녀들의 성장 모습을 통해서 예견할 수 있다면, 한 국가의 미래는 자라나는 유아의 활동 모습을 통해서 짐작할 수 있다. 외국에서는 교육의 발전은 국가 발전과 직결됨을 인식하고 오래전부터 교육개혁을 통해 유아교육에 박차를 가하고 있다. 과거에는 자녀 교육은 가정에서 보호 위주의 형태로 부모나 가족에 의해서 이루어졌다. 그러나 부모의 사회활동 참여 기회의 증가로 유아들과 함께 할 수 있는 시간이 감소되어 가고 있다. 또한 유아교육에 대한 전문성의 부족과 조기교육에 대한 관심이 높아지면서 이제는 전문 유아교육 기관에 위탁하는 경우가 증가하고 있다.

유치원과 어린이집으로 대표되는 유아교육기관은 취학 전 아동을 주 대상으로 하는 보호 및 교육기관이다. 이들 유아교육기관에서 유아는 부모 대신 교사에 의해서 보호받고, 쓰기 · 읽기 · 노래 부르기 · 그리기 · 만들기 활동을 전개한다. 유아교육기관은 교육기능과 보호기능을 동시에 수행하기 때문에 유아교육에 대한 건전한 이론과 교육 철학을 바탕으로 운영되어야 한다. 이 책은 이와 같은 취지에서 집필되었다.

이 책은 총 13장으로 구성되어 있는데, 우리나라의 유아교육이 유치원과 보육시설로 이원화되어 운영되고 있는 점을 감안하여 유치원과 보육시설에 관한 내용을 병행하여 기술하였다. 내용의 배열은 연중 추진되는 유아교육기관의 업무진행과정에 맞추려고 노력하였다. 제1장부터 제2장까지는 유치원 및 보육시설 운영자 및 교원, 종사자들이 알아야 할 유아교육기관 운영에 관한 이론을 소개하였다. 제3장~제7장에서는 유아교육기관 운영을 위한 실제편으로서 유아교육기관의 설립, 원아모집 및 학급운영, 시설·설비관리, 비품·교재교구관리, 건강관리에 관한 내용을 실었다. 제8장~제13장에서는 학부모연계, 인사관리, 사무·재정관리, 유아교육기관의 질 및 갈등관리, 장학, 평가와 관련된 내용을 실었다. 이러한 내용들은 유아교육기관에서 활용할 수 있는 실제적인 내용들이다. 특히 최근 들어 강조되고 있는 유아교육의 질 관리와 교사의 지도성, 장학, 학급경영, 유아교육기관 운영 평가 등을 비중있게 다루었다.

이 책은 유아교사 양성기관에서 직전 교육을 받고 있는 학생들이나 유아교육기관 운영자, 현장 교원들의 실무지침서 또는 현직 교원의 연수자료로 활용할 수 있도록 집필하였다. 대학에서의 강의교재로 활용할 때는 반드시 이 책의 배열 순서에 따라 강의를 진행하기보다는 대학의 실정에 따라서 순서를 달리하여 지도할 수도 있다.

그동안 관련 과목을 강의해 오면서 나름대로 느낀 점들을 모아서 한 권의 교재로 만들기 위하여 상당한 노력을 기울였음에도 불구하고 막상 탈고를 하고 나니 다수의 부족한 부분이 발견되곤 한다. 부끄럽기 짝이 없다. 독자 여러분의 아낌없는 조언과 질책을 겸허한 자세로 수용하여 더 좋은 교재가 되도록 노력할 것을 다짐하면서 스스로의 위안으로 삼고자 한다. 또한 이 책을 집필하면서 다수의 선행 연구물과 출판물을 인용하였음에도 일일이 출처를 밝히지 못한 점 송구스럽게 생각한다.

끝으로 이 책이 출간되기까지 많은 지원을 아끼지 않으신 파워북 관계자 여러분께 감사의 마음을 전한다.

2010. 3.

순천팔마 고을에서 저자 씀

차 례

제4장 원아모집과 학급편성

제5장 시설 및 설비관리

제6장 비품 및 교재 · 교구관리

제7장 유아 영양과 건강 및 안전교육

제11장 유아교육기관의 질 및 갈등관리

제12장 유아교육기관의 장학

제13장 유아교육기관의 평가

제1장

유아교육기관의 정의 및 유형

제1장

유아교육기관의 정의 및 유형

1. 유아교육기관의 정의 및 체제

교육기관을 분류할 때 교육이 이루어지는 장소에 따라서 가정교육, 학교교육, 사회교육 등으로 분류하고, 교육시기나 교육목적 또는 대상자에 따라 유아교육기관, 초등교육기관, 중등교육기관, 고등교육기관 등으로 분류한다. 이와 같은 분류 방식에 따른다면 유아교육기관은 유아를 대상으로 하는 교육기관으로서 유아의 몸과 마음의 조화로운 발달 도모를 목적으로 하고 있다. 유아교육기관은 장소, 대상, 목적이 분명한 형식적 교육기관으로서 법에 따라 설립되며, 일정한 교육공간에서 보통 취학 전 유아를 대상으로 전인적 성장을 위한 기초교육을 하는 곳이다.

유아교육 대상자의 연령에 대해서는 학자들 간에 견해 차이가 있지만 0~8세까지로 보는 것이 일반적이다. 따라서 유아교육은 가정교육에서부터 초등학교 저학년에 이르기까지를 포함한다 할 것이다. 그러나 유아교육이 이루어지고 있다고 해서 모두 유아교육기관이라고 보기는 어렵다. 왜냐하면 기초교육이 이루어지고 있는 가정에서의 교육은 일반적으로 부모에 의해서 비형식적으로 교육이 이루어지고 있으나 이를 교육기관으로 보기는 어렵다. 형식적이고 체계적인 교육이 이루어지는 교육기관은 법에서 정한 설립 기준을 충족시켜야 하며, 정부가 고시한 교육과정에 근거하여 유아교육을 전개한다. 즉, 유아교육기관은 유아를 대상으로 하면서 유아의 발달 특성에 적합한 교육과정이나 보육과정을 개발하여 이를 적용하는 교육기관이다. 그러므로 유아교육기관은 유아들의 체계적인 보호와 교육을 위하여 국가에서 법 · 제도적으로 공인한 보호 · 교육시설을 말하는 것으로서 유치원과 보육시설을 통칭하는 말이다.

그러나 유아교육기관은 나라별로 교육제도와 정책이 다르기 때문에 그 운영상의 차이를 보이고 있다. 즉, 유아교육기관을 유치원과 보육시설로 구분하는 이원화 체제와 유치원과 보육시설로 구분하지 않는 일원화 체제를 취하는 경우가 있다. 일원화 체제를 유지하고 있는 나라는 유아를 위한 교육은 보호와 교육의 기능을 분리할 수 없는 것으로 보고 교육과 보호의 기능을 통합된 행정체제로 운영하고 있다. 일원화 체제의 대표적인 나라는 영국, 스웨덴, 독일, 북한 등이 있다. 그러나 유아교육기관을 유치원과 보육시설로 이원화할 경우, 명칭, 종류, 목적, 기능 등이 나라와 관할 행정기관 등에 따라 다를 수 있다. 이원화 체제를 유지하고 있는 나라는 유아의 교육기능을 강조하는 행정부서와 유아의 보육기능을 강조하는 행정부서로 나누어 운영하는 행정체제를 유지하고 있다. 이렇게 이원화 체제를 유지하고 있는 나라로는 우리나라와 일본 등이다. 또 다른 이원화 체제를 유지하고 있는 나라는 유아의 연령을 기준으로 나누어 관장하고 있다. 즉, 3세 미만은 보건 및 복지에 치중하여 보건복지부에서 관할하고 3세 이상 취학 전 유아는 교육에 치중하여 교육부에서 관장하고 있다. 이러한 유형의 나라들로는 중국, 프랑스 등이 여기에 해당한다. 우리나라의 경우에는 유아교육기관이 유치원과 보육시설로 이원화되어 있으며, 행정 관할도 유치원은 교육과학기술부 소관이며, 보육시설은 보건복지가족부에서 관장하고 있다. 그러나 유아교육기관을 유치원과 보육시설로 구분할지라도 양 기관의 핵심적인 활동은 유아의 교육에 초점이 맞춰지고 있다.

이상의 유아교육기관 체제를 정리하면 [표 1-1]과 같다.

표 1-1 주요 국가의 유아교육기관 체제

국가	유아교육기관	대상연령	관장부서	교원자격	교사양성기관
한 국	유치원	만 3세~취학 전 유아	교육과학기술부	유치원교사	4년제 대학, 2·3년제 전문대학
	어린이집	0~12세	보건복지가족부	보육교사	4년제 대학, 2·3년제 전문대학
일 본	유치원	3세~취학 전 아동	문부성	유치원교사면허증, 임시면허장	1종: 4년제 대학, 2종: 2년제 및 3년제 단기대학
	보육소	1~5세	후생성	보육교사	4년제 및 2년제 단기대학, 보모양성학교
미 국	유치원(Kindergarten)	4~6세	주정부	주별로 다름. 0~8세 : 지도교사, 유치원~6학년 : 유아원~3학년 : 아동지도교사 등	주별로 다르나 보통 4년제 대학 또는 5~6년제 양성과정이 있음.
	유아원(preschool, nursery school)	2.5~5세			
	탁아소(day care center)	출생~6세			
영 국	유아학교(infant school) : 독립	3~4세	교육 고용부	유아교사	교육대학 3년 이수(보통교육학사), 4년 이수(상급교육학사). 종합대학 3년 이수 후 교육학부대학원 1년 교직과정 이수
	유아학급(nursery school) : 초등 병설				
	사립 유아원	2.5~4세		필수요건 아님	
	놀이집단	2.5~4세		놀이집단지도자	
프랑스	유아학교(ecole matemelle)	2~6세	교육부	교사자격소지자	초·중등교사 자격과 동일과정
	유치원(Jardin d'enfant)	2~6세			
	보육시설(creches collectives	2개월~3세 미만	사회부	준육아전문가	고등학교 졸업 후 전문가 양성과정 1년 후 자격시험

출처 : 곽노의 외(1996), 양옥승 외(1998) 중에서 발췌 정리.

한편, 유아교육기관의 양적인 팽창과 더불어 유아교육기관은 점점 중요하고 복잡한 기능을 수행하고 있다. 즉, 급격한 사회 변화와 가족구조의 변화로 자녀양육 방식에도 변화를 가져와 가족이나 친척 중심의 양육방식에서 집단 육아의 방식으로 바뀌면서(강문희 외, 2006) 유아교육기관이 가정과 같은 역할의 수행을 요구받고 있다. 즉, 급격한 핵가족화 현상과 자녀교육의 중심자 역할을 수행해 오던 여성들의 적극적인 사회 참여로 과거 가정을 중심으로 전개되던 교육활동을 이제는 유아교육기관에서 그 기능을 수행해 주기를 바라게 되었다. 따라서 유아교육기관은 점차 지역사회에서 부모 · 형제의 역할을 수행해야 하는 가정교육기관으로서의 역할, 아동의 전인적 성장을 도모하는 교육기관으로서의 역할, 그리고 사회변화를 유도해야 하는 역할 등을 동시에 수행하는 시대적인 변화 요구를 수용하지 않을 수 없게 되었다. 이러한 관점에서 유아교육의 변화 경향을 살펴보면 다음과 같다.

- 유아교육이 보편화되고 있다. 유아교육은 지역, 성별, 사회 · 경제적 수준 등의 차이에 관계없이 유아교육을 받을 수 있는 기회가 균등하게 제공되고 있다.
- 부모역할과 참여를 강조하고 있다. 현대사회에서 부모들은 수동적으로 교육을 받는 소극적인 수준에서 아동을 위한 교육프로그램의 내용을 직접 결정하고 행정적 의사결정의 과정에 참여하여 자신의 요구를 관철시키기도 한다.
- 유 · 초등학교 간의 연계교육이 강화되고 있다. 가르치는 내용이 학년 간에 연속성 · 반복성 · 통합성을 유지하고, 교육기관 간의 교육정책, 교육과정, 교사교육, 행정적 · 재정적 지원체제, 법제적 측면 등이 기능적으로 자연스럽게 연결되어 교육성과의 효율화를 기대하고 있다.
- 장애유아의 통합교육이 이루어지고 있다. 장애를 가진 유아들을 일반 학급에 포함시켜 교육하는 경향이 있다.
- 탁아기관의 교육적 기능이 강조되고 있다. 전인적인 발달을 위한 보다 적극적인 활동으로서 탁아기능과 교육기능을 동시에 수행하는, 이른바 유 · 보 통합교육이 이루어지고 있다.
- 유아의 개방적이고 허용적이며 비판적인 사고능력의 배양과 자유와 평등, 그리고 민주적 가치 등을 강조하고 있다.
- 유아교육의 질을 강조하고 있다. 유아교육의 질적 수준을 제고하기 위하여 표준화된 교육과정과 평가척도가 개발, 활용되고 있다.

• 교수 · 학습방법의 다양화를 추구하고 있다. 단순히 정보 전달 중심의 교육 형태에서 유아의 자기주도적 학습 형태로 전환되고 있다.

2. 유아교육기관의 유형

유아교육기관의 유형은 교육대상자와 교육기관의 특성, 교육서비스의 종류, 설립 주체 등에 따라서 다양하게 분류할 수 있다.

1) 유치원

유치원(kindergarten)은 1837년 독일의 프뢰벨(Fröebel)에 의하여 처음으로 설립되었다. 독일어인 Kindergarten은 영어의 children's garden의 뜻으로 '어린이들의 동산(정원)'이란 뜻이다. 프뢰벨은 유아가 놀이활동을 통하여 자아를 실현하고, 나아가 신과의 통합을 이룰 수 있는 환경을 조성하며, 아동의 자발성, 사회성, 창조성의 원리에 입각하여 은물을 이용한 놀이와 작업활동을 중시하였다. 프뢰벨식 유치원은 19세기 중반 이후 많은 독일인들이 미국으로 이주하면서 전 세계로 퍼져 나갔으며 교육프로그램도 다양하게 발달하였다.

우리나라에서는 1909년 일본인 교사에 의해 한국 유아를 위한 '나남유치원'이 최초로 설립되었다. 이후 유치원은 지속적인 발전을 거듭하여 초등학교 병설 유치원, 단설 유치원, 사립 유치원 등의 형태로 운영되고 있다. 현재 우리나라의 유치원은 〈유아교육법〉에 근거를 두고 설립 · 운영되고 있는 학교이다. 유치원은 유아를 교육하고 유아에게 알맞은 교육환경을 제공하여 심신의 조화로운 발달 및 조장을 목적으로 하며, 설립 주체에 따라 국립 유치원과 공립 유치원, 사립 유치원으로 구분된다. 국립 유치원은 국가가 설립 · 운영하는 유치원을 말하고, 공립 유치원은 지방자치단체가 설립 · 운영하는 유치원이다. 사립 유치원은 법인 또는 개인이 설립 · 운영하는 유치원을 말한다. 최근에는 외국인들의 국내 체류가 잦아지면서 외국인 자녀들의 유아교육을 위한 외국인 유치원도 있다.

2) 유아원

유아원(Nursery School)은 1911년 영국의 맥밀란(McMillan) 자매에 의해 설립되었다. 유아원은 일반적으로 유치원 이전의 2~4세 유아를 대상으로 하면서 저소득층 가정 유아들의 건강, 안전, 영양, 신체 발달에 치중하는 양육에 중점을 두고, 교육프로그램은 주로 바깥 놀이의 중요성을 강조하였다. 이 유아원은 미국으로 전파되면서 교육의 대상자가 저소득층 가정의 자녀에서 중 · 상류층 가정의 3~4세 자녀로 바뀌게 되었다. 교육의 방향도 유아의 건강과 습관 형성에서 인지적 발달을 포함한 전반적인 발달을 도모하는 방향으로 변화되었다(이현섭 외, 1997).

우리나라의 경우에는 현재 공식적인 유아원은 없다. 유아원 교육대상자는 유치원이나 어린이집 등의 시설에서 교육과 보호를 받고 있기 때문이다. 그러나 최근 들어 우리나라에서도 부모가 유아원의 설립과 운영을 주도하는 부모 협동 유아원이 설립되고 있다.

3) 보육시설

보육시설은 프랑스의 기독교 교회 목사인 오벨린(Johan Oberlin)이 1799년 처음 개설하였으며 영국에서는 1816년 오웬이 설립한 유아학교가 그 시초라 할 수 있다. 미국에서는 1854년 뉴욕의 아동병원에 탁아소가 부설되었다. 병원에 탁아소가 부설된 것은 직장을 가진 어머니들이 입원했을 때 그 자녀들을 돌보아 주기 위하여 시작되었는데, 퇴원을 한 후에도 그들의 자녀를 병원에 계속 맡겨 두고 직장을 다니던 것이 시초라고 한다.

우리나라의 보육시설은 보호자가 근로 또는 질병, 기타 사정으로 인하여 보호하기 어려운 영 · 유아를 보호자의 위탁을 받아 보호하고 교육하는 유아 보호 · 교육시설이다. 전통적으로 보육시설은 보호자를 대신해서 영 · 유아를 잠시 보호해 주는 개념으로 인식되었으나 최근에는 탁아시설을 보호·교육시설이 통합된 개념으로 이해하고 있다.

보육시설의 유형은 장소에 따라서 유아의 집이 아닌 다른 가정집에서 유아를 돌보는 가정보육(family day care), 유아의 집에서 친척, 유모, 가정부, 가정방문 보육교사가 돌보는 자기집보육(in-home care), 특정한 장소에서 유아를 돌보는 기관보육(center based care) 등이 있다(강문희 외, 2006). 이밖에도 보육시설은 프로그램 운영시간에 따라서 반일제 보육, 전일제 보육, 시간제 보육, 야간보육 등으로 분류할 수 있으며, 재정과 운영면에서 영리 추구 보육, 비영리 추구 보육, 직장보육 등으로 나눌 수 있다.

우리나라의 보육시설은 〈영유아보육법〉에 근거를 두고 있으며 보건복지가족부에서 관장하고 있다. 〈영유아보육법〉에서 규정하고 있는 보육시설의 종류는 다음과 같다.

- 국·공립 보육시설 : 국가 또는 지방자치단체가 설치·운영하는 보육시설로서 지역 주민 자녀를 보육 아동의 50%이상 보육. 상시 영·유아 11인 이상 보육
- 법인 보육시설 : 〈사회복지법〉에 의한 사회복지법인이 설치·운영하는 보육시설. 상시·영·유아 21인 이상 보육
- 민간 보육시설 : 국가 또는 지방자치단체 외의 자가 설치·운영하는 시설로서 직장 보육시설 또는 가정 보육시설, 부모 협동 보육시설이 아닌 시설. 상시 영·유아 21인 이상 보육
- 직장 보육시설 : 사업주가 사업장의 근로자를 위하여 단독 또는 공동으로 설치·운영하는 시설로서 보육정원 아동의 1/3 이상이 동 사업장 근로자의 자녀이어야 함. 상시 영·유아 5인 이상 보육
- 가정 보육시설 : 개인이 가정 또는 그에 준하는 곳에서 설치·운영하는 시설로서 상시 영·유아 5인 이상 20인 이하 보육
- 부모 협동 보육시설 : 보호자 15인 이상이 조합을 결성하여 설치·운영하는 보육시설로서 상시 영·유아 11인 이상 보육

보육시설의 입소 대상은 영·유아(6세 미만의 취학 전 아동)를 원칙으로 하되, 보건복지가족부장관, 시·도지사 또는 시장·군수·구청장은 중앙보육위원회 또는 지방보육위원회의 의결을 거쳐 입소 대상 연령을 12세까지 연장할 수 있다(〈영유아보육법〉 제16조). 보육시설은 12시간 이상 운영함을 원칙으로 하되, 보호자의 근로시간 등을

고려하여 조정, 운영할 수 있으다. 또 공휴일을 제외하고 연중 계속 운영하며, 지역 및 시설 여건에 따라 보호자와 시설장의 협의에 의하여 공휴일에도 운영할 수 있다(〈영유아보육법 시행규칙〉 제22조).

이상에서 기술한 내용을 토대로 유치원과 보육시설을 비교하여 표로 나타내면 [표 1−2]과 같다.

표 1−2 유치원과 보육시설의 비교

구분	유치원	보육시설
근거법	유아교육법	영유아보육법
관할 행정부서	•교육과학기술부 •시 · 도교육청 •시 · 군 · 구 교육청	•보건복지가족부 •시 · 도청 •시 · 군 · 구청 아동보육과
교육(보육)과정	유치원 교육과정	표준보육과정
교육(보육)프로그램	반일제, 시간연장제, 종일제	종일제
교원 및 종사자	원장, 원감, 정교사(1 · 2급), 준교사, 강사	시설장, 보육교사(1 · 2 · 3급)
교사(종사자)자격 수여	교육과학기술부 장관	보건복지가족부장관
대상연령	만 3세~초등학교 입학 전 유아	0~6세, 또는 12세
교육 · 보육일수	180일 이상	연중무휴(공휴일 제외)
유형	국 · 공립, 사립 유치원	국 · 공립, 직장, 법인 및 민간, 가정 보육시설, 부모 협동 보육시설

3. 우리나라 유아교육의 발전

한국 유아교육기관의 발전 과정을 알아보기 위하여 유아교육 관련 법규 및 제도의 변천과정을 해방 이전과 대한민국 정부 수립 이후로 구분하여 살펴보고자 한다.

1) 해방 이전의 유아교육

한국 최초의 형식적인 유치원은 1897년 일본인들이 그들의 자녀들을 위하여 부산에 설립한 부산유치원이다. 그리고 한국인 어린이를 위한 최초의 유치원은 1909년 함경북도 경성군 나남읍에 세워진 나남유치원이었는데 원아는 한국인이었지만 교사는 전원 일본인들이었다. 1913년에는 한국인 원아들을 한국인 교사들이 지도하는 경성유치원이 서울 인사동에 백인기에 의해서 설립되었다. 이 경성유치원은 친일파 자녀를 일본인화하려는 목적이 있었다(한임순, 1997). 1914년에는 미국인 선교사 브라운리(Brownlee)에 의해서 이화학당 부설 이화유치원이 세워지고, 1915년에는 우리나라 최초의 유치원 교사 양성기관인 이화유치원 사범과가 설치되었다. 1916년에는 현재 중앙대학교의 모태가 된 중앙유치원이 3 · 1 독립운동의 민족 대표 33인의 한 사람인 박희도에 의해서 설립되었다. 이 유치원은 설립 주체, 교사, 교육 대상이 모두 한국 사람이었기 때문에 명실상부한 한국 최초의 유치원이라고 볼 수 있다. 1922년에는 우리나라 최초의 유치원에 관한 법적 규정이 포함된 〈조선교육령〉이 공포되고, 중앙유치원 사범과가 설치되었다.

유치원에 관한 최초의 법적 근거는 1922년 제2차 〈조선교육령〉에 기초한 '유치원규정'이다. 이 규정에서는 취원 연령, 설립요건과 절차, 폐원절차, 보육요지와 목적, 보육항목 등에 대해 구체적으로 밝히고 있었다(이대균 · 송정원, 1998). 또 유치원 교육내용은 유희, 창가, 수기, 담화로 함을 규정하고 있다. 이 규정은 해방 후 1949년 법률 제86호로 공포된 〈교육법〉 중에서 유치원 관계 조항이 만들어지기까지 유치원 교육에 관한 유일한 법적 근거가 되었다.

2) 해방 후의 유아교육

(1) 유치원의 변천과정

1948년 대한민국 정부 수립 이후 최근에 이르기까지 유아교육정책은 변화를 거듭해 왔다. 우리나라 유아교육정책의 발전 단계를 방임기, 정비기, 시발기, 본격추진기, 질적 고양기, 재도약기 등으로 구분하여 살펴보면 다음과 같다.

► **유아교육정책의 방임기(1960년대 이전)** 정부는 1949년 교육에 관한 기본법인 〈교육법〉을 제정·공포하기에 이른다. 그러나 그것은 〈교육법〉 제81조에서 다른 종류의 학교와 더불어 유치원을 둔다는 것과 제146~148조에서 유치원 교육의 목적과 목표를 밝히고 유치원 입원자의 자격을 만 4세에서 초등학교 취학 전까지의 유아로 한다는 규정에 그치고 만다(김종철, 1989). 즉, 유치원은 "유아를 보육하고 적당한 환경을 주어 심신을 조장하는 것을 목적으로" 하였으며 그와 같은 목적을 달성하기 위하여 ① 일상생활의 건전한 습관의 육성과 신체기능의 조화적 발달, ② 협동·자주·자율정신의 육성, ③ 사회 환경에 대한 바른 이해의 함양, ④ 언어의 바른 사용과 책에 대한 흥미의 육성, ⑤ 음악, 유희, 회화, 수기 등 방법에 따라 창작적 표현에 대한 흥미의 육성 등과 같은 목표를 설정하고 4~6세의 취학 전 유아를 대상으로 할 것을 규정했다.

이와 같은 법규의 제정에도 불구하고 유아교육에 관한 정책적·행정적 대응을 취하지 못하고 유아교육은 방치 상태에 놓여 있었다. 이 당시에 유아교육을 방치할 수밖에 없었던 이유를 김종철(1989)은 다음과 같이 제시하였다.

- 국민교육을 재건하는 데 있어서 우선 서둘러야 할 과제가 너무나도 많았기 때문이다. 따라서 유아교육은 정책과 행정의 관심 밖에 놓일 수밖에 없었다. 문맹 퇴치, 초등 의무교육, 중등교육·고등교육의 재건이 더 시급했기 때문이었다.
- 재정적인 능력이 제한되어 있었다. 1950년대까지만 해도 문교 예산의 70~80 %를 초등 의무교육에 투자해야 했다. 우선 읽고, 쓰고, 셈하기 교육에 치중함으로써 국민들의 문맹률을 낮추기 위하여 국민학교(초등학교) 교육에 대부분의 예산을 투입할 수밖에 없었다.
- 교육사조 면에서나 교육연구 면에서 유아교육의 중요성에 대한 논의가 저조했으며 유아교육의 중요성은 사회적으로 인식되지 못하였다.
- 유아교육의 공교육화를 위한 계획이 6·25 동란의 발발로 수포로 돌아갔으며 전후의 어려움 때문에 그것이 다시 소생하지 못했다.

► **유아교육체제 정비기(1960년대)** 1960년대는 우리나라 유아교육의 변화를 위한

체제정비기라 할 수 있다. 우리나라 유아교육의 전환점은 1962년에 제정된 〈유치원시설기준령〉이다. 1963년부터 〈유치원시설기준령〉이 적용됨에 따라 그동안 무질서하게 설치 · 운영되던 유치원교육에 필요한 최소한의 기준을 제시하게 되었다. 이 시설 기준령에는 유치원의 위치, 원사, 시설과 설비, 완구와 교구, 소방시설 기준 등이 명시되어 있다.

한편 1969년 2월에는 제1차 〈유치원교육과정령〉이 제정 · 공포하였는데 이 교육과정령에는 유치원교육의 목표, 교과, 수업일수 등을 규정하였다. 이 교육과정에서는 유치원교육의 일반목표를 건강한 신체와 정신으로 생활하는 유능한 한국인 양성에 두었다. 이와 같이 1960년대 우리나라 유치원교육은 〈유치원시설기준령〉과 제1차 〈유치원교육과정령〉이 공포되어 시행됨으로써 본격적인 유치원교육을 위한 체제가 정비되었다고 할 수 있다. 그러나 유치원교육의 대부분을 사학에 의존함으로써 유치원교육의 기회균등을 위한 노력은 부족하였다.

► **공교육화 시발기(1970년대)** 1960년대의 유치원 교육체제 정비기를 지나 1970년대에 정부는 유아교육의 기회를 확대하고 기회의 균등화를 위한 유치원교육의 공교육화 정책을 추진하기 시작하였다. 1976년에는 우리나라 최초의 공립 유치원인 초등학교(당시에는 국민학교) 병설유치원을 서울에 4개소, 부산에 1개소를 설치하고 매년 그 숫자를 확대해 나갔다. 또한 1979년에는 제2차 〈유치원교육과정〉이 공포되었는데 제1차의 5개 생활 영역과는 달리 사회 · 정서 발달 영역, 인지 발달 영역, 언어 발달 영역, 신체 발달 및 건강 영역으로 구분함으로써 유아의 전인적 발달을 강조하였다.

이와 같이 정부에서 적극적으로 유치원교육에 관해서 관심을 갖게 된 배경에는 다음과 같은 요인들이 있다 (김종철, 1989).

- 1962년부터 경제개발 5개년 계획이 추진되었으며 경제성장이 촉진됨에 따라서 부녀자들의 노동 의존도가 심화되고 가정교육과 복지의 기반이 약화되면서 유아교육의 새로운 수요가 발전하였다. 그러나 기존의 유아교육체제는 그러한 수요를 충족시키는 데 크게 미흡하였다.
- 1970년 세계교육의 해(International Education Year)를 전후하여 평생교육의 사조가 크

게 대두되었으며 선진국에서의 유아교육의 진흥에 대한 실상이 널리 알려졌다. 새로운 교육 사조는 우리의 유아교육의 낙후성과 취약성에 대한 반성을 촉구하였다.

- 국무총리 산하에 조직된 장기종합교육계획심의회는 '장기종합교육계획안'(1972~1986)을 마련하고 그 일환으로서 유아교육의 발전을 위한 시안을 마련하였다.
- 1972년의 7·4 공동선언은 남북 간 평화공존의 원칙을 천명하였음에도 불구하고 남북한 간의 경쟁체제는 더욱 가열되었으며, 정책입안자들의 안중에 북한의 유아교육 정책이 어느 정도의 영향을 미쳤을 가능성이 있다.

1970년대의 유아교육은 유아교육의 기회 확대 정책에 따라서 유치원교육의 급격한 확대를 가져왔다. 그러나 1970년대 후반의 유치원교육의 공교육화는 미미한 시작에 불과 하였지만 그 의의는 매우 크다 할 수 있다.

► 유아교육의 본격 추진기(1980년대) 1980년대는 유아교육이 획기적으로 발전한 시기이다. 제5공화국 정부의 유아교육 확대정책에 의하여 공립 유치원과 유아원이 전국적으로 설립되기 시작하였다. 그 결과 1980년에 59개였던 공립 유치원의 학급수가 1987년에는 5,831개로 약 100배가 증가하였다(이대균·송정원, 1998). 이 기간 중에 사립 유치원과 새마을 유아원의 학급수도 1987년에 6,853학급으로, 1982년에 3,212개이던 새마을 유아원 학급수는 5,327학급으로 증가하였다. 이와 같은 유치원 및 유아원의 증설로 인하여 1975년에 2.85%이던 유치원 취원율이 1987년에 54.8%로 증가하였다.

1982년에는 〈유아교육진흥법〉이 제정·공포되어 유아교육기관을 유치원과 유아원으로 이원화하고 정부의 행정지원 및 재정지원을 체계화하였다. 또 1981년에는 제3차 〈유치원교육과정〉이 초·중등학교 교육과정과 함께 고시되었다. 제3차 〈유치원교육과정〉에서는 교육과정의 영역을 신체 발달, 언어 발달, 정서 발달, 인지 발달, 사회성 발달 영역으로 편성하였다. 또 연간 교육일수를 180일 이상으로 규정하였다. 이어 1987년에는 제4차 〈유치원교육과정〉이 공포되었다. 제4차 〈유치원교육과정〉은 제3차 〈유치원교육과정〉과 마찬가지로 신체, 언어, 인지, 정서, 사회성 등의 5개 발달 영역으로 편성하였다.

► 유아교육의 질적 고양기(1990년대) 1990년대는 유아교육의 질적 고양기라 할 수 있다. 1991년에는 〈영유아보육법〉이 제정되어 내무부에서 관장하던 새마을 유아원이 1993년까지 교육부 산하의 유치원이나 보사부 산하의 어린이집으로 전환하게 되었다. 또 1991년의 교육법 개정으로 유치원의 취원 연령이 만 4·5세에서 만 3세 이상 취학 전 유아로 조정되었다. 1992년에는 제5차 〈유치원교육과정〉이 제정·공포되었으며, 1998년에는 제6차 〈유치원교육과정〉이 고시되어 2000학년도부터 적용하게 되었다.

► 유아교육의 재도약기(2000년 이후) 우리나라에서 유아교육이 시작된 지 이미 100년이 넘었고, 1949년 교육법을 최초로 제정한 이래 유치원을 학교체제에 포함시켜 유아교육을 공교육화하기 위한 노력을 지속적으로 추진해 왔다. 그렇지만 우리나라는 유아교육을 초·중등 교육법의 한 영역에 근거하여 유아교육을 실천해 왔기 때문에 유아교육을 위한 정책결정, 재원확보 등에서 초·중등 교육에 비해 소외된 감이 없지 않다.

그동안 유아교육 학자, 유아교육 종사자 등을 중심으로 독자적인 〈유아교육법〉 제정의 필요성을 끊임없이 주장해 왔다. 그리하여 1997년에 이르러서야 처음으로 독자적인 유아교육법안을 발의하게 되었다. 그러나 1997년 처음 발의된 이래 7년여 동안 유치원 교육계와 보육계를 중심으로 뜨거운 논쟁을 거듭하여 의원 입법안이 2003년 12월 11일 국회 교육위원회와 같은 해 12월 26일 국회 법제사법위원회를 통과하면서 〈유아교육법(대안)〉이 마련되어 2004월 1월 8일 국회 본회의에서는 〈유아교육법(수정안)〉이 가결되었다. 〈유아교육법〉은 〈초·중등교육법〉과 〈유아교육진흥법〉의 유아교육 관련 조항을 체계적으로 정비하여 유아교육에 적합한 독립된 근거법을 마련한 것으로 큰 의미가 있다. 또한 국가 인적자원 관리체제의 기본 틀을 유아단계부터 체계화하여 유아의 균형적이고 조화로운 발달을 조장하기 위한 유아교육의 공교육체제 구축의 기틀을 마련하는 계기가 되었다.

〈유아교육법〉의 제정으로 지금까지 초·중등교육에 비해 소외되어온 유아교육에 대한 관심과 지원을 확대함으로써 유아교육의 공교육체제를 앞당기고 학부모의 유아교육에 대한 사교육비 부담을 완화할 수 있게 되어 유아교육의 양적·질적인 향상을 가져오는 유아교육의 재도약의 계기를 마련하게 되었다.

〈유아교육법〉의 제정이 갖는 의미는 첫째, 초등학교 취학직전 1년(만 5세아)의 무상 유아교육을 순차적으로 확대 · 실시하고, 저소득층 만 3, 4세아에게도 유아교육비를 지원함으로써 유아교육 기회의 형평성을 제고하였다. 또한 학부모의 유아교육비 부담 완화에도 기여하게 되었다. 둘째, 맞벌이 부부 증가 등 사회 · 경제적 변화에 부응하여 유치원 종일반 운영을 지원함으로써 학부모의 사회 · 경제적 활동이 이루어질 수 있도록 하고 있다. 셋째, 사립 유치원에 교사 인건비 등의 경비를 지원할 수 있는 법적 근거가 마련됨으로써 유아교육의 내실을 기할 수 있게 되었다.

지금까지 살펴본 유치원 우리나라 유치원 교육의 변화 과정을 개략적으로 살펴보았다. 이를 일지 형식으로 정리해 보면 [표 1-3]과 같다.

표 1-3 우리나라 유치원 교육의 변화 과정

일시	내용
• 1949. 12. 31.	〈교육법〉(법률 제86호) 제정 · 공포
• 1969. 2. 19.	〈유치원교육과정〉(문교부령 제207호) 제정 · 공포
• 1970. 2. 12.	〈교육법시행령〉(대통령령 제4589호) 제정 · 공포
• 1982. 12. 31.	〈유아교육진흥법〉(법률 3635호) 제정 · 공포
• 1983. 6. 9.	〈유아교육진흥법 시행령〉(대통령령 제11141호) 제정 · 공포
• 1992. 3. 1.	유치원 입학연령을 만 4세에서 만 3세로 한 살 낮춤(교육법 개정)
• 1996. 3. 1.	만 5세아 초등학교 조기입학 시행(교육법 개정)
• 1997. 12. 13.	〈초 · 중등교육법〉(법률 제5438호) 제정 · 공포(기존 교육법 폐지)
• 1998. 3. 1.	만 5세아 유치원 무상교육 시행(〈초 · 중등교육법〉 제정)
• 1998. 6. 30	제6차 〈유치원교육과정〉 제정 · 공포
• 1998. 9. 17.	〈유아교육진흥법〉(법률 제5567호) 전면 개정 · 공포
• 2001. 12. 6.	유아교육법안 발의
• 2004. 1. 8.	유아교육법 국회 본회의 통과
• 2004. 1. 29.	〈유아교육법〉 공포(공교육으로서의 기본 틀 마련)
• 2005. 1. 25.	〈유아교육법 시행령〉 제정
• 2005. 3. 24.	〈유아교육법〉 일부 개정(법률 7413호)
• 2005. 6. 23.	〈유아교육법〉 시행령 일부 개정(대통령령 18873호)
• 2008. 8. 29.	〈유아교육법〉 일부 개정(정부조직법 개정으로 인함)

(2) 보육시설의 변천과정

우리나라 보육사업은 1921년 태화기독교 사회관의 빈민아동의 구제 사업으로 시작한 탁아프로그램에서부터 시작되었다. 이어 1926년에 부산 공생탁아소와 대구탁아소가 설치 · 운영된 것을 계기로 1939년에는 전국에 11개소의 탁아소에서 435명의 아동을 보육하였다. 그 당시 11개 탁아소는 관립이 1개소, 공립 2개소, 재단법인 3개소, 종교단체 설립 1개소, 사립 1개소, 기타 3개소 등이었다(주정일, 1990).

해방 이후부터 1960년대까지는 교육정책 수립에서 보육사업은 우선순위에서 뒤쳐질 수밖에 없었으며, 더욱이 6 · 25 전쟁으로 인한 정치적 · 사회적 혼란은 정부가 보육사업에 대한 뚜렷한 정책을 수립할 수 있는 여건이 아니었다. 따라서 이 당시에는 전쟁고아, 기 · 미아동 등 보호가 필요한 아동들을 각종 시설에 수용하여 보호하는 정도에 그칠 수밖에 없었다. 그러나 그 와중에서도 1952년 10월에는 〈후생시설운영요령〉을 마련하여 직장을 가진 부모의 자녀를 일시 또는 일정기간 위탁 보호하게 하였다.

이어서 1961년에는 〈아동복지법〉을 제정하여 본격적인 보육사업을 실시하게 되었으며 탁아소를 법정시설로 인정하게 되었는데 이 법에서는 보육시설의 설치기준, 직원 배치기준, 보육기관, 보육내용 등을 구체적으로 규정하였다. 이로써 전국적으로 탁아시설은 급격한 증가를 보이기 시작하였다. 특히 1962년도부터 시작된 경제개발계획에 따라 대도시의 인구 집중 현상과 결손가정의 증가, 기혼 여성의 취업 확대 등으로 인하여 탁아 수요는 증가하게 되었다. 이에 1968년 정부에서는 〈미인가 탁아시설임시조치요령〉을 공포 · 시행하였다. 이로써 탁아소의 운영 주체가 법인체가 아닌 경우에도 탁아소를 설치 · 운영할 수 있게 하였으며 명칭을 '탁아소'에서 '어린이집'으로 고쳐 부르게 하였다. 그러나 이 〈미인가 탁아시설임시조치요령〉은 탁아소의 양적인 증가에 비해 질적인 면에서의 성장이 이루어지지 않은 상태였기에 1977년 폐지되고, 1978년 일반 아동에게도 문호를 개방하되 수익자 부담원칙에 따라 보육료를 받을 수 있도록 〈탁아시설운영개선 방안〉을 시행하게 되었다. 이렇게 됨으로써 전체 영세 아동의 17% 정도의 보육 수요를 충족시키게 되었다. 이로 인해 탁아사업은 법인화 요구에 따른 시설운영자의 기피, 정부의 재정지원 미흡, 어린이집 본래 기능의 퇴색 등으로 양적인 측면에서나 기능적인 측면에서 위축, 변질되게 되었다(임재택, 2000).

1980년대 들어 제5공화국 정부는 1982년 〈유아교육진흥법〉을 제정 · 공포하여 기존의 보육시설들을 '새마을 유아원'으로 흡수 운영함으로써 유아교육기관은 '유치원'과 '새마을 유아원'으로 이원화되었다. 이로써 보건사회부에서 관장하던 691개소의 어린이집과 농촌진흥청에서 관장하던 382개소의 농번기 탁아소, 1980년 12월부터 내무부에서 설치 · 관장하던 263개소의 새마을 협동 유아원 및 38개소의 민간 유아원 등 1,374개소의 아동관련 시설은 새마을 유아원으로 통합 일원화되어 내무부에서 관장하게 되었다. 아울러 새마을 유아원에 대한 지원체계를 분류하여 종합계획 수립, 장학 지도, 재정 지원, 교사 양성, 교재 · 교구개발 및 보급은 교육부에서, 설치 운영 및 행정 지도는 내무부에서, 아동에 대한 보건 · 의료 지원은 보건사회부(현, 보건복지가족부)에서 각각 맡도록 하였다(강윤구, 1992).

한편, 1980년대 중반 이후에는 여성의 권익 신장과 남녀평등 의식과 여성운동의 영향으로 보육문제는 국가나 사회 전체의 공동 책임이라는 인식이 고조되었다. 1987년에는 〈남녀고용평등법〉이 제정 · 공포됨으로써 공단지역을 중심으로 노동부에서는 21개의 시범 탁아소를 설치 · 운영하게 되었으며, 1988년에는 저소득층 자녀를 위한 '88 탁아원'을 개설하였다. 이후 급증하는 보육 수요를 충족시키기 위하여 1989년에는 〈아동복지법시행령〉을 개정하여 1982년에 삭제되었던 탁아시설의 설치 · 운영 근거를 부활하였다.

이와 같이 보육사업을 여러 부서에서 관장하게 됨에 따라 효율적인 사업의 추진이 곤란하게 되었다. 이를 극복하기 위하여 별도의 입법인 〈영유아보육법〉이 1991년 제정 · 공포되었다. 이 법에 따라 내무부 관할의 새마을 유아원은 보건복지부 관할의 탁아소로 바뀌었고, 탁아소라는 명칭은 다시 '어린이집'으로 바뀌었다. 이어 〈영유아보육법 시행령〉, 〈영유아보육법 시행규칙〉 등으로 보다 체계적이고 조직적인 보육사업을 펼치게 되었다. 영 · 유아보육을 관장하는 중앙정부의 부서는 정부조직법의 개편으로 2004년 3월 보건복지부에서 여성부로 영 · 유아보육에 관한 업무규칙이 이관되었다가 2005년 여성부가 여성가족부로 바뀌면서 영 · 유아보육에 관한 업무를 여성가족부에서 관장하였다. 그러다가 이명박 정부에서는 다시 보육에 관한 업무를 보건복지가족부로 이관하여 운영하고 있다.

지금까지 보육시설 관련 규정의 변천과정을 정리하면 다음과 같다.

표 1-4 보육시설 관련 규정의 변천과정

일시	내용
• 1962~1981년	〈아동복리법〉에 의거 보건사회부 주관으로 탁아사업 실시(어린이집 691개소 설치 · 운영)
• 1981년 4월 13일	〈아동복리법〉을 〈아동복지법〉(법률 3438호)으로 전문 개정
• 1982년 이후	〈유아교육진흥법〉에 의거 어린이집 691개소를 새마을 유아원으로 흡수 · 운영(법제정 및 장학지도 : 교육부 담당, 시설 운영 : 내무부 담당)
• 1987년 12월 4일	〈남녀고용평등법〉에 의한 직장탁아제 도입
• 1989년 9월 19일	〈아동복지법 시행령〉에 탁아사업 실시근거 부활
• 1990년 1월 15일	〈탁아시설의 설치 · 운영규정〉 제정
• 1991년 1월 14일	〈영유아보육법〉 제정 · 공포(보육사업을 보건복지부로 일원화, 종전 단순 '탁아'에서 '보호'와 '교육'을 통합한 보육기능 확대)
• 1991년 8월 1일	〈영유아보육법 시행령〉 제정 · 공포
• 1991년 8월 8일	〈영유아보육법 시행규칙〉 제정 · 공포
• 1991년 8월 26일	〈탁아시설의 설치 · 운영규정〉 폐지
• 1992년 10월 20일	〈영유아보육법 시행규칙〉 개정(시설 및 종사자 기준 완화)
• 1993년 12월 6일	〈영유아보육법 시행령〉 개정(교육훈련실시 및 교육훈련시설 위탁 선정권 시 · 도 위임)
• 1994년 2월 18일	〈영유아보육법 시행규정〉 개정(시설 및 종사자 기준 등 일부 조정)
• 1995년 5월 19일	〈영유아보육법 시행령〉 개정(보육교사 양성교육시간 강화 : 800시간 → 1,000시간, 직장보육시설 설치 의무 대상 확대 등)
• 1996년 1월 6일	〈영유아보육법 시행규칙〉 개정(보육시설 규모조정, 종사자 기준 중 의사 · 사무원 · 관리인 자율화, 보육시설 설치 서류 간소화, 보건복지부장관이 정한 범위 내에서 보육료 자율화, 보육교사훈련제도 강화)
• 1997년 12월 24일	〈영유아보육법〉 개정(초등학교 취학 직전 1년 유아의 무상보육실시 근거 마련)
• 1998년 5월 6일	〈영유아보육법 시행령〉 개정(무상보육실시 대상 지역 설정 : 읍 · 면 지역과 도서 · 벽지지역에 대하여 예산의 범위 내에서 우선적으로 실시하고 순차적으로 확대)

표 1-4 (계속)

일 시	내 용
• 1998년 9월 4일	〈영유아보육법 시행규칙〉 개정(보육시설의 시설 및 종사자 기준 완화) · 직장보육시설 규모를 상시 영 · 유아 11인 이상에서 5인 이상으로 낮춤 · 놀이터 설치 의무시설을 영 · 유아 30인 이상에서 52인 이상으로 낮춤 · 종교단체의 장이 종교단체 부설 보육시설장 겸임 가능 규정 신설 · 외국에서 취득한 시설장 및 보육교사 1급에 해당하는 자격 인정 근거 마련 · 〈사회복지사업법〉에 의한 사회복지사 3급 자격 교육훈련과정 이수자의 보육교사 2급 자격 인정 폐지
• 1999년 2월 8일	민간 및 직장보육시설 휴지 · 폐지 시 승인제에서 신고제로 전환. 보육료 한도 시 · 도지사가 자율적으로 결정
• 2004년 1월 29일	〈영유아보육법〉 전면개정(시행 : 2005. 1. 30) · 보육정책위원회 설치 · 법인, 부모 협동 보육시설 별도 유형화 · 보육시설 수급계획 등 보육계획 수립 · 시행 · 인가제로 환원 · 보육교사를 3등급 체계로 하고, 교사의 자격검정 및 자격증을 교부 · 국 · 공립 및 법인 보육시설 등은 영아 · 장애아 등 취약 보육을 우선 실시 · 보육시설 평가 인증 실시 · 보육에 대한 국가 및 지자체의 책임 강화, 차등보육료 지원제도 실시 법적근거 마련
• 2004년 3월 11일	영 · 유아 보육업무의 여성부로 이관
• 2004년 4월 10일	한국여성개발원 내 보육시설평가 인증 사무국 설치
• 2005년 3월 24일	〈정부조직법〉 개정으로 여성부가 여성가족부로 바뀜
• 2005년	보육시설 평가 인증 시범운영
• 2005년 11월 30일	표준보육과정 개발
• 2006년	표준보육과정령 마련(〈영유아보육법 시행규칙〉 별표 8의 2)
• 2007년	표준보육과정의 구체적 보육 내용 및 교사 지침 고시

ADMINISTRATION & MANAGEMENT FOR EARLY CHILDHOOD SETTING

제2장

유아교육기관 운영관리의 기초

제2장

유아교육기관 운영관리의 기초

1. 운영관리의 개념 및 원리

유아교육기관은 유아에게 양질의 교육과 보호를 통하여 유아의 전인적인 성장을 도모하기 위한 교육활동을 전개한다. 이를 위한 조직으로서의 유아교육기관은 효율적인 운영관리를 위해 노력하고 있다. 운영관리의 개념은 학자들에 따라 다소 견해의 차이는 있지만 일반적으로 기관의 목적이나 목표의 효과적인 달성을 위하여 인적(man) · 물적(material) · 재정적(money) 운영방법(management)의 조건을 정비하고 운용하는 일이다. 즉, 유아교육기관의 운영관리는 유아교육을 위한 목표를 설정하고 그것을 달성하기 위한 다양한 교육 프로그램을 마련하며, 그것을 실행하기 위하여 인적 조건과 물적 조건을 정비하여 유아교육의 목표가 원활히 달성될 수 있도록 지원하는 봉사활동이라 할 수 있다.

유아교육기관은 소기의 목적을 달성하기 위하여 체계적이고 합리적인 관리가 이루어져야 한다. 따라서 유아교육기관을 운영함에 있어서는 일정한 원리에 근거하여야 하는데, 일반적으로 원리는 어느 정도 경험적 근거를 가진 보편타당한 진술로써 적용해야 할 합리적 기준을 갖고 있다. 일반적으로 유아교육기관을 운영할 때 고려해야 할 기본적인 원리에는 다음과 같은 것들이 있다.

1) 타당성의 원리

타당성의 원리란 유아교육기관에서의 운영관리는 유아교육의 목적에 부합하여야 한다는 것이다. 즉, 유아교육기관이 교육계획을 수립하고 그것을 실천하는 과정에서 유아교육의 목적 달성을 위한 활동이어야 한다는 것이다. 본래 유아교육기관의 운영관리는 그 자체에 목적이 있는 것이 아니라 유아교육기관에서의 교육활동이 원활히 진행되도록 지원하고 봉사하는 수단적인 활동이다. 타당성의 원리는 합목적성의 원리라고도 하며, 운영관리활동이 목적에 맞고, 그 목적에 비추어 타당한 활동이어야 함을 의미한다.

2) 민주성의 원리

민주성의 원리는 기관 운영의 모든 실행과정에서 운영자의 독단과 편견을 배제하고 민주적으로 이루어져야 한다는 것이다. 유아교육기관의 운영에 있어서 운영책임자의 독단과 편견을 배제하고 의사결정과정에 구성원들을 참여시키며, 정책 집행과정에서 권한을 위양함으로써 운영권자의 독단을 방지하여야 한다는 것이다. 즉, 교직원회의가 운영자의 결정사항을 단순히 전달하는 시간이 아니라 유아교육기관의 운영에 관한 자유롭게 토론하고 결정하는 시간이어야 한다. 또한 구성원들의 참여에 의해서 유아교육기관의 목적이 설정되고, 운영계획이 수립되며, 평가가 이루어져야 한다.

3) 효율성의 원리

효율성의 원리는 운영관리에 있어서 최소의 노력과 경비로 최대의 효과를 얻어야 함을 의미한다. 즉, 교육목표 달성도를 극대화시키되 거기에 투입되는 노력과 경비는 최소로 하여 만족스런 결과를 얻어야 한다는 것이다. 그러나 교육의 효과는 단기간에 나타나는 것이 아니며, 특히 투입에 대한 산출효과는 장기간이 소요된 후에 나타난다는 것을 인식하여야 한다. 따라서 효율성의 원리는 무조건 비용과 시간을 줄인다는 것이 아니라 주어진 여건에서 최대의 효과를 올리되 목적과 수단이 균형을 이루기 위한 방안을 마련해야 한다는 것이다.

4) 적응성의 원리

적응성의 원리란, 유아교육이 처한 현실적인 상황에 적절히 적응할 수 있어야 한다는 것이다. 적응이라 함은 새로이 발전하는 시대에 유연하게 대응해 나감으로써 조화적 관계와 능률적 성과를 계속 확보해 나가는 것을 의미한다. 교육과 사회 변화는 상호 불가분의 관계를 맺고 있다. 따라서 유아교육에 대한 국가의 정책 변화, 사회적 흐름 등에 적절히 대처하는 운영관리이어야 한다. 교육을 목적으로 하는 유아교육기관의 운영관리는 사회 변화에 순응하는 한편, 그 속에서 조화와 균형을 적절히 유지할 수 있어야 한다.

5) 안정성의 원리

안정성의 원리는 유아교육이 지나치게 사회 변화를 추종하기보다는 어느 정도 일관성을 갖고 지속적인 교육활동이 전개되어야 한다는 것으로서 적응성의 원리와는 대조적이다. 즉, 적응성의 원리는 사회 변화를 수용하고 현실에 적응하는 것임에 비하여 안정성의 원리는 교육활동은 지나치게 사회변화에 민감하게 대처하기보다는 운영자의 확고한 교육철학과 본질적 가치 추구를 통해서 일관성을 유지해야 한다는 것이다. 지나친 변화의 추구는 교육활동에서의 일관성과 신뢰성을 상실할 수 있기 때문이다. 따라서 교육활동은 사회 변화에 적응하되 그 변화 속에서도 변치 않고 이어가는 그 무엇은 있어야 한다는 것이다.

2. 운영관리의 과정

유아교육기관의 운영은 교육활동이 시작되면서부터 끝나기까지의 전 과정이 순환적으로 이루어진다. 운영관리의 과정에 대해서는 학자들 사이에 견해가 서로 다른 경우가 있지만 일반적으로 계획(Plan), 실행(Do), 평가(See)의 순환과정을 거치게 된다. 이와 같은 과정의 영문 첫 글자를 따서 PDS 운영관리 모형이라고도 한다. 이 PDS 모형은 조직의 목표 달성을 위한 계획을 세우고, 그 계획에 따라 실천하며, 그 실천 결과를 평가하고, 그 평가 결과를 환류(feedback)시킴으로써 조직을 합리적이고 과학적으로 운영하는 기법이다. 유아교육기관의 운영과정을 그림으로 나타내면 다음과 같다.

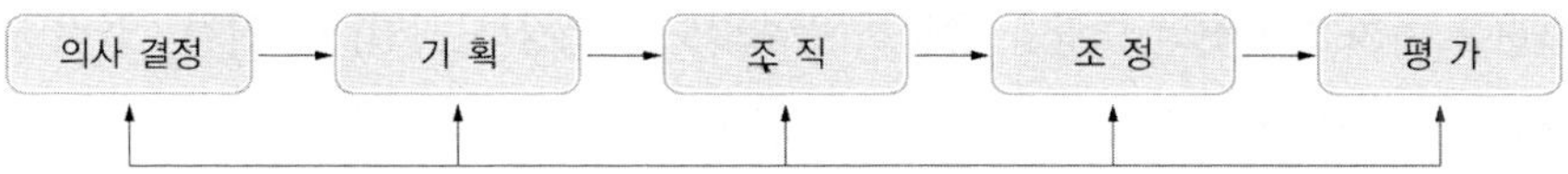

그림 2-1 유아교육기관의 운영과정

1) 의사 결정

의사결정이란 조직의 문제 해결과 관련된 여러 대안 중에서 최선의 대안을 선택하는 것을 말하는데, 이것은 운영과정의 첫 단계로 기관 운영의 목표나 이를 실천하기 위한 다양한 정책 대안 중에서 최선의 정책을 결정하는 단계이다. 조직에서의 의사 결정은 최고책임자의 중요한 역할 중의 하나이다. 의사 결정은 구성원들의 다양한 의견을 수렴하여 민주적인 방식으로 이루어질 때 교직원 및 학부모들로부터 호응을 얻을 수 있다.

2) 기 획

기획은 사전 조사를 통하여 유아교육기관이 당면한 문제나 실태를 파악하고 기관에서 무엇을, 어떻게 할 것인가를 구체적으로 작성하는 활동이다. 기획과정에서는 기획을 실천에 옮겼을 때 발생할 수 있는 문제, 실시 후의 결과 등에 대한 면밀한 분석과 심사숙고가 따라야만 한다. 유아교육기관의 기획과정에 포함되어야 할 내용은 다음과 같다.

- 외부 환경과 유아교육기관의 여건 분석
- 교육목표 및 운영목표 설정
- 운영방침 설정
- 활동계획의 작성
- 목표와 계획에 대한 평가 등

3) 조 직

조직은 인적 · 물적 자원을 적절히 확보하여 배치하고, 각 요소의 기능이 서로 유기적인 관련을 가지고 자신의 역량을 충분히 발휘되도록 조장하는 일, 즉 인적 · 물적 자원과 아이디어를 확보하여 구조화하는 일이다. 인적 자원은 원장—원감—주임교사—교사로 이어지는 지도조직과 사무조직이 복합적으로 구성되어 있다(이영자 · 권영례, 2000). 사무조직은 교사의 연령, 성, 학력, 교직경력, 사무능력, 인간관계 등을 고려하여야 적재적소에 배치하여야 한다.

4) 조 정

조정이란 조직의 목표를 달성하기 위하여 동원되는 인적 자원과 물적 자원 등을 기관의 목표 달성에 최적의 상태가 되도록 상호 조화시키는 것을 말한다. 조정 과정에서 구성원 간 상호 갈등이 발생할 수도 있다. 유아교육기관에서는 구성원 상호간의 갈등이 야기될 수도 있지만 상호간의 긴밀한 접촉을 통하여 갈등을 오히려 조직에 유리한 방향으로 유도할 수 있다.

5) 평 가

평가는 계획된 목표가 어느 정도 달성되었는가를 확인 · 분석 · 검토하는 것으로서 합리성과 효율성을 측정하는 단계이다. 평가는 과업이 진행되고 있는 중간에도 정기적으로 실시하거나 과업이 종료된 후에 평가할 수도 있다. 과업이 진행 중일 때 정기적으로 평가를 실시하여 피드백하는 것도 바람직한 방법이다. 평가 결과는 다음 계획 수립 시에 반드시 반영하여야 한다.

3. 운영관리의 영역

유아교육기관의 운영관리 영역은 유아교육기관 전 영역을 포함한다. 따라서 유아교육기관의 운영관리는 종합행정능력을 요구한다. 즉, 일반 행정, 인사, 아동관리, 보건, 재정, 지역사회 관계 등 전 영역을 포괄적으로 다루고 있다. 여기서는 유아교육기관에서 다루고 있는 운영관리의 영역을 다음과 같이 제시하고자 한다.

1) 원아관리

원아관리는 유아교육기관의 원아모집과 관리에 관한 정책으로서 원아모집, 입학과 출석관리, 졸업, 원아의 교육과 보호에 관한 각종 서비스활동, 아동 발달에 관한 평가와 보고, 야외학습과 행사 등의 특별활동 등이 포함된다.

2) 행정업무 처리

유아교육기관 운영관리 영역에서 행정업무는 유아교육기관 운영위원회의 조직과 위원의 선정 및 임명에 관한 사항, 원장과 감독관의 임명과 임무, 명령체계와 같은 다양한 행정적 운영체계 및 행정조직의 구성원과 그 기능 등에 관한 사항 등을 포함한다.

3) 교직원 인사관리

교직원 인사관리는 교직원 채용 및 임용에 관한 사항, 교직원의 자격, 교직원 업무 분담, 교직원 연수, 근무성적평정, 재직기간 및 퇴직에 관한 사항, 보수 및 근무 여건에 관한 사항, 교직원 출결 및 이직에 관한 사항, 교직원의 개인적인 활동과 전문적인 활동에 관한 사항 등을 다룬다.

4) 교육 및 보육활동

교육 및 보육활동은 주요 활동 영역인 교육 및 보육활동뿐만 아니라 교육활동과 관련된 제반 활동들의 운영 및 관리에 관한 것이다. 즉, 연간 교육 및 보육프로그램의 계획과 운영, 일과계획 및 운영, 행사계획 및 운영, 현장학습, 기본생활습관 지도, 건강 지도, 안전 지도, 영양(간식 및 식사) 지도, 교재 · 교구의 구입 및 관리, 환경구성 및 관리, 흥미 영역의 구성 및 관리, 시청각교재 등의 구입 및 관리 등이 포함된다.

5) 시설 및 설비관리

시설 및 설비관리는 건물, 교실, 놀이터 등의 관리, 주변 환경관리, 안전관리, 시설 · 설비의 구입, 수리, 유지 및 관리 등이 포함된다.

6) 유아 건강 및 안전관리

유아 건강 및 안전관리는 입학이 허용된 원아의 건강진단, 신체검사와 예방접종 등의 건강에 관한 서비스 제공과 관리, 영양과 급식관리, 휴식시설 및 안전관리, 환경관리 등이 포함된다.

7) 재정관리

재정관리는 유아교육기관 운영에 있어서 재정적인 문제와 관련된 것으로서 교(보)육비 수납, 보조금, 전입금, 기부금, 차입금, 이월금, 시설비, 교구비, 인건비관리 등이 포함된다.

8) 문서관리

문서관리는 유아교육기과에서 비치하고 있는 각종 문서관리에 관한 업무이다. 문서관리는 사무분장과 사무처리에 관한 문서, 사무처리요령 및 각종 서류관리, 보고 서류, 통신, 문서관리 책임자의 업무 분담 등에 관한 것이 포함된다.

9) 학부모관리

학부모관리는 학부모 및 가정의 요구, 부모 참여, 부모와의 의사소통 절차 및 정책 수립과 관련된다. 일반적으로 가정통신, 학부모회 조직 및 운영, 부모교육, 상담, 부모 참관 등을 포함하며 학부모와의 긴밀한 협조관계 유지 등에 관한 것이다.

10) 지역사회 관계 유지

지역사회 관계 유지는 유아교육기관 운영에 있어서 학부모 및 지역사회와의 긴밀한 협조 관계 유지, 또는 유아교육관련 단체 및 학회 등과의 관계 유지에 관한 사항을 포함한다.

ADMINISTRATION & MANAGEMENT FOR EARLY CHILDHOOD SETTING

제3장

유아교육기관의 설립

제3장
유아교육기관의 설립

1. 유치원의 설립

〈유아교육법〉에서는 '유치원'을 유아(만 3세부터 취학 전까지의 아동) 의 교육을 위하여 설립 · 운영되는 학교로 규정하고 있다. 또한 이 법에서는 유치원의 종류를 국립 유치원(국가가 설립 · 경영하는 유치원)과 공립 유치원(지방자치단체가 설립 · 경영하는 유치원), 그리고 사립 유치원(법인 또는 개인이 설립 · 경영하는 유치원)으로 구분하고 있다.

1) 설립계획의 수립

유치원은 〈유아교육법〉에 의하여 설치되고 운영된다. 〈유아교육법〉 제8조 제1항에서는 유치원을 설립하고자 하는 자는 대통령령이 정하는 시설 · 설비 등 학교의 설립기준을 갖춰야 한다고 규정하고 있다. 유치원은 국립, 공립, 사립에 관계없이 교육목적을 달성하기 위해 조직적이고 지속적으로 활동하는 조직체로서 공교육기관임을 분명히 해야 한다. 유치원은 초 · 중 · 고등학교와는 다른 특성이 있기 때문에 사전에 다음과 같은 사항들을 단계적으로 검토하여야 한다.

- 유치원 설립의 목적과 취지를 분명히 한다.
- 지역사회의 유치원 교육에 대한 기대와 요구 수준 등을 면밀히 분석한다.
- 유치원의 설립과 운영에 관련된 각종 법규, 규정, 기준 등을 검토한다.
- 기존 유치원 중 시설 · 설비가 우수한 기관을 사전에 답사하고 실질적인 정보를 수집한다.
- 유치원 시설에 대한 설계 초안을 작성하여 유아교육 전문가나 다 경력 원장들의 의견을 수렴한다.
- 재정상태와 입지조건 등을 고려하여 적합한 부지를 마련하고 건축계획을 수립한다.

2) 부지선정 및 설계

유치원 부지를 선정하고 건물을 설계하기 이전에 유의해야 할 사항은 다음과 같다(강문희 외, 2006).

- 유치원 근처에는 〈학교보건법〉 제6조 제1항 및 동법 시행령 제3조에 의거 유흥업소, 숙박업소, 극장, 기타 유해업소가 없어야 한다. 〈학교보건법〉에는 유치원 출입문으로부터 직선거리 50m까지의 절대정화구역과 유치원 경계선으로부터 직선거리 200m까지의 상대정화구역으로 나누고 있다.
- 건물의 용도가 〈건축법〉 시행령 제3조의 4 [별표 1]에 의한 '교육연구 및 복지시설'로 되어 있어야 한다.
- 고등학교 이하 각급 학교 설립 · 운영규정 제7조에 의거 유치원의 교사 및 교지는 당해 유치원을 설립 · 경영하는 자의 소유여야 하며, 교지 안에는 설립 주체 외의 자가 소유하는 건축물을 둘 수 없다.
- 설립 주체는 〈사립학교법〉 제28조 제2항 및 제51조에 의거 학교법인 및 사인의 재산 중 학교교육에 직접 사용되는 재산(동법 시행령 제2조; 교사, 교사용 대지, 체육장, 교구 등)은 매도 · 담보에 제공할 수 없다.
- 안전사고 예방을 위하여 3층 이상은 가급적 억제하고자 하므로 건축설계 시 가능하면 이를 반영해야 한다.

- 옥상 및 지하실에 유아교육시설(수영장, 체육장 등) 설치를 불허하므로 이를 고려하여야 한다.
- 건물에 대한 전기안전공사의 수용가안전점검 결과가 적합 판정이 나와야 하므로 이를 반영해야 한다.

3) 설립 신청 및 인가

유치원의 설립은 설립신청서 제출(시 · 도교육청 교육감) → 서류 검토 → 환경위생정화구역설정가능 여부 의뢰(시 · 군 · 구청, 경찰서) → 현지 확인 → 유아교육진흥협의회 심의 → 결재 → 인가의 과정을 거치게 된다. 유치원은 공교육기관으로서 설립 시에는 해당 법령에서 정한 설립기준을 충족시켜야 한다. 사립 유치원의 설립인가를 받고자 하는 자는 다음 각호의 사항이 기재된 서류를 갖추어 교육감에게 신청하여야 한다(〈유아교육법〉 제8조, [표 3-1]).

유치원 설립계획의 승인 여부는 신청서 접수일로부터 3개월 이내에 시 · 군 · 구 교육장이 신청인에게 통보하도록 되어 있다. 그리고 유치원 설립인가 신청은 〈건축법〉 제2조 제6호의 규정에 의한 교사의 주요 구조부의 공사가 완료된 후 신청할 수 있는데, 〈유아

표 3-1 사립 유치원 설립인가 신청 시 제출서류

제출서류	① 목적 ② 명칭 ③ 위치 ④ 유치원 규칙 ⑤ 경비와 유지방법 ⑥ 원지 · 원사와 유원장 평면도 ⑦ 개원연월일 ⑧ 설립자가 법인인 경우에는 등기 및 출연금 등에 관한 서류 ⑨ 설립자가 사인(私人)인 경우에는 경비의 지급 및 변제능력에 관한 서류 ⑩ 원장 임용 예정자의 자격증명에 필요한 서류
유치원 원칙 기재사항	① 교육연한 · 학기 및 휴업일 ② 학급편제 및 원아 정원 ③ 교육내용 ④ 수업일수 및 수업 방법 ⑤ 입학, 재입학, 편입학, 전학, 휴학, 퇴학, 수료 및 졸업 ⑥ 수업료 및 입학금 그 밖의 비용 징수 ⑦ 유치원 규칙 개정 절차 ⑧ 그 밖에 법 제18조 제1항의 규정에 의한 지도 · 감독기관이 정하는 사항

제 1 장 총 칙

제1조(목적) 본원은 유아교육법에 의하여 유아를 교육하고 적당한 환경을 조성하여 심신의 발육을 조장하는 것을 목적으로 한다.

제2조(명칭) 본원은 ㅇㅇ유치원이라 칭한다.

제3조(위치) 본원은 ㅇㅇ시(도) ㅇㅇ구(군) ㅇㅇ동(면) ㅇㅇ번지에 설치한다.

제 2 장 교육연한, 학기 및 휴업일

제4조(교육연한) 본원은 교육 연한을 1년–3년으로 한다.

제5조(학기) 1. 본원은 2학기로 나눈다.

2. 제1학기는 3월 1일부터 8월 말까지, 제2학기는 9월 1일부터 다음 해 2월 말까지로 한다.

제6조(휴업일) 휴업일은 다음과 같다.

1. 국경일 2. 공휴일 3. 개원 기념일
4. 하기휴가(7월 15일부터 8월 말까지) 및 동기 휴가(12월 15일부터 익년 1월 말까지)
5. 전항 각 호 외에 천재지변, 비상사태, 기타 급박한 사정이 있을 때에는 임시휴업 할 수 있다.

제 3 장 학급편제와 원아 정원

제7조(학급) 본원의 학급 편제는 ㅇㅇ학급으로 한다.

제8조(원아정원) 본원의 원아 정원은 ㅇㅇ학급 ㅇㅇ명으로 한다.

제 4 장 교육내용 · 수업일수 · 수업 운영방법

제9조(교육내용) 본원의 교육 내용은 건강 · 사회 · 표현 · 언어 및 탐구생활 영역으로 한다.

제10조(수업일수) 본원의 교육일수는 연간 180일 이상으로 한다.

제11조(수업운영방법) 본원의 수업 운영은 반일제(학급), 시간연장제(학급), 종일제(학급)으로 운영한다.

제 5 장 입학 · 퇴학 · 수료 · 졸업

제12조(취원 대상) 본원에 입학할 수 있는 자는 만 3세부터 초등학교 취학 시기에 달하기까지의 유아로 한다.

제13조(입학자의 선정) 본원에 입학하려는 자의 수가 정원을 초과하는 경우에는 추첨에 의하여 입학자를 선정한다.

제14조(퇴학처분) 원아가 다음 각 호에 해당할 때에는 퇴학을 명할 수 있다.

1. 정당한 사유가 없이 장기 결석한 자
2. 질병 및 기타 사유로 타 원아의 교육에 지장이 있다고 인정된 자

제15조(졸업) 원장은 전 학년의 과정을 수료하였다고 인정한 자에게 졸업장을 수여한다.

제 6 장 입학금 · 수업료 및 기타 비용의 징수

제16조(입학금 및 수업료) 입학금 · 수업료 · 기타 비용의 징수에 관하여는ㅇ시 · 도 학교 수업료 및 입학금에 관한 규칙에 의한다.

제17조(체납자 조치) 원장은 수업료를 체납한 자에게는 출석을 정지하거나 또는 퇴학을 명할 수 있다.

제 7 장 유치원 원칙의 개정

제18조(원칙개정절차) 본 원칙을 개정할 경우 원장은 개정 사항을 교무회의 심의를 거쳐 교육장에게 신청하여야 한다.

부 칙

제1조(시행일) 본 원칙은 20ㅇㅇ년 ㅇㅇ일부터 시행한다.

그림 3-1 유치원 규칙의 예

교육법 시행령〉 제9조에 규정된 사항 및 연도별 교육시설 · 설비 확보 계획에 관한 이행 상황 보고서를 첨부하여 개교 예정일 6개월 이전까지 제출하여야 한다.

유치원의 시설 · 설비기준은 1997년 9월 23일 대통령령 제15483호로 제정 · 공포되어 현재까지 시행되고 있는 〈고등학교 이하 각급 학교 설립 · 운영규정〉에 따른다. 그 구체적인 내용은 다음과 같다.

- 유치원의 교지는 교사용 대지와 유원장의 면적을 합한 용지로서 교사의 안전 · 방음 · 환기 · 채광 · 소방 · 배수 및 원아의 통학에 지장이 없는 곳에 위치하여야 한다.
- 각급 학교의 교사(유치원은 원사)는 교실, 도서실 등 교수 · 학습활동에 직 · 간접적으로 필요한 시설물을 말하는데 교수 · 학습과 보건위생에 적합하여야 한다(고등학교 이하 각급 학교 설립 · 운영규정 제3조). 이 규정에 의하면 유치원에서 원사의 기준 면적 산출은 40명 이하의 유치원인 경우에는 $5Nm^2$($200m^2 \div 3.3 = 60.6$평), 40명을 초과할 경우에는 ($80 + 3Nm^2$)이다(N은 유치원 원아의 정원).
- 유치원에는 유원장(옥외 유원장)을 두되, 배수가 잘 되거나 배수시설을 갖춘 곳에 위치하여야 한다(고등학교 이하 각급 학교 설립 · 운영 규정 제5조). 유원장은 원아가 40명 이하 일 경우에는 $160m^2$로 하고, 40명을 초과할 경우에는 ($120 + Nm^2$)이다(N은 유치원의 정원).
- 유치원에는 필요한 도서 등 교재 · 교구를 갖춰야 하는데 종목 및 기준은 시 · 도 교육감이 정하여 고시한다(고등학교 이하 각급 학교 설립 · 운영 규정 제8조).
- 유치원에는 급수시설을 두어야 하되, 수질검사 결과 위생상 무해하다고 판명된 것이어야 하며, 온수를 공급할 수 있는 시설을 갖춰야 한다(고등학교 이하 각급 학교 설립 · 운영 규정 제10조).
- 원사의 내부 환경은 조도(책상면) 300룩스(lux) 이상, 소음 55데시벨(dB) 이하, 온도 섭씨 18도(℃) 이상이어야 한다.
- 기준 미달에 대한 조치(고등학교 이하 각급 학교 설립 · 운영 규정 제19조).

이 기준에 미달하는 사립의 유치원에 대하여는 일정한 기간을 정하여 보완을 명할 수 있고, 지정된 기간 내에 이행하지 못한 유치원에 대하여는 학급 정원의 감축 또는 원아모집의 정지 등을 명할 수 있다.

4) 유치원의 폐지

유치원의 폐지는 경영자에 의한 자진 폐쇄와 관할 교육청에 의한 강제 폐쇄가 있다. 〈유아교육법〉 제32조에서는 유치원을 설립 · 경영하는 자가 유치원을 자진하여 폐쇄하고자 하는 경우에는 폐쇄 사유, 원아 지원 및 설비 처리 계획, 폐쇄 연월일 등에 관한 서류를 구비하여 관할청의 인가를 받아야 함을 명시하고 있다. 한편, 관할청은 다음 경우에 해당하여 정상적인 교육과정 운영이 불가능한 경우에 유치원의 폐쇄를 명할 수 있다.

- 원장 또는 설립 경영자가 고의 또는 중과실로 〈유아교육법〉 또는 〈유아교육법〉에 따른 명령을 위반한 경우
- 원장 또는 설립 경영자가 〈유아교육법〉 또는 그 밖의 교육관계 법령에 따른 관할청의 명령을 3회 이상 위반한 경우
- 휴업기간을 제외하고 계속하여 3개월 이상 교육과정을 운영하지 아니한 경우

유치원의 설립 경영자는 유치원 폐지 명령을 받은 날부터 3개월 이내에 재원생과 유치원 기본재산의 처리상황을 기재한 서류와 학적부를 관할청에 제출하여야 한다.

2. 보육시설의 설립

1) 사전 조사

보육시설을 설립하고자 할 때에는 다음과 같은 사항들을 사전에 조사하여 치밀한 계획을 세워야 한다.

(1) 관계 공무원과 시설 운영자의 경험을 듣는다

보육시설을 설치하려는 자는 우선 시 · 군 · 구의 복지관련 부서를 방문하여 보육업무

담당 공무원과 상담을 통하여 지역적 현황과 보육 수요, 시설의 종류와 규모, 시 · 군 · 구의 보육시설 확충 계획 등에 관한 정보를 수집할 필요가 있다. 또한 각 시 · 도, 시 · 군 · 구 보육정보센터를 방문하여 보육시설의 설치와 운영에 관한 정보를 수집한다. 그리고 현재 보육시설을 운영하고 있는 시설장이나 과거에 운영했던 경험이 있는 사람들을 만나 조언을 받을 필요가 있다.

(2) 보육시설의 장소 선정에 신중을 기해야 한다

보육시설을 어디에 설치하느냐에 따라 원아모집, 지역사회의 협조, 안전관리, 타 보육시설과의 경쟁관계 등에서 우위를 점할 수 있다. 특히 장소를 선정할 때에는 관계법에서 규정한 입지조건을 면밀히 검토한 후 법에 어긋나지 않는 장소를 선정하여야 한다. 〈영유아보육법〉 시행규칙 제9조 [별표 1]에서는 보육시설의 입지조건을 다음과 같이 제시하고 있다.

- 보육시설은 보육 수요 · 보건 · 위생 · 급수 · 안전 · 교통 · 환경 및 교통 편의 등을 충분히 고려하여 쾌적한 환경의 부지를 선정하여야 한다.
- 보육시설은 위험시설로부터 50m 이상 떨어진 곳에 위치하여야 한다.
- 가정 보육시설은 단독주택(다중주택, 다가구주택 및 공관을 제외한다) 및 공동주택에 설치하고, 그외의 보육시설은 교육연구 및 복지시설에 설치한다. 다만, 영 · 유아 20인 이하를 보육하는 직장 보육시설과 부모 협동 보육시설은 가정보육시설을 설치할 수 있는 곳에도 설치할 수 있다.

(3) 보육 수요를 파악한다

보육시설을 설치하려는 자가 보육 수요를 파악하는 것은 기본이다. 보육시설에 입소할 아동들은 0~12세 아동까지이지만 주된 대상은 0세부터 취학 전 아동이다. 그 중에서도 3세부터 취학 전 아동은 유치원과 보육시설 중 보호자의 선택에 따라 유치원이나 보육시설로 갈 수 있다. 이로 인해 저출산 현상과 더불어 아동 유치를 위한 유치원과 보육시설 간의 경쟁이 치열할 수밖에 없다. 따라서 지역의 보육 수요 파악은 매우 중요한 일이다. 보육 수요를 파악할 수 있는 방법을 몇 가지 소개하면 다음과 같다.

- 관할 시 · 군 · 구 · 읍 · 면 · 동 사무소에서 파악하고 있는 인구통계를 통해서 취학 전 영 · 유아 수와 30대 부부 및 취업모의 수를 파악한다.
- 해당 지역의 주택 형태, 주택 소유 및 규모, 거주자의 연령층 등을 파악한다. 일반적으로 단독주택보다는 아파트나 연립주택, 다가구주택, 임대주택, 평수가 좁은 지역에, 그리고 젊은 층이 거주하고 있는 지역에 보육 수요가 많이 분포되어 있다.
- 인근 지역의 보육시설, 유치원, 선교원, 사설학원 등의 분포 상태와 출퇴근 시간 유동인구 등을 파악한다.
- 인근지역의 택지개발이나 아파트단지 조성 등과 같은 개발계획 등으로 인한 인구 이동 상황 등을 파악한다.

(4) 보육시설의 규모와 운영 유형을 결정한다

보육시설의 설치를 위한 기초조사가 끝나면 어느 정도의 규모로 운영할 것인지, 어떠한 유형으로 운영할 것인지 등에 관하여 결정하여야 한다. 보육시설의 유형에는 국 · 공립 보육시설을 비롯하여 법인 보육시설, 민간 보육시설, 직장 보육시설, 가정 보육 및 부모 협동 보육시설이 있다. 한편, 보육시설의 전체 인원은 300인 이상을 초과할 수 없다.

(5) 보육시설의 건축물을 선정한다

보육시설 설치를 위한 다양한 정보 및 자료 수집, 장소 선정 후에는 건물의 신축, 매입 등의 여부를 결정하여야 한다. 신축할 경우에는 건축법규에 어긋나지 않도록 해야 한다. 또한 기존 건물을 매입 또는 임대할 경우에는 리모델링 계획을 세워 쾌적한 보육 환경이 되도록 세심한 배려를 아끼지 않아야 한다.

(6) 소요예산을 확보하고 운영계획을 수립한다

보육시설을 설립 · 운영하기 위해서는 소요되는 예산의 확보가 필요하다. 소요되는 예산은 대지구입비, 대지 및 건물임대료(임대시), 건축비, 시설 · 설비비, 교재 · 교구 구입비, 소모품 구입비, 주방용품 구입비, 운영비, 예비비 등이다.

(7) 개원시기를 결정한다

보육시설은 대부분의 유치원과 마찬가지로 2월에 졸업식을 하고 3월 초에 입학식을 하게 된다. 따라서 원활한 원아모집을 위해서는 학기가 시작되기 전에 개원을 하고 원아 모집을 위한 홍보에 들어가야 한다.

2) 설립 신청 및 인가

앞에서 제시한 사항들에 대한 충분한 조사와 검토가 끝났으면 〈영유아보육법〉 시행 규칙 별지 제4호 서식에 의거하여 보육시설 설치 신고서와 구비서류를 첨부하여 시설의 소재지를 관할하는 시 · 군 · 구의 복지관련 부서에 제출한다. 보육시설 인가 신청서 및 구비서류는 [그림 3-2]와 같다.

한편 보육시설의 명칭, 대표자, 정원 또는 소재지를 변경하고자 할 경우에는 보육시설 변경인가신청서(별지 6호 서식)에 법인의 정관 또는 등기부등본(법인 보육시설의 경우), 시설 설치 인가증을 첨부하여 제출하고, 소재지 변경의 경우에는 현재의 보육 아동에 대한 조치계획서와 시설 · 재산 사용이나 처분 계획서 및 변경시설의 평면도를 첨부하여 시 · 군 · 구 가정복지과에 제출한다. 변경신청서를 접수한 관계기관에서는 신고사항이 변경된 내용을 작성하여 인가증(신고증)을 교부하여야 한다.

보육시설 인가신청서							처리기간 14일
신 청 인	① 성 명 (법인 · 단체는 대표자)		② 법인 · 단체명				
	③ 주 소	(전화 :)					
	④ 주민등록번호						
시설개요	⑤ 명 칭		⑥ 시설 종별		⑦ 개설예정 연월일		
	⑧ 소 재 지	(전화 :)					
	⑨ 보육시설 장의 성명		⑩ 주민등록번호				
⑪ 보육정원	총 인 원	1세 미만	1~2세 미만	2세	3세	4~5세	방과후
	명	명	명	명	명	명	명
⑫ 시설설비	보 육 실	m^2	조 리 실	m^2	목 욕 실	m^2	
	화 장 실	m^2	놀 이 터	m^2	사 무 실	m^2	
	양 호 실	m^2	대 지	m^2	기 타	m^2	
⑬ 종사자	총 인 원	보육교사	간 호 사	영 양 사	취 사 부	기 타	
	명	명	명	명	명	명	
⑭ 예 산	수 입 액	지 출 액	비 고				
	원	원					

〈영유아보육법〉 제13조 제1항 · 제14조 제1항 및 〈영유아보육법 시행규칙〉 제5조 제1항의 규정에 의하여 보육시설 설치 인가를 신청합니다.

년 월 일

신고인 (서명 또는 인)

시장 · 군수 · 구청장 귀하

※ 구비서류

1. 법인의 정관, 등기부등본 및 출연금 등에 관한 서류(법인인 경우에 한함)
2. 단체의 회칙 또는 규약(단체인 경우에 한함)
3. 건축물대장등본(부동산을 임차한 경우에는 임대차계약서를 포함)과 시설 및 설비 목록
4. 시설의 구조별 면적이 표시된 평면도
5. 보육시설의 장의 자격을 증명하는 서류
6. 보육시설종사자의 채용계획서
7. 보육시설 운영계획서(운영경비와 유지방법을 포함)
8. 설립자가 개인인 경우 경비의 지급 및 변제 능력에 관한 서류
9. 인근 놀이터 이용계획서(영 · 유아 50인 이상의 시설로서 옥외놀이터나 옥내놀이터를 설치하지 않은 경우에 한함.)
10. 전기안전점검서 및 가스안전점검서

* 구비서류 중 건축물대장등본 등을 행정정보의 공동이용을 통하여 신청기관에서 확인할 수 있는 때에는 당해 서류의 제출을 생략할 수 있습니다.

210mm×297mm(일반용지 60g/㎡(재활용품))

그림 3-2 보육시설 인가신청서

ADMINISTRATION & MANAGEMENT FOR EARLY CHILDHOOD SETTING

제4장

원아모집과 학급편성

제4장

원아모집과 학급편성

1. 원아모집

유아교육을 유치원과 보육시설의 이원화 체제로 유지하고 있는 한 유치원이나 보육시설에서는 원아 모집을 위한 경쟁이 치열히 전개되고 있다.

1) 홍 보

국 · 공립 유아교육기관이나 사립 유아교육기관을 막론하고 원아모집을 위한 홍보활동은 지속적으로 전개되고 있다. 출산율의 저하로 유아교육기관 취원 대상자는 줄어들고, 유치원 및 보육시설의 규모는 커지고 있어, 이제 유아교육기관도 가만히 앉아서 교육수요자들이 오기만을 기다릴 수 없게 되었다. 교육기관 간의 경쟁을 통해 고객으로부터 호응을 받는 조직은 생존하게 되고, 외면당할 때는 그 존재의 의미를 상실하게 될 것이다. 따라서 유아교육기관이 생존하기 위해서는 고객이 요구하는 것이 무엇인지를 신속하게 파악하고, 우수한 교사진과 교육환경, 양질의 교육프로그램을 준비하여 이를 학부모나 지역사회에 적극적으로 알리는 홍보활동이 필요하다.

유아교육기관에서의 원아모집을 위한 홍보는 연중 실시하는 것이 좋다. 일반적으로 원아모집을 위한 집중적인 홍보는 원아모집 시기와 병행하는 경우가 보통이다. 유치원의 학기는 3월 1일에 시작하여 다음 해 2월 말에 끝나기 때문에 원아모집은 매년 1월과 2월 중에 이루어지지만, 구체적인 모집 일정은 시 · 도 교육청에서 정한 일정대로 실시하는 경우가 많다.

유아교육기관에서 많이 활용하고 있는 홍보방법으로는 현수막, 포스터, 안내 책자, 개별 우편물, 생활정보지, 인쇄전단 등이 있는데, 최근에는 인터넷을 이용한 홍보도 하고 있다. 유아교육기관 운영자는 어떠한 방법으로 홍보할 것인지를 결정해야 한다. 현수막은 글자 수 및 도안은 간결하게 하여 눈에 잘 띄는 곳에 부착하고, 포스터는 유동 인구가 많은 지역의 게시판을 이용하는 것이 좋다. 안내 책자는 한 장으로 되어 있는 형태와 팸플릿과 같은 형태 등이 있다. 안내 책자에 들어가는 내용은 간단명료하게 구성하고 구체적인 사항은 방문이나 전화 등을 이용하여 상담하도록 하는 것이 좋다.

이밖에도 다음과 같은 보다 적극적인 홍보방법을 활용할 수도 있다.

(1) 학부모를 직접 유아교육기관에 초청하기

학부모를 직접 유아교육기관에 초청하여 홍보를 할 때에는 우선 학부모를 안내할 교직원을 선발하여 시설 및 환경을 견학할 수 있도록 도와주어야 한다. 시설 및 환경의 견학을 마친 후에는 다음과 같은 내용이 담긴 다양한 매체를 이용하여 홍보활동을 전개할 수 있다(강문희 외, 2006).

- 유아교육기관의 이름, 주소, 전화번호(위치, 약도 포함)
- 교육프로그램의 주요 내용에 대한 소개
- 운영방침과 특징
- 운영자 및 교직원 소개
- 모집 대상 아동의 연령, 모집 인원, 모집 시기 및 입학 절차
- 납입금, 교육시간, 학급편성, 교통편 등

• 전문단체의 등록 및 가입 여부
• 보험 가입 등

(2) 교직원이 직접 가정을 방문하여 홍보하기

교직원이 직접 가정을 방문하여 홍보를 할 때에는 우선 가정생활에 피해를 주지 않는 시간을 택해야 하며, 장황한 설명보다는 핵심적인 사항만을 간단히 소개하고 구체적인 것은 인쇄물로 대신하는 것이 좋다.

(3) 인쇄물 또는 게시물을 통해 홍보하기

인쇄물 또는 게시물을 통해 홍보할 때에는 세련된 편집으로 학부모들의 관심을 끌어야 한다. 또한 인쇄물의 내용이 너무 많지 않도록 하며 인상에 남을 만한 색상을 쓰는 것이 좋다. 인쇄물에는 유아교육기관 전경 사진, 유아교육기관의 이름 · 교사진 · 주소 · 전화번호 · 약도 · 모집 대상자의 연령 · 모집 시기 · 주요 프로그램 · 교통편 등을 삽입하는 것이 좋다.

이밖에도 유아교육기관이 독자적인 홍보방법을 쓰기보다는 유치원연합회 또는 보육시설연합회에서 공동으로 홍보하는 것이 비용 절감 측면에서 효과적이다. 그러나 시간과 비용도 적게 들이면서 홍보를 할 수 있는 유일한 방법은 평상시의 내실 있는 교육 및 보육프로그램의 운영을 통해서 학부모와 지역사회로부터 신뢰를 얻는 것이 가장 확실한 홍보 전략이다.

2) 원아선발

유치원에서의 원아모집은 대개 선착순 접수의 방법을 쓰기 때문에 지역사회 및 학부모로부터 호평을 받은 유치원은 조기에 마감되고 그렇지 않은 유치원은 2월 말까지 계속될 수 있다. 유아교육기관의 원아모집 시기를 보면 초등학교 병설 유치원을 비롯한 공립유치원의 경우에는 당해 년도 3월 1일 현재 만 3~5세 유아를 대상으로 모집을 하되

지원자수가 모집 인원보다 많을 경우에는 나이가 많은 유아를 우선적으로 취원시키거나, 추첨에 의해서 결정한다. 또한 초등학교 병설 유치원의 경우에는 일정 지역(학구) 내 거주자로 한정하여 모집할 수 있는데, 대개 초등학교의 학구 내 거주자로 한정한다. 그러나 사립 유치원의 경우에는 거주 지역을 제한하지 않거나 선착순 또는 추첨 등의 방법으로 원아를 선발하고 있다.

다음은 원아모집에 필요한 '원아모집 안내' 예문과 '입학원서'를 제시하였다.

20　학년도

원아모집 안내

20　학년도 ○○○ 유치원(어린이집) 원아를 다음과 같이 모집합니다.

— 다 음 —

1. 지원 자격 : 20　.　.　. ~ 20　. 2월 말 사이에 출생한 자로서 학구 내 및 기타 지역으로 통원이 가능한 유아(만 ○세 ~ 만 ○세)
2. 모집 인원 : (　)학급 ○○명(시간제, 종일반 ○○명 포함)
3. 제출 서류 : 가. 입학원서(본원 소정양식 — 반명함판 사진 부착) 1부.
   나. 주민등록 등본 1통.
   다. 기초생활수급대상자는 이를 증명할 서류.
4. 원서 교부 및 접수 기간 :　.　.　.(　요일) ~　.　.　.(　요일).
   평일 : 09 : 00 ~ 16 : 30까지, 토요일 : 09 : 00 ~ 12 : 30까지
5. 원서교부 및 접수처 : 유치원(어린이집) 원무실
6. 전형방법 : 입학 희망자가 정원을 넘을 경우 규약에 의하여 추첨으로 결정함.
7. 전형일시 및 장소 :　.　.　.(　요일) 오전 10시 유치원(어린이집) 소강당
8. 합격자 발표 :　.　.　.(　요일), 본 원 현관 게시판 및 홈페이지
9. 기타 사항 : 자세한 내용은 전화 (　—　)으로 문의하시기 바랍니다.

(　　)유치원(어린이집) 장

그림 4-1 원아모집 안내문

입학원서						접수번호
아동	이 름	한 글		성별	남·여	사진
		한 자				
	생년월일	년 월 일생				
	현 주 소					
	통원방법	도보 버스 자가용 유치원 버스				
	입학전경력	유치원 어린이집 학원 다닌 적 없음				
	양육방법	부모 조부모 고모 이모 친인척 기타				
보호자	이 름		아동과의 관계			
	생년월일	년 월 일생				
	직 업	(구체적으로)				
	연 락 처	자택 전화		휴대폰		
	e-mail					
가족관계	구 분	아버지	어머니	형제관계		
	이 름			형(누나)	형( )명, 누나 ( )명	
	생년월일					
	학 력			동생	남동생 ( )명, 여동생( )명	
	직 업					
	종 교					
	본원 재학 중인 형제자매		반	성명		
특기사항						

위 아동을 귀 유치원에 입학시키고자 하오니 허락하여 주시기 바랍니다.

20 . . .

보호자 인

( )유치원장 귀하

그림 4-2 입학원서

보육시설도 유치원과 마찬가지로 3월 1일에 시작하여 다음 해 2월 말까지 보육프로그램이 운영되기 때문에 1월과 2월 중에 원아를 모집하되 수시로 추가 모집을 하고 있다. 모집방법도 유치원과 마찬가지로 선착순 또는 추첨의 방법을 쓰거나 거주 지역을 제한하지 않는 경우가 대부분이다. 보육시설의 지원자 수가 보육정원을 초과할 경우의 보육시설 입소 순위는 보육시설의 유형이나 지역에 따라 다소간 차이가 있다.

2. 입학 준비

유치원이나 보육시설의 입학 대상자가 결정되면 원아와 가족에 대한 정보 수집, 학부모와의 면담, 가정 방문, 원아의 시설 방문 및 학부모 오리엔테이션 등의 입학을 위한 준비를 하여야 한다(임재택, 2000).

1) 유아 및 가정환경 파악

유아 및 가정환경의 파악은 유아들의 흥미, 욕구, 발달 수준, 가정환경, 부모의 교육 관심도 등을 사전에 파악함으로써 원아 및 가족의 요구를 충족시킬 수 있는 프로그램을 계획하고 실천할 수 있는 교육활동 계획을 수립하기 위함이다. 일반적으로 유아교육기관에서는 원아의 특성이나 가정환경을 파악하기 위하여 신상조사서나 가정환경 조사서를 배부하고 이를 작성하여 제출하게 하고 있다. 원아의 특성이나 가정환경을 파악하기 위한 일정한 양식은 없으나 일반적으로 포함되어야 할 주요 내용은 다음과 같다.

- 아동의 이름, 성별, 생년월일, 주소, 사진
- 부모 이름, 직업, 근무지, 주소
- 가족사항
- 가정환경
- 아동의 생활습관, 성격, 건강 상태 및 특이사항

• 비상연락처, 등 · 하원 시 보호자

가정환경 조사서를 비롯하여 원아의 부모나 가족으로부터 취득한 다양한 정보들은 오로지 원아를 지도하기 위한 자료로만 활용되어야 하며, 비밀이 유지되어야 한다. 특히 특정 원아에 관한 신상정보를 가지고 다른 원아와 비교의 자료로 활용해서는 안 된다.

2) 학부모 면담 및 오리엔테이션

학부모 면담은 원아를 지도할 교사와 학부모와의 최초의 접촉이다. 그동안 유치원이나 보육시설에 대한 각종 홍보를 통해서 취득했던 정보를 토대로 자녀를 입학 또는 입소를 결정했지만 부모의 입장에서는 교사진, 교육환경, 교육프로그램 등에 대한 확신이 서 있지 않은 상태이다. 따라서 학부모 면담을 통해서 학부모들이 해당 교육기관을 신뢰할 수 있도록 유치원 및 보육시설의 운영 전반에 대한 소개가 이루어져야 한다. 예를 들면, 원장의 교육철학, 주요 프로그램, 장 · 단기 운영계획, 교사진 등에 대해서 학부모가 신뢰할 수 있도록 설명할 필요가 있다. 물론 과장해서 말하거나 허위 사실을 설명한다거나 일방적으로 유치원이나 보육시설을 선전하는 시간이 되어서는 안 되고, 학부모의 기대와 요구, 그리고 학부모의 유아교육에 대한 이해의 수준 등을 파악하는 계기가 되어야 한다. 이러한 면담은 주로 개인별로 이루어지거나 거주지별로 일정을 잡아서 진행할 수도 있다. 학부모와의 면담은 주로 상담실에서 하는 것이 좋지만 상담실이 없을 경우에는 교실에서 온화하고 친근한 분위기를 유지하면서 개인별 또는 소집단별로 진행되는 것이 효과적이다(강문회 외, 2006).

한편, 유아들이 입학에 앞서 유아교육기관의 환경에 익숙해지게 하기 위한 프로그램의 일환으로 유아교육기관을 사전에 방문할 수 있는 기회를 부여하는 것이 좋다. 대부분의 유아들은 줄곧 가정에서만 생활해 왔기 때문에 유아들끼리만 생활하게 될 유아교육기관의 시설 및 환경에 대해서 매우 낯설어 한다. 물론 3월에 입학식과 더불어 유아들이 유아교육기관에 조속히 적응할 수 있도록 하는 프로그램을 운영하게 되지만 이에 앞서 유치원이나 보육시설을 사전에 방문하여 실내 · 외 환경을 살펴보게 하며, 등 · 하원 시

이용할 교통수단을 사전에 익히게 하는 일, 교직원들과 사전에 접촉할 수 있는 기회를 제공하는 것은 유아들이 변화된 환경에 쉽게 적응하는 데 도움을 줄 것이다.

유아들의 유아교육기관 사전방문은 부모들과 함께 이루어지는 것이 좋다. 유아들끼리만 사전에 방문하게 할 경우 독자적으로 외출 경험이 없는 유아들에게는 상당한 두려움을 수반하게 될 것이다. 따라서 유아들의 사전 방문은 학부모 면담이 이루어지는 날 학부모와 함께 등원 및 하원이 이루어지게 하는 것이 바람직하다. 학부모와 교직원 간에 면담이 진행되고 있을 때에는 담당 교직원을 배치하여 유아들과 함께 실내 · 외 환경을 살펴보면서 설명을 해준다거나 질문에 응하게 하는 것도 좋다. 실내 · 외 환경을 살펴보는 순서가 끝나면 유아들을 놀이실이나 율동실 등으로 안내하여 이들이 장난감이나 교재 · 교구, 학습자료 등을 자유롭게 가지고 놀 수 있도록 배려함으로써 유아들이 유치원이나 보육시설에 대해 좋은 인상과 친근감을 갖게 해야 한다. 유아들의 사전 방문 행사는 유아교육기관의 사정에 따라 다르지만 보통 30~50분 정도를 유지함으로써 유치원이나 보육시설은 재미있는 곳, 친절한 곳, 가고 싶은 곳 등으로 인식되게 해야 한다.

또한, 유치원이나 보육시설에서는 입학 대상 원아들의 학부모들을 대상으로 사전에 학부모 오리엔테이션을 실시하여 유아교육에 대한 학부모들의 협조를 부탁하면서 유아교육기관에 대한 소개를 하고 있다. 이것은 유아교육기관과 가정과의 상호 신뢰관계를 구축하면서 교육에 있어서의 동반자적 관계를 유지하기 위함이다. 학부모 오리엔테이션에서는 대부분 학부모용 안내책자를 발행하게 되는데, 일반적으로 학부모용 안내책자에 수록되는 내용은 다음과 같다.

- 유아교육기관의 운영 철학 및 방침
- 교직원 소개 및 연락처
- 일과 운영계획과 각종 행사계획
- 간식 및 점심시간 운영
- 아동의 복장과 소지품에 관한 사항
- 각종 준비물
- 아동의 건강, 위생 및 안전에 관한 사항
- 차량운행 계획 및 이용방법

- 부모교육 · 참여 활동에 관한 사항
- 교육비 및 보육료 액수 및 납입에 관한 사항
- 기타 사항

3. 학급경영

1) 학급경영의 개념 및 원리

유아들은 유치원에 등원하면 '교실'이라는 한정된 공간에서 대부분의 하루 일과를 보내게 된다. 그 곳에서 교수 · 학습 행위가 이루어지며, 친구를 사귀고, 더불어 사는 방법을 배우며, 상대방의 입장을 배려하는 태도를 익히게 된다. 학급은 교육목적을 달성하기 위한 기본적인 학습집단이며, 생활집단이다. 또한 학급은 인위적 · 합리적 · 의도적으로 구성된 집단으로서 구성원들은 대부분 공동의 과제를 가지고 다양한 활동을 전개하게 된다. 이러한 다양한 활동은 담임교사를 중심으로 학급교육 목표의 원활한 달성을 위한 학급경영 활동의 일환이다.

여기서 학급경영이란 학급을 관리 · 운영하는 활동으로서 유아의 학습과 생활지도 등 교육활동을 효과적으로 전개하기 위하여 학급 구성원의 협동적 행위를 조장하는 집단과정이라 할 수 있다. 즉, 학급경영이란 교육목표 달성을 위해 계획(plan), 실천(do), 평가(see)의 교육활동이면서 아동의 성장 · 발달을 지원하는 교육활동이라 할 수 있다. 이러한 학급경영은 교육의 질적 향상에 대한 관심이 높아지면서 그 중요성이 강조되고 있는데, 그 구체적인 이유는 다음과 같다.

첫째, 학급은 실제로 교육이 이루어지는 실천의 장이다. 학급은 유아들이 성장 · 발달할 수 있는 환경을 조성하고 인격을 형성해 가는 직접적이고 구체적인 장소이다.

둘째, 학급은 유아들이 매일 매일의 생활을 통하여 사회적 가치나 규범을 내면화하는 사회화의 장소이다. 유아들은 학급 내에서 상호교류나 친교활동을 통해 다양한 경험과 성장을 거듭하게 된다. 학급생활에서의 다양한 경험의 누적은 유아들의 인격과 삶의 질 결정에 중요한 요인으로 작용할 수 있다.

셋째, 학급경영 방식은 유아들의 잠재능력의 계발과 인격 형성에 지대한 영향을 미치게 된다. 교사가 학급을 경영을 할 때 어떠한 인간관을 가지고 있느냐에 따라 학급 풍토와 유아들의 생활 모습이 달라진다. 즉, 민주적 방식 · 독재적 방식 · 권위적 방식 · 방임적 방식에 따라 혹은 유아를 대할 때 X론적 관점에서 대하느냐, 아니면 Y론적 관점에서 대하느냐에 따라 유아들의 능력 계발, 사회성 발달, 자기 주도적 태도 형성 등에 영향을 미치게 된다.

넷째, 학급경영의 변화는 교육개혁의 변화를 좌우하게 된다. 교육개혁의 궁극적인 목적은 수요자인 아동 · 학생에 대한 교육의 질적 제고라 할 수 있다. 진정한 의미의 교육개혁을 위해서는 보여 주기 위한 개혁이 아니라 작은 교실에서부터의 변화가 선행되어야 한다. 학급경영의 최종 책임자는 학급 담임교사이다. 학급 담임교사는 학급을 경영함에 있어서 어떠한 원칙에 입각하여 어떠한 방향으로 운영하겠다는 방침 내지는 원리에 따라야 한다. 유아교육에서의 학급은 다른 사회조직이나 초 · 중등학교 조직과는 다른 특성을 지니고 있다. 따라서 유아교육 조직에서는 유아들을 대상으로 하는 독특한 학급경영의 원리가 적용되어야 한다. 일반적으로 유아교육 조직에 적용할 학급경영의 원리를 제시하면 다음과 같다(박병량 · 주철안, 1999; 박남기, 2005).

첫째, 교육적인 학급경영이어야 한다. 교육적 학급경영은 모든 학급경영 활동이 교육의 본질과 목적에 부합되도록 운영하는 것이다. 이는 학급경영 자체가 교육활동이기 때문이다. 교육은 인간 성향의 가변성을 믿고 개인이 지닌 잠재적 가능성을 최대로 발전시키고자 하는 노력이다. 따라서 학급경영은 학생 개개인의 지적 · 정의적 · 신체적 능력을 최대로 계발하여 자아실현의 인간에 도달할 수 있도록 운영되어야 한다.

둘째, 유아 이해의 학급경영이어야 한다. 유아 이해의 학급경영은 학급경영의 구상과 전개가 유아의 이해를 기반으로 이루어져야 한다. 효과적인 학급경영을 위해서는 유아의 발달 단계에 따른 지적 · 정서적 · 신체적 · 사회적 발달의 제 특징과 학습능력 및 준비도, 그리고 집단 역학과 사회적 심리의 이해를 근거로 하여 학급의 여러 활동이 구성되고 운영되어야 한다.

셋째, 민주적 학급경영이어야 한다. 민주적 학급경영은 민주주의의 이념, 인간 존중, 자유, 평등, 참여, 합의 등에 입각한 학급경영을 말한다. 즉, 민주적 학급경영에서는 학급 구성원 개개인의 인격이 존중되고, 자유로운 학급 분위기가 조성되며, 유아 스스로 결정할 수 있고 책임질 수 있는 자율적 행동이 조장된다.

넷째, 효율적인 학급경영이어야 한다. 효율적인 학급경영은 효과적이고 능률적으로 학급을 운영함을 말한다. 학급경영의 효과성은 학급 목표가 성공적으로 달성되는 것을 의미하며, 능률성은 학급의 자원을 경제적으로 사용하여 최대의 성과를 얻는 것을 말한다. 효율성은 일반적으로 효과성과 능률성이 동시에 나타나는 상태를 지칭하는 것이다. 또한 효율성은 집단 구성원의 심리적 만족을 의미한다. 따라서 학급의 자원을 경제적으로 사용하여 학급 목표를 달성함과 동시에 학급 구성원의 심리적 만족을 충족시키는 학급 운영을 효율적인 학급경영이라고 할 수 있다.

다섯째, 창의적인 학급경영이어야 한다. 교육은 문화 가치의 인식이며 새로운 문화 창조의 과정이라 할 수 있다. 획일적이고 기계적인 통제 위주의 경영방식에서 창의성은 발휘될 수 없으며 자주적이고, 노작적인 활동을 통해서 실현될 수 있다. 학급경영의 창의성은 교사나 유아의 왕성한 사고력에 기대할 수 있다.

여섯째, 전문적인 학급경영이어야 한다. 유아교육에서의 학급경영은 일반조직이나 학교조직과는 다른 독자적인 전문성을 갖는다. 학급경영을 단지 원장의 명을 받아 유아를 관리한다는 수동적인 자세에서 벗어나 교사 자신의 전문적인 소양을 중심으로 적극적인 경영자세가 요구된다.

일곱째, 개별화를 추구하는 학급경영이어야 한다. 학급경영에서의 개별화의 추구는 유아들의 지능, 성격, 흥미, 가정환경 등의 차이를 인정하고 학급 구성원으로서의 유아들이 지니고 있는 독자성과 잠재능력을 발견하고 이를 발전시켜 나가야 함을 말한다. 또한 학급별로 독자성을 갖고 다른 반과 구별되는 차별화된 학급운영이 되어야 함을 의미한다.

여덟째, 통합성을 추구하는 학급경영이어야 한다. 통합성의 추구란 유아교육에서의 학급경영은 편의상 영역별로 구분되어 있지만 기본생활교육, 인성교육, 창의성 교육, 전통문화 존중교육 등이 통합적으로 이루어져야 한다는 것이다. 또한 교육활동은 유아의 발달수준과 흥미를 고려하여 선정하고, 통합적으로 운영되어야 한다는 것이다. 인간은 통합적 존재로서 전인적 발달을 추구하기 때문에 학급에서의 지도 영역과 형태 및 방법은 다양하게 이루어지더라도 그들 상호간에는 일관성과 통합성이 유지되어야 한다.

2) 학급경영의 내용

학급경영에는 활동실의 환경구성, 학급원아 관리, 교육과정 및 일과운영, 원아 및 학부모 오리엔테이션, 서류 관리 등이 포함된다. 이들을 구체적으로 살펴보면 다음과 같다(이영자 · 권영례, 2000: 168～178).

(1) 활동실의 환경구성

활동실의 환경은 유아들의 유아교육기관에서의 생활에 많은 영향을 미치게 된다. 따라서 학급환경 구성은 유아들이 기관에서 활기차게 의미 있는 시간을 보낼 수 있는가를 좌우하는 중요한 요인이라고 할 수 있다. 교구나 비품은 연간 계속되는 주제나 단원을 전개하는 데 충분한 정도의 양을 준비하여 주제나 계절이 바뀔 때마다 새로운 것으로 교체해 주어 교실의 분위기를 바꾸어 줄 필요가 있다.

환경구성의 변화와 점검은 실외놀이에도 마찬가지로 적용된다. 흔히 실외놀이는 유아들이 뛰어 노는 곳으로서 고정된 놀이시설만을 갖춘 후 방치하는 경우가 많은데, 실외놀이도 활동의 성격에 따라 영역별로 구성한 후 주제에 따라 변화하는 실내 환경구성에 맞추어 적절한 변화를 주어야 한다. 예를 들면, 소방서 견학 후에는 모래놀이 영역에 소방차, 호스 등을 준비하여 소방서 놀이를 할 수 있게 하고, 실내의 미술 영역에서 배를 만든 날에는 실외의 물놀이대에서 배를 띄워보게 하는 것이 좋다. 종일제 프로그램을 운영할 경우에는 오전과 오후 교사가 의논하여 환경을 구성하면서 오전 · 오후의 균형이 맞도록 배려해야 한다. 두 사람이 한 교실을 운영하게 되면 서로에게 의지하는 가운데 관리가 소홀해지는 경우가 있는데, 이는 충분한 협의를 거쳐 누락되는 일이 없도록 해야 할 것이다.

(2) 원아관리

교사가 원아를 지도하기 위해서는 먼저 원아의 가정환경이나 성장 배경, 지역사회 분위기 등의 파악이 요구된다. 유아들의 행동이나 지식은 가정환경이나 지역사회의 영향을 많이 받으므로 교사나 원장은 그에 대한 배경을 충분히 이해할 필요가 있기 때문이다. 또한 부모의 교육수준이나 수입 정도, 그 지역사회에서 기관에 바라는 요구나 교육에 대한 가치관 등은 기관 운영뿐만 아니라 교사가 유아를 지도하는 데에도 영향을 주기 때문이다.

처음 원아가 입학 수속을 마치게 되면 원서나 가정환경 조사서, 학부모 면담, 유아 및 학부모 오리엔테이션 등을 통하여 원아의 특성과 성격을 파악해야 한다. 이렇게 수집한 정보를 바탕으로 유아 개개인에 대한 생활 태도나 기본생활습관 등에 관한 지도계획을 수립하게 되면 처음 입학 초기에 유아들의 적응을 돕는 데 매우 도움이 된다. 유아가 입학을 하여 기관에 다니게 되면 원장이나 교사는 매일의 활동 전에 유아들의 건강 상태와 기분을 파악해야 한다. 유아들은 몸이 불편하거나 기분이 언짢아도 잘 표현하지 못하므로 기관에서의 하루 일과를 좋지 않은 상태에서 보낼 수 있다. 따라서 등원하는 유아들을 관심 있게 관찰하여 유아의 상태에 따라 적절한 조치를 취해야 한다.

유아들은 기관에서 보내는 하루 일과 중에 많은 경험을 하고 활동을 하게 되는데, 유아들의 하루 일과에 교사는 지속적인 관심을 가지고 관찰해야 한다. 유아들이 시작한 활동은 끝마치는지, 자신의 물건을 잘 챙겨서 집으로 가져가는지, 자신의 소지품 관리는 잘 하는지, 친구들과는 어떻게 관계를 형성하는지 등의 사소한 신변에 관한 것에 대해서도 관심을 가지고 지도해야 한다.

학급의 원아관리는 자연스럽게 학부모 교육으로 이어질 수 있다. 기관 전체의 학부모 교육 계획이 있겠지만 교사가 유아를 지도하는 방향이나 한 부모에게 개인적으로 한정된 문제들에 관해서는 개인적으로 학부모 교육을 하는 것이 필요하다. 또한 교사가 유아를 지도하는 방법에 대해 학부모들이 오해를 하는 경우도 발생할 수 있다. 따라서 교사는 가정통신문이나 개인적인 메모, 전화 등을 통해 학부모들과 충분한 의사소통을 하여 불필요한 오해를 사기보다는 학부모의 협조를 얻을 수 있는 방향으로 이끌어야 한다.

(3) 교육과정 및 일과운영

학급을 관리하기 위해서는 장기적인 목표와 단기적인 목표를 설정하여 교육과정을 운영해야 한다. 이를 위해 교사는 각 학급에 관련된 연간계획은 물론 월간, 주간, 일간 계획을 수립해야 한다. 이러한 계획을 수립할 때는 교직원들이 함께 모여 서로의 계획을 소개하거나 의견을 나눌 필요가 있다.

► **교육활동 계획안 작성 및 교구 · 자료 준비** 교사의 업무 중 가장 중요한 사항은 교육활동 계획안의 작성과 교육환경의 구성 및 교구, 자료의 준비이다. 교육활동 계획안 작성은 미리 계획한 연간, 주간 교육계획안을 토대로 일일 교육계획안을 작성한다. 이때 지난 주나 전 날에 이루어졌던 활동과 자기 반 유아들이 흥미를 보였던 활동을 반영하도록 한다. 이렇게 교육활동 계획안을 작성하고 난 후 필요한 교재와 교구를 확인하고 준비한다. 교재, 교구 중 구입이 필요한 것은 주간계획 시 파악하여 미리 준비한다.

종일제의 경우 교육활동 계획안 작성 시 오전 · 오후 교사가 함께 계획하도록 하여 오전 · 오후의 활동이 자연스럽게 연결되게 한다. 특히 오후에는 오전의 활동이 심화될 수 있는 활동으로 연결시켜 주고, 4~5세를 위한 소그룹활동이 활발히 일어날 수 있도록 배려한다. 종일반 교구 및 자료 준비는 오전 · 오후 교사가 함께 일할 시간이 많지 않으므로 교사실 게시판이나 메모판에 앞으로 해야 할 일과 이미 이루어진 일을 표시하면서 일을 하면 효율적으로 진행할 수 있다.

► **수업준비** 교육활동 계획안과 교구, 자료가 준비되면 하루 일과를 시작하기 위해 교실을 점검한다. 그리고 교육활동을 시작하기 약 10분 전에 놀이실을 최종적으로 점검한다. 이때 놀이실 각 영역 안에 있는 자료들은 제자리에 제대로 있는지, 필요한 자료(학습센터)가 모두 준비되었는지, 화장실에 수건, 화장지, 비누, 치약, 칫솔, 컵 등은 있는지, 쓰레기통은 비워졌는지, 이름 표지판에 이름표가 잘 놓여 있는지, 바깥 놀이기구는 안전한지, 유아 옷장은 잘 정리되었는지 등에 대해 확인한다.

► **일과운영**

- 유아 맞이하기 : 일과 운영 준비가 끝나면 유아를 맞이하게 된다. 우선 유아가 도착하는 대로 눈높이를 맞추어 인사를 나눈다. 유아가 옷장에 신발과 겉옷을 정리해 넣는 동안 교사는 학부모(혹은 그 밖의 보호자)와 간단한 대화를 통해서 지난 밤 유아에게 있었던 특별한 일을 이야기 듣는다(교사에게 할 특별한 부탁 등을 듣는다). 간단한 아침 시진을 한다(기분, 건강상태, 청결상태 등 확인).
- 놀이 계획 및 자유 선택 활동지도 : 개인별로 각 영역의 흥미 영역을 소개하고, 유아가 스스로 선택하여 놀이에 참여할 수 있도록 흥미를 자극하고 동기를 유발시킨다. 놀이를 마친 후 정리하고 또 다른 놀이를 선택하여 활동하도록 도와준다.
- 실외 자유놀이 지도 : 자연환경을 마음껏 탐색하고 대근육활동을 할 수 있도록 실외 자유놀이를 한다. 실외로 나갈 때에는 천천히 2~3명씩 밖으로 나가도록 돕는다(옷차림, 색깔, 동네 이름, 유아 이름, 나이 등으로). 실외에서는 특히 안전관리를 철저히 한다. 인기가 많은 교구나 놀잇감은 순서를 지키게 하고 골고루 쓸 수 있도록 교사가 중재한다. 실외 놀이시설도 다양하게 변화시켜 놀이를 확장시켜 준다. 실외에서는 끊임없고 세심한 관찰로 위험을 미연에 방지하고 특히 탐험하고, 발견하고, 학습할 기회를 많이 제공한다.
- 간식 · 점심 준비 및 지도 : 놀이 상황을 살펴가며 융통성 있게 준비된 간식이나 점심(종일제의 경우)을 급식대에 내놓는다. 유아들은 자기가 놀던 놀잇감을 치우고 손을 닦은 후 간식이나 점심 먹을 준비를 한다. 이때 기본적인 식사예절을 익히도록 돕는다. 종일제의 경우 점심은 대집단보다는 소집단(약 5~6명 정도)이 함께 모여 가족적인 분위기에서 식사하도록 하고 교사가 한 상에 한 사람씩 앉아 함께 식사하는 것이 좋다. 오전반 교사와 오후반 교사가 있는 경우 이때 함께 참여할 수 있다. 밥과 반찬은 골고루 먹도록 한다. 혼자서 먹을 수 있도록 격려하지만, 교사의 도움이 필요한 유아는 적절한 도움을 준다.
- 이야기 나누기 : 오늘 일어난 특별한 일이나 변화에 대해 서로 이야기하고, 놀이에 대한 평가를 한다. 무슨 놀이를 했는지, 어떤 놀이가 제일 즐거웠는지, 누구와 함께 놀았는지, 놀이 도중에 기분이 좋지 않았던 일은 무엇인지(그때 "어떻게 했으면 좋을까?"라는 물음으로 문제 해결을 시도해 본다), 놀이 중에 어떤 일이 있었는지 등을 이야기한다. 이야기는 대부분 일관성이 없고 다른 친구의 말을 되받거나 꾸며진 엉뚱한 이야기일 수 있으나 이야기하는 자체를 긍정적으로 인정하며 경청하는 것이 중요하다.
- 종일제의 경우 낮잠 후 자유선택활동 : 낮잠 후에 이루어지는 자유선택활동 시간에는 유아들

의 보살핌을 중요하게 생각하며 가능하면 교사의 개입을 줄이고 편안한 시간이 되도록 한다. 잠이 덜 깬 유아는 편안하게 쉴 수 있도록 배려한다. 오전과 마찬가지로 간식을 먹게 한다.

- 귀가 지도 : 날씨에 문제만 없다면 실외에서 자유놀이를 하다가 부모님이 데리러 오면 자연스럽게 인사하고 귀가시킨다. 소지품(대소변 실수 시 갈아입고 벗어 놓은 옷, 작품 등)을 챙기고, 연락사항이 있으면 준비한다. 귀가 시 유아들에게 안전에 대한 주의를 환기시킨다. 보호자에게 그날 유아의 건강상태, 놀이 등에 대해 이야기한다. 특별한 변화나 재미있었던 일화가 있다면 이야기해 준다.

► **다음 날 준비** 유아들이 모두 귀가하고 나면 활동실의 청소 상태를 확인하고 자료가 제자리에 있는지, 부족한 것은 무엇인지 점검하고 다음날 활용할 교재 · 교구 등을 점검하고 준비한다. 그리고 다음날 주요 활동 계획을 확인하고 사전 연습을 해보는 것도 원활한 일과 운영을 위해 필요하다.

► **일지 기록 및 평가** 유아가 귀가하고 난 후 가장 중요한 업무는 일지 기록과 평가이다. 일지 기록 및 평가는 교실 운영 상황이나 유아 개개인의 발달을 진단하고 평가하는 데 중요한 기초자료가 된다. 종일제 프로그램에서는 반일제보다 교사가 기록할 시간이 많지 않지만, 한 반을 두 명의 교사가 교대할 때는 특히 교사 간의 연계와 일관성 있는 지도를 위하여 수업이 끝난 후 간단한 기록을 남겨 두는 습관이 필요하다. 기록은 일화식으로 기록하는 방식이 사실적이고 상황을 상세히 묘사하는 데 도움이 된다. 하지만 시간이 많이 걸리므로 간단한 양식을 이용하거나 체크리스트를 제작해서 사용하면 효과적이다.

(4) 서류관리

기관에 유아가 취원을 하게 되면 여러 가지 서류를 갖춰야 할 뿐 아니라 교사는 그 서류를 잘 작성하고 관리 · 보관해야 한다. 또한 교사가 나름대로 작성해 놓으면 학급 운영에 효율을 기할 수 있는 것들이 있다. 이러한 서류들을 정리해 보면 다음과 같다.

- 입학원서
- 생활기록부
- 출석부
- 각 학급 비품 및 교구 목록
- 개인관찰기록부
- 주소록, 전화번호부, 월별로 정리한 생일 카드

3) 학급집단의 편성

학급은 교육활동 조직의 기본 단위로서 교육목적의 달성을 위하여 교육과정을 중심으로 교육활동을 전개하는 곳이다. 따라서 학급은 교육활동이 효율적으로 이루어질 수 있도록 편성 · 운영되어야 한다.

(1) 학급편성 시 고려사항

유치원이나 보육시설의 입학 아동에게 보다 양질의 교육서비스를 제공하기 위하여 학급편성 시 고려할 사항을 제시하면 다음과 같다(임재택, 2000).

첫째, 시설의 전체 원아수를 고려해야 한다. 유치원이나 보육시설의 원아 수는 시설의 실내 · 외 공간 면적에 의해서 인가된다. 일반적으로 유아교육기관은 초 · 중 · 고등학교와는 달리 아동의 신체 · 정서 발달 특성 등을 고려하여 소규모로 운영하고 있는 것이 보통이다. 에반스(Evans, 1971)는 한 유아교육기관의 전체 원아수는 100명을 넘지 않은 것이 좋으며, 만약 전체 원아수가 100명 이상이 되면 운영 · 관리상의 어려움이 따르고 원아들이 안정감과 친밀감을 느낄 수 없기 때문에 충분한 교육적인 효과를 기대하기 어렵다고 주장하였다.

둘째, 유아교육기관의 실내 · 외 공간 면적과 시설 · 교구의 확보 정도를 고려해야 한다. 유아교육기관의 설립 인가를 받기 위한 최소한의 면적과 시설 및 교구 기준보다 초과하여 확보하는 것이 좋다.

셋째, 유아교육기관의 설립 목적이나 운영자의 교육철학을 반영하여야 한다. 유아교육기관을 설립하고자 할 때는 설립 목적을 분명히 해야 한다. 또한 운영자의 유아교육에 대한 철학이 교육프로그램에 반영될 수 있게 하여야 한다.

넷째, 학급을 편성할 때 중요하게 고려해야 할 요인의 하나는 원아의 연령이다. 원아의 연령은 학급 혹은 집단의 크기를 결정하는 중요한 요인이다. 학급을 편성할 때 동일 연령으로 할 것인지, 아니면 혼합 연령반으로 편성할 것인지를 결정하여야 한다. 연령별 학급편성에 따라 교육 프로그램의 운영 방식이 달라질 수 있다.

(2) 학급집단 편성

학급집단 편성의 기준과 방법에 따라 동질집단 편성, 이질집단 편성으로 구분할 수 있다.

► **동질집단 편성** 집단편성 기준에서 비슷한 성질의 원아끼리 배치하는 방법이다. 예를 들면, 원아의 연령, 성, 능력, 지역, 계층 및 인종 등으로 구분하여 동일 연령끼리, 또는 남녀별, 능력별, 거주지별, 동일 계층의 원아들끼리 한 집단으로 편성하는 방법이다. 동일집단 편성의 대표적인 형태는 동일 연령 학급편성이다. 이 방법은 유아의 연령에 근거하여 학급을 편성하는 방법으로서 3세반, 4세반, 5세반 등 유아를 별도의 학급으로 편성하는 방법이다. 이러한 동질집단 편성의 장점으로는 ① 유아의 능력, 경험 및 발달 수준이 비슷하므로 학습활동의 계획과 지도가 용이하고, ② 교육경험이 적은 교사도 유아들을 쉽게 지도할 수 있으며, ③ 유아의 연령과 능력이 비슷하기 때문에 유아 상호 간의 충돌과 좌절의 경험을 줄일 수 있다(임재택, 2000).

► **이질집단 편성** 집단 편성 기준에서 성질이 다른 유아들이 고루 섞이도록 편성하는 방법이다. 즉, 유아의 연령, 성, 능력, 지역, 계층 및 인종 등을 적절히 혼합하여 편성하는 방법이다. 이질집단 편성의 대표적인 형태는 혼합 연령 학급편성이라 할 수 있다. 혼합 연령 학급은 연령이 서로 다른 유아들끼리 편성하는 방법이다. 예를 들면, 3~5세아를 같은 학급으로 편성하는 방법이다. 이러한 형태의 학급은 유아들의 연령이

2~3세 정도 차이가 나는 경우도 있다. 혼합 연령 학급편성의 장점으로는 ① 나이 어린 유아는 나이 든 유아로부터 모방할 수 있고, 나이 든 유아는 나이 어린 유아를 돌볼 수 있으며, ② 발달이 약간 늦은 나이든 유아는 나이 어린 유아와 능력이 비슷하므로 서로 어울릴 수 있다. 또한 ③ 혼합 연령 학급편성은 가족과 같은 분위기를 조성할 수 있으며, ④ 교사는 유아들의 수준에 알맞은 다양한 학습활동을 선정할 수 있는 기회를 줌으로써 연령차와 발달 수준의 차이를 극복할 수 있다. 단점으로는 ① 유아들 간의 발달 수준이나 능력의 차이로 인하여 학습활동의 계획과 지도에 어려움이 있다. ② 나이 어린 유아는 나이 든 유아로부터 억압과 좌절을 경험할 수 있다. ③ 나이 든 유아는 나이 어린 유아의 행동을 모방함으로써 퇴행하는 경향을 보일 수 있다. ④ 유능한 교사가 아니거나 학습활동이나 자료가 다양하지 않으면 교육의 효과를 얻기 어렵다.

이와 같이 어떠한 유형의 학급편성이든 융통성이 있다. 즉, 편성 기준을 어디에다 두느냐에 따라서 동질반 편성이 될 수도 있고, 이질반 편성이 될 수도 있다. 예를 들면, 연령별로 반 편성을 했을 때 연령을 기준으로 하면 동질반 편성이다. 그러나 연령이 같다고 해서 모두 다 능력이 같다고 할 수는 없다. 또 그 능력도 다양하다. 또한 어떠한 유형의 학급편성이 좋다, 나쁘다고 할 수는 없다. 그것은 유아교육기관의 규모에 따라서, 교육기관의 운영의 철학에 따라서 기준이 다를 수 있기 때문이다. 그러나 일반적으로 규모가 큰 곳에서는 동일 연령별 학급편성을 선호하고 농촌이나 산촌 같이 교육대상자가 적은 곳에서는 혼합 연령의 학급편성을 선호하는 경향이 있다.

한편 우리나라 보육시설의 학급편성에 대해서는 〈영유아보육법〉 시행규칙 제23조(운영기준) [별표 8]에 '보육시설에서는 가능한 한 2세 미만 영아반, 2세 영아반과 3세 이상의 유아반을 동시에 운영'하는 것을 원칙으로 하고, 영아보육의 활성화를 위하여 가능한 영아반의 비율을 높게 편성하도록 규정하면서 3세 이상의 유아만을 보육할 수 없게 하고 있다. 다만, 20인 이하 시설은 영아 또는 유아만을 구분하여 보육할 수 있도록 허용하고 있다.

〈영유아보육법〉 시행규칙 제10조 [별표 2]에서는 보육교사 1인당 영·유아 수를 기준으로 하여 반을 편성하도록 보육교사 대 영·유아의 비율을 다음과 같이 규정하고 있다.

- 만 1세 미만 영아 3인당 보육교사 1인
- 만 1세 이상 만 2세 미만의 영아 5인당 보육교사 1인
- 만 2세 이상 만 3세 미만 영아 7인당 보육교사 1인
- 만 3세 이상 만 4세 미만의 유아 15인당 보육교사 1인
- 만 4세 이상 미취학 유아 20인당 보육교사 1인(유아 40인당 1인은 보육교사 1급 자격을 소지자여야 함)
- 장애아 3인당 보육교사 1인(장애아 9인당 1인은 특수교사 자격증 소지자여야 함)

ADMINISTRATION & MANAGEMENT FOR EARLY CHILDHOOD SETTING

제5장

시설 및 설비관리

제5장

시설 및 설비관리

1. 시설 · 설비의 개념 및 중요성

유아의 원만한 성장 · 발달을 위해서는 바람직한 교육환경의 조성이 요구되는 데, 교육환경은 인적 환경과 물리적 환경으로 나눌 수 있다. 인적 환경은 교직원, 부모, 또래집단 등과 같은 인적 요소를 포함하는 환경을 말하며, 물리적 환경은 건물, 교지, 운동장, 실외 놀이시설, 실내 · 외의 각종 설비, 교재 · 교구 등의 물리적 요소를 포함하는 환경을 말한다. 유아교육기관의 시설 · 설비는 물리적 환경의 한 요소로써 유아들이 신체적으로나 정서적으로 안정감을 느끼면서 편안한 생활을 할 수 있도록 설치되어야 한다.

1) 개 념

교육시설이라 함은 교육목적과 목표를 달성하는 데 필요한 공간 및 공간의 물리적 환경 또는 형태로서, 일정한 장소에서 계속적으로 교육활동을 영위하기 위하여 설치되어 있는 일체의 물리적 조건을 말한다. 교육시설은 교지(校地, 학교용지), 교사(校舍, 학교 건물), 공작물, 설비 등으로 구분할 수 있다. 교지(校地)는 학교가 점유하고 있는 용지를 말하는 것으로서 운동장, 실습장(교재원, 부속농장, 연습림) 등을 포함한다. 교사(校舍)는 학교 건물을 말하는데, 용도에 따라서 교실, 실습실, 도서실, 강당, 관리실, 체육관, 기숙사 등으로 구분할 수 있다. 공작물은 교문, 담장, 하수도 시설 등을 말하며, 설비는 급수, 배수, 위생, 조명, 난방, 전산시스템 등 시설의 모든 부속 부분을 말한다. 이러한 의미에서 유아교육시설은 유아교육의 기능을 구체적으로 실현하고자 하는 것을 목적으로 활용되는 일체의 물리적 조건으로서 원지, 건물, 야외 놀이터, 정원, 사육장, 교문, 담장 등을 포함한다.

2) 시설 · 설비의 중요성

유아의 성장 · 발달에 중요한 영향을 미치는 요인을 유전적인 요인과 환경적인 요인으로 구분할 수 있다. 유아의 성장 · 발달과 이 두 요인의 상관관계에 관한 연구는 지속적으로 진행되면서 어떤 요인이 더 중요한 요인인지에 대해서는 연구자들 간에 견해차가 있지만 유전적인 요인과 환경적인 요인의 영향력을 부인할 수 없다. 유아교육기관의 시설 · 설비는 그 자체가 유아의 성장 · 발달에 영향을 미치는 물리적 환경이라 할 수 있다. 따라서 유아교육기관의 설립 계획에서부터 시설 · 설비의 중요성을 인식하고 교육 기능을 충분히 발휘할 수 있도록 설계해야 한다. 이러한 맥락에서 유아교육기관의 시설 및 설비 계획 시 고려해야 할 사항을 제시하면 다음과 같다(강문희 외, 2006).

(1) 유아교육 시설은 아동 중심이어야 한다

유아교육기관 시설 · 설비의 주된 사용자는 유아들이기 때문에 그들의 발달 수준, 흥미, 욕구 등을 고려한 아동 중심으로 계획 · 조성되어야 한다.

(2) 유아들과 교직원들의 안전을 최대한 중요시해야 한다

유아교육 시설을 계획할 때 나이 어린 유아들과 교직원들의 안전, 보호를 위하여 다음 사항들을 염두에 두어야 한다.

- 건물에 사용되는 기자재는 내화성이 있을 것
- 신속하고 안전하게 대피할 수 있도록 몇 개의 비상구를 만들 것
- 벽이나 건물의 적당한 위치에 소화기를 설치할 것
- 출구는 화재가 번지는 것을 막을 수 있는 내화성 문이어야 하고 앞뒤로 열릴 수 있도록 만들 것

(3) 공간과 교구의 배치를 변화시킴으로써 건물 사용의 효율성을 높일 수 있어야 한다

공간과 교구 배치 시 고려해야 할 사항은 다음과 같다.

- 위치나 높이
- 흥미 영역 간의 기능적 연결과 소요 면적
- 소음 수준(시끄러운 영역과 조용한 영역) : 소음은 인간이 바라지 않는 소리를 말하는 데 소음이 심할 경우 불만의 원인이나 성취의 장애 요소가 되기도 한다. 일반적으로 소음이 60db 이상이면 학습이나 작업에 장애를 초래한다고 한다. 따라서 교육시설에서의 소음은 최소한 55db 이하가 되어야 한다(고등하교 이하 각급 학교 설립 · 운영규정).
- 산만하고 긴장감을 주는 색상과 조용하고 이완된 감을 주는 색상 등 조명과 색감
- 각급 학교 교실에서의 조도는 책상 면을 기준으로 300룩스 이상

(4) 융통성을 중요시해야 한다

유아교육시설의 계획 시에는 유아나 교사의 개인적인 목적이나 활동뿐만 아니라 집단적 목적이나 활동이 가능하도록 세심한 주의를 기울여야 한다. 유아교육기관에서는 그 교육활동의 성격상 좁은 공간을 필요로 하기도 하고, 넓은 공간을 필요로 하기도 하며 여러 가지 비품이나 교구를 사용하는 경우도 있지만, 때로는 아무런 교구나 비품이 필요 없는 경우도 있다. 그러므로 유아교육시설은 가구나 비품은 물론 어떤 영역이나 공간을 교육활동의 성격이나 필요에 따라 늘리거나 좁히거나 완전히 치워 버리거나 심지어 실외 공간에 옮겨 사용할 수 있도록 건축계획에서부터 충분히 고려해야 할 것이다.

(5) 비용을 고려해야 한다

유아교육기관의 건물이나 물리적 시설을 처음 설치할 때에는 많은 투자를 해야 하므로 재정적인 어려움을 겪게 마련이다. 2004년 1월 〈유아교육법〉의 제정으로 국가 및 지방자치단체는 대통령령이 정하는 바에 따라 사립 유치원의 설립 및 유치원 교사의 인건비 등 운영에 필요한 경비의 전부 또는 일부를 지원할 수 있게 되었지만 개인이나 단체에서 유아교육시설을 갖추기 위해서는 상당한 연구와 검토가 필요하다.

(6) 시설의 위치를 중요시해야 한다

시설의 위치를 선정할 때 고려해야 할 준거는 행정상의 편의나 비용절감보다는 대상 유아들의 필요나 요구를 충족시킬 수 있으며, 시설의 교육목표를 효율적으로 달성하는 데 도움이 될 수 있어야 한다.

2. 시설 · 설비 기준

1) 유치원의 시설 · 설비 기준

유치원의 시설 · 설비에 대한 기준은 〈고등학교 이하 각급 학교 설립 · 운영규정〉에 제시되어 있다. 효과적인 유아교육을 위해 유치원에서 갖추어야 할 시설 · 설비의 법적 기준을 제시하면 다음과 같다.

표 5-1 유치원의 시설 · 설비 기준

(N=학생, 원아 정원)

구 분		40명 이하	41명 이상
교 사 면 적 ①		$5 \times Nm^2$	$80 + 3Nm^2$
체 육 장 면 적 ②		$160m^2$	$120 + Nm^2$
교사 대지 면적 ③		건축면적(1층 바닥면적)/건폐율	
교 지 면 적		② + ③	
원사내부 환경시설	조도(책상면)	300lux 이상	
	소 음	55dB 이하	
	온 도	18℃ 이상	
화 장 실		소변기 : 필요에 알맞은 수	
		대변기 : 원아 30인당 1개 이상	
급 수 시 설		상수도 시설 있는 경우 : 1학급당 급수전 2개 이상	
		상수도 시설 없는 경우 : 펌프시설, 수질 무해 증명	
소 방 설 비		〈소방법〉에 규정한 방화 및 소화에 필요한 설비	
유치원의 다른 시설 이용		• 학교, 교회, 기타 시설 이용 설립 가능 • 상호겸용 가능 : 유원장과 유희실, 보통교실과 유희실. 단, 유희실은 유원장으로 겸용하는 경우에는 보통 교실과는 겸용 불가 ※ 겸용 조항은 인가권자가 수업에 지장이 없다고 판단하여 엄격히 적용	

그리고 유치원에서 갖추어야 할 유원장의 교구 기준은 [표 5-2], 유치원에서 실별로 갖추어야 할 교구 기준은 [표 5-3]과 같다.

표 5-2 유원장 설비 기준

설비 종목	규 격	설치 기준	비 고	
			필수	권장
① 미끄럼틀	4종 이상 확보(종합놀이세트)	원당 1	○	
② 그 네		원당 1	○	
③ 구름다리		원당 1	○	
④ 터 널		원당 1	○	
⑤ 흔들사다리		원당 1	○	
⑥ 망오름대		원당 1	○	
⑦ 정글짐		원당 1	○	
⑧ 밧줄타기		원당 1	○	
⑨ 모래놀이장	이동식 포함	원당 1	○	
⑩ 물놀이장		원당 1	○	
⑪ 진흙놀이장		원당 1		○
⑫ 실외 교통놀이장		원당 1		○
⑬ 동물사육장	토끼장, 새장, 닭장 등 1종 이상	원당 1	○	
⑬ 식물재배원	텃밭, 개인 화분	원당 1	○	
⑭ 다양한 길	모래, 자갈, 진흙	원당 1		○
⑮ 휴식 공간	1조 5인(테이블, 벤치 등)	원당 1		○

표 5-3 유치원 실별 교구기준

영 역	교구 종목	규 격	소요기준	비 고	
				필 수	권 장
공통-시청각기기	① 녹음기(CD겸용)	마이크, 이어폰, 헤드폰 포함	급당 1	○	
	② VCR		원당 1		
	③ 프로젝션 TV	(43인치)	원당 1	○	
	④ 사진기		원당 1	○	
	⑤ 슬라이드 환등기	스크린 포함	원당 1	○	
	⑥ 이동식 앰프	마이크 포함	원당 1	○	
	⑦ 확성기	휴대용	원당 1	○	○
	⑧ 원내 방송기기		원당 1		○
	⑨ 실물화상기		급당 1		○
	⑩ 컴퓨터	팬티엄III(600mhz 이상)	급당 1		
	⑪ 프린터기	A3 칼라	급당 1	○	
	⑪ 캠코더	학습용	원당 1	○	○
	⑫ 스캐너		원당 1		○

표 5-3 (계속)

영 역	교구 종목	규 격	소요기준	비 고	
				필 수	권 장
교실-보통교실 및 기타실	① 유아용 책상	8인용 4조	급당 1	○	
	② 유아용 의자	8인용 4조	급당 1	○	
	③ 교구장		급당 8조	○	
	④ 책꽂이		급당 2	○	
	⑤ 유아용 사물함		1인당 1칸	○	
	⑥ 카펫		급당 3	○	
	⑦ 다목적 칠판		급당 1	○	
	⑧ 태극기		급당 1	○	
	⑨ 벽걸이용 시계		급당 1	○	
	⑩ 유아용 게시판		급당 1	○	
	⑪ 에어컨		급당 1		○
	⑫ 가습기		급당 1		○
	⑬ 교사용 책상, 의자		1인당 1조		○
	⑭ 교사용 책장		원당 1		○
	⑮ 전화기		원당 1		○
	⑯ 팩스		원당 1		○
	⑰ 유아용 침대		원당 1	○	
	⑱ 약장		원당 1	○	
	⑲ 신장계		원당 1	○	
	⑳ 체중계		원당 1	○	
	㉑ 싱크대(개수대, 조리대, 가스대 포함)		원당 1	○	
	㉒ 냉장고		원당 1	○	
	㉓ 주방용 도구 일체		원당 1		
교실	㉔ 급·간식 운반대		급당 1	○	
	㉕ 식기소독기		원당 1	○	
	㉖ 전자레인지		원당 1	○	○
	㉗ 정수기		원당 1		○

출처 : 전라남도교육청 고시 제 2001-30호

한편, 급식을 실시하는 유치원에서 갖춰야 할 시설·설비 기준은 다음과 같다.

(1) 조리실

교실과 떨어지거나 차단되어 유아의 학습에 지장을 주지 아니하는 시설로 하되, 식품의 운반과 배식이 편리한 곳에 두어야 하며 내부 벽과 바닥은 불연재료 및 내수재료로 시공하여 위생과 청소가 용이하고 화재 예방을 고려하여야 한다.

(2) 식품보관실

- 환기, 방습이 용이하여 식품과 식재료를 위생적으로 보관하는 데 적합한 곳에 두되, 방충 및 방서시설을 갖춰야 한다.
- 1회 급식 유아가 100인 이상인 유치원에는 〈식품위생법〉 제37조의 규정에 의하여 면허를 받은 영양사 1인을 두어야 한다. 다만, 급식시설과 설비를 갖추고 급식을 실시하는 2개 이상의 유치원이 인접하여 있는 경우에는 '지방교육자치에관한법률 시행령' 제 21조의 규정에 의한 동일 교육청의 관할 구역에 소재하는 5개 이내의 유치원은 공동으로 영양사를 둘 수 있다.

2) 보육시설의 시설 · 설비 기준

보육시설은 1998년 7월 1일부터 시행하던 신고제에서 2005년 1월 30일부터 인가제로 변경하였다. 따라서 보육시설을 설치하고자 할 때에는 〈영유아보육법〉 시행규칙 제9조와 관련된 시설 기준을 갖추어야 한다.

표 5-4 보육시설 일반 기준

구분	시설기준	비고
일반 기준	• 시설의 구조와 설비는 영 · 유아의 특성에 맞아야 함. • 보육실을 포함한 시설면적(놀이터 면적을 제외)은 영 · 유아 1인당 4.29m² 이상.	

표 5-4 (계속)

구분	시설기준	비고
보육실 (거실, 포복실, 유희실 포함)	• 건축법령상의 층수와 관계없이 1층(당해 층 4면의 100분의 80 이상이 지상에 노출, 주출입구의 하단이 지표면으로부터 1m 이내)에 설치. 직장 보육시설, 건물 전체를 하나의 보육시설로 사용하는 경우, 그밖에 불가피한 사유가 있을 때 2층과 3층에 보육실을 설치할 수 있음. 건물 전체를 하나의 보육시설로 사용하는 경우에도 영아반 보육실은 1층에 우선적으로 배치 • 보육실 면적은 영·유아 1인당 2.64m^2 이상 • 침구, 놀이기구 및 쌓기놀이활동, 소꿉놀이활동, 미술활동, 언어활동, 수·과학활동, 음율활동 등에 필요한 교재·교구 비치 • 환기·채광·조명·온습도 조절 설비 • 바닥 난방 시설을 갖춰야 함	
조 리 실	• 채광, 환기시설, 방충망 설치 • 식기 소독, 위생적인 취사 및 조리 설비 • 공공기관이나 사회복지관 안에 설치된 보육시설의 경우에는 동일 건물에 있는 조리실 공동 사용 가능	
목 욕 실	• 난방시설 • 샤워설비, 세면설비 및 냉·온수 공급 설비 • 바닥은 미끄럼 방지 장치 • 보육실과 인접한 공간에 위치	
화 장 실	• 바닥에 미끄럼 방지 장치 • 세정장치와 수도꼭지 등은 냉온수의 온도를 조정 및 고정 가능한 것 • 수세식 유아용 변기를 설치, 보육실과 동일한 층의 인접한 공간에 설치	
놀 이 터	• 영·유아(12개월 미만 영아 제외) 1인당 2.5m^2 이상 규모의 모래밭(천연 및 인공 잔디, 고무매트, 폐타이어 블록도 가능함)에 대근육활동시설 등 놀이시설물 3종 이상이 설치된 옥외놀이터를 설치. 다만, 업무용시설 밀집지역 등 지역적 특수성에 따라 옥외놀이터를 설치하는 것이 불가능한 경우, 옥내 놀이터(지하 또는 옥상 설치 불가)를 설치하거나 인근 놀이터를 활용할 수 있고, 인근 놀이터를 활용할 경우에는 인근 놀이터 이용 계획서를 보육시설 인가 신청 시 제출 • 옥외 놀이터에 설치하는 놀이시설물은 〈품질경영 및 공산품안전관리법〉에 의하여 놀이기구 안전검사를 필한 제품 사용	영·유아 50인 이상 보육시설에 한함(개정 05. 1)
급 배 수 시 설	• 급수시설은 상수도에 한함 • 상수도 또는 간이상수도에 의한 먹는 물을 공급 시 저수조를 경유하지 아니하고 직접 수도꼭지에 연결하여 공급 • 음용수로 지하수를 사용할 경우 반경 6m 이내에 화장실·하수처리장이 없어야 함 • 더러운 물, 빗물 등이 잘 처리되도록 배수설비 • 우물물 사용 시 1m 이상 높이의 우물 틀 설치	
비상재해 대비시설	• 소화용 기구 비치, 비상구 설치. 비상구는 상단에 비상구 유도 등을 달고 잠금장치를 문 안쪽에 설치 • 2층 이상의 시설의 경우 비상계단 또는 영·유아용 미끄럼대를 반드시 설치, 그밖에 안전사고 및 비상재해에 대비한 대피시설, 장비 등을 구비	

그리고 장애아 전담 보육시설의 시설 기준은 [표 5-5]와 같다.

표 5-5 장애아 보육시설 기준

구 분	시설기준	비 고
장 애 아 전 담 보육시설	• 보육시설은 장애아 1인당 7.83m^2 이상, 보육실(교실, 거실, 포복실, 유희실, 치료교실, 집단활동실 포함)은 장애아 1인당 6.6m^2 이상 확보 • 집단활동실(강당, 놀이실)은 문턱 없이 접근이 가능한 통로에 연결되어야 하고 휠체어 · 보행기 등의 출입에 장애가 없어야 함 • 출입구는 비상 재해 시 대피하기 쉽도록 복도 또는 넓은 공간에 직접 연결되게 설계. 시각장애아를 위한 점자 블록이나 유도장치 구비 • 옥외 피난 계단의 유효 폭 0.9m 이상 • 회전문과 자재문 금함. 자동문 설치 시 문의 개폐시간 3초 이상 확보 • 휠체어에 앉은 영 · 유아가 문의 손잡이를 잡을 수 있어야 함 • 계단 외에 엘리베이터 또는 기울기 1/12 이하의 경사로를 설치	장애아만을 20명 이상 보육
장 애 아 통합시설	• 2층 이상의 시설에는 엘리베이터를 설치하거나 적어도 한 곳 이상에 기울기 1/12 이하의 경사로를 설치 • 출입구는 비상재해 시 대피하기 쉽도록 복도 또는 넓은 공간에 직접 연결, 시각장애아를 위한 점자 블록이나 유도장치 설치 • 복도, 문, 화장실은 휠체어의 출입에 장애가 없어야 함 • 옥외 피난계단의 유효 폭은 0.9m 이상	장애아 3명 이상 보육

3) 시설의 위치 및 건물의 구조

(1) 시설의 위치

유아교육기관은 유아가 가정이라는 보금자리를 떠나 처음으로 접촉하는 장소이며, 자신을 사회의 일원으로서 자각하게 만드는 여러 가지 경험들과 마주치는 장소이다. 따라서 유아교육기관은 유아의 주거 지역과 가까워야 하는 데, 이상적인 위치는 안전한 도로를 따라 다닐 수 있는 거리 이내에 위치하거나 교통수단을 이용하여 안전하게 다닐 수 있는 곳에 위치하여야 한다.

오스만(Osman, 1971)은 유아교육기관의 설립지역을 선정할 때 그 기관의 특성이나 설립목적 외에도 ① 부모들의 직장 근처나 학교 근처, ② 유아들의 집 근처, ③ 집단적

주거지역 내의 가정집 등 세 가지 사항을 고려해야 한다고 하였다. 또한 카스탈디(Castaldi)는 원지의 면적을 고려할 때 교육시설에 필요한 건물과 실외놀이를 위한 공간, 보도와 차도, 주차, 물건의 수송과 수하에 필요한 공간, 조경을 위한 공간 및 장차 시설 확장과 건물 증축을 고려한 공간 등을 포함시켜야 한다고 했다(이영자 · 권영례, 2000 재인용). 그러나 원지의 넓이가 일단 확보되었다 하더라도 원지의 교육적 효율성은 복합적 요인에 의해 결정되는 것이며, 원지 주변의 자연적 · 사회적 환경에 대하여 유의해야 할 조건은 다음과 같다(이영자 · 권영례, 2000).

- 토지의 형태는 불규칙한 형태보다는 직사각형이나 정사각형이 좋으며, 방위로 볼 때는 동서 간의 길이가 긴 것이 바람직하다. 경사진 토지인 경우에는 북쪽보다는 남쪽이 낮아야 한다. 또 높낮이의 차이가 있는 토지일 때 기복이 심하지 않아 그것을 잘 이용할 수 있다면 원지에 변화를 주므로 오히려 좋다.
- 원지나 그 주변에 습기가 차지 않고 지반이 견고하여야 한다. 지면이 약간 볼록하고 주위보다 적당히 높은 지대일 때 자연적 배수가 되므로 좋다.
- 햇빛이 잘 들어오고 태풍, 돌풍, 강설 등 자연재해의 위험성이 없어야 한다.
- 주위에 교통이 빈번한 도로나 철도 또는 위험한 강, 바다, 연못, 호수가 없어야 한다.
- 공장, 쓰레기장 등이 근처에 없어서 유해 가스, 매연, 먼지, 소음, 병원균 등이 들어올 염려가 없어야 한다.
- 풍기가 문란하거나 소란스럽지 않아 유아에게 위해를 줄 염려가 없어야 한다.
- 수도, 전기, 가스, 전화, 공원 등의 지역사회 자원을 이용하기가 편리해야 한다.

(2) 건물의 구조

일반적으로 유아는 계획된 환경을 필요로 하기 때문에 모든 유아교육기관은 다른 기관이나 건물과 독립되어서 자체의 대지와 건물, 설비를 갖추는 것이 좋다. 또한 유아교육 시설의 건물은 단층 건물이 바람직한데 그 이유는 다음과 같다(Fowler, 1980).

- 유아의 모든 활동이 한 층에서 이루어지게 되면 교사는 시간과 노력을 절약할 수 있다.
- 교사가 실내놀이와 실외놀이 간의 감독 및 의사소통을 쉽게 할 수 있다.
- 교사를 포함한 성인들의 자원이 보다 능률적으로 활용될 수 있다.

• 유아가 실내 · 외를 쉽게 드나들 수 있으므로 활동이 바뀔 때 유아들 간의 갈등이 감소된다.

그러나 특별한 사정으로 2층 이상의 건물을 사용할 때와 다른 건물에 부속된 경우에는 가능한 유아의 활동 공간(활동실, 화장실)은 1층에 두고 그 밖의 시설은 위층에 두는 것이 좋으며 계단의 경사, 폭과 깊이 난간의 높이와 간격, 방화시설 등을 병행하여 설치해야 한다(이영자 · 권영례, 2000).

3. 실내 · 외 시설 및 설비

유아교육기관의 실내 · 외 시설 · 설비는 유아교육의 목적을 달성하기 위해 안전, 위생, 심미적인 측면 등을 고려한 구성이어야 한다. 더불어 유아교육기관의 교육목표, 교육내용, 유아의 발달 수준 등을 고려여야 한다.

1) 실내 시설 및 설비

유아교육기관의 실내 시설 · 설비는 유아들이 편안하고 아늑한 분위기에서 생활할 수 있도록 꾸며져야 한다. 여기서는 실내 시설과 설비로 나누어 살펴보기로 한다.

(1) 실내 시설

유아교육기관의 실내에 설치해야 할 시설은 다음과 같다.

► **출입구 및 현관** 유아교육기관의 출입구 및 현관은 그 기관의 첫인상을 좌우하게 되는 곳이다. 특히 현관은 유아가 또래나 교사를 만날 수 있는 지점인 동시에 등원하는 유아들이 보호자와 헤어지는 지점이므로 다음의 조건을 갖춰야 한다(Osman, 1971).

그림 5-1 출입구 게시판

- 활동실과 가까우며 현관에서 실내 활동실과 실외가 보여야 한다.
- 출입문 입구에서 헤어지기 어려운 경우 보호자가 현관 앞에 잠시 머물면서 자녀를 살펴주고 유아가 스스로 놀이 영역에 흡수되는 과정을 지켜볼 수 있는 공간이 있어야 한다.
- 규모가 작은 기관일수록 실내에 상담실을 따로 마련하기보다는 현관 부분에 그 기능을 포함시키는 것이 좋다.
- 현관의 문과 바닥은 사고를 예방할 수 있도록 해야 한다. 현관문은 2/3이상이 투명하거나 또는 투시가 가능하도록 제작되는 것이 좋으나, 얇은 유리가 아래 부분까지 연결되어 있을 경우 위험하다.
- 출입구와 현관은 신체 장애아도 출입이 용이하도록 계단이 없이 경사로여야 한다.

► **활동실(교실, 보육실)** 보통 활동실을 유치원에서는 교실이라고 하고, 보육시설에서는 보육실이라 한다. 활동실은 유아들이 대부분의 시간을 보내는 곳이기 때문에 유아교육 시설에서 가장 핵심이 되는 중요한 공간이다. 교실은 학습 운영시간에 따라 크기가 달라질 수 있으므로 설계 시 이를 명확히 해야 한다.

보육시설과 유치원의 종일반은 반일반과 달리 휴식과 낮잠을 잘 수 있는 공간이 있어야 한다. 아울러 하루의 많은 시간을 활동실에서 보내야 하기 때문에 유아를 위해 가정과 같은 분위기이어야 한다. 교실의 창문은 채광의 강도를 조절할 수 있도록 커튼이나

그림 5-2 활동실

블라인드를 설치하는 것이 좋다. 이는 직사광선이 유아들의 시력에 장애를 일으키는 원인이 되기 때문이다. 소음을 방지하기 위해서 커튼, 깔개, 방음벽, 천장의 재료, 이중창, 칸막이를 설치하고 책상과 의자에는 고무를 끼우며 영역 간의 소음은 교구장으로 방지할 수 있다. 교실의 바닥은 위생적이고 청소하기에 용이하며 따뜻함을 주는 재료로 구성되어야 하며, 유아들이 활동하기에 편리하고 안전사고를 예방할 수 있도록 습기가 없으면서 탄력성이 있는 재료로 하는 것이 바람직하다. 교실 천장은 부분에 따라 높이를 다르게 하는 것이 소음을 줄여 주고, 미적인 즐거움을 줄 수 있다. 천장의 높이가 너무 낮을 경우에는 유아에게 교사가 지배적이고 위압적인 느낌을 줄 수 있고, 너무 높을 경우에는 허전하고 서늘한 느낌을 준다. 교실의 벽면은 많으면 소음을 줄여 주지만, 교실의 구성에 융통성이나 다양성을 줄이므로 가능한 고정된 내외 벽면은 적은 것이 좋다. 외벽의 면적은 실내의 통풍, 환기, 난방, 채광, 소음을 고려하여야 한다. 출입문은 유아들이 쉽게 여닫을 수 있도록 가볍고 안전해야 한다. 출입문은 실외로 열리도록 해야 하며 자동으로 잠기거나 안팎으로 열리도록 하는 것은 피해야 한다.

보육실은 〈건축법〉상의 층 수와 관계없이 사실상의 1층(해당 층 4면의 100분의 80 이상이 지상에 노출되어 있고, 주 출입구의 하단이 지표면으로부터 1m 이내인 경우)에 설치하여야 한다. 다만, 사업장 내에 직장 보육시설을 설치하는 경우와 건물 전체를 하나의 보육시설로 사용하는 경우 및 그 밖에 불가피한 사유가 있다고 보건복지가족부장관이 인정하는 경우에는 2층과 3층에 보육실을 설치할 수 있되, 건물 전체를 하나의 보육시설로 사용하는 경우에도 영아반 보육실은 1층에 우선적으로 배치하여야 한다.

보육실은 거실, 포복실 및 유희실을 포함하여 영·유아 1명당 2.64m^2 이상으로 한다. 보육실에는 침구, 놀이기구 및 쌓기놀이 활동, 소꿉놀이활동, 미술활동, 언어활동, 수학·과학활동, 음률활동 등에 필요한 교재·교구를 갖추어야 한다.

► **유희실** 유희실은 보통 놀이시설이라고도 하는데 주로 동적인 활동이나 대집단 활동에 활용되는 공간이다. 유희실은 비나 눈이 오는 경우 실외놀이를 하기 곤란할 때 유원장을 대신해서 이용하게 되므로 실내 운동장으로서의 기능을 수행할 수 있는 시설을 갖추는 것이 좋다.

유희실에는 가까운 곳에 화장실, 손 씻는 곳, 물 마시는 곳과 교구 및 놀이도구 등을 수납할 수 있는 공간을 확보하여야 한다. 또한 유희실의 바닥재는 탄력성이 좋고, 청소하기 쉬우며, 소리가 적게 나고, 적절한 보온을 유지할 수 있는 것이어야 한다. 별도의 강당이 마련되지 않을 경우에는 유희실이 강당의 역할을 하기도 해서 부모교육 장소로 활용되기도 한다. 유희실은 보통 교실보다 훨씬 넓어야 하며 실내 공간 면적의 여유가 있으면 지상층에 두는 경우도 있지만 지하층에 두는 경우가 많다.

그림 5-3 유희실

그림 5-4 교사실

► **원무실 및 교사실** 원무실은 시설 운영에 필요한 행정업무를 처리하는 곳이며, 교사실은 교사들이 교육활동을 준비하거나 학습자료의 제작 및 회의 등을 하는 장소이다. 교사실의 크기는 각 유아교육기관의 규모와 교사의 수를 고려하여 정한다. 교사실은 교사들이 교육활동을 계획하고 준비하거나 개별 유아들에 관한 전체 서류를 보관하는 장소로 활용되기도 하므로 서류장, 책장, 컴퓨터, 책상, 의자, 옷장 등을 갖추고 있어야 한다.

► **낮잠 또는 휴식을 위한 방** 보육시설이나 종일반을 운영하는 유치원인 경우 낮잠 또는 휴식을 위한 방이 따로 분리되어 있으면 편리하다(Osman, 1971). 유아들이 낮잠을 잘 수 있도록 조용하고 아늑하고 따뜻한 별도의 침실을 두는 것이 좋다. 별도의 공간을 마련할 수 없는 경우 활동실에 낮잠을 위한 공간을 마련해 주어야 한다. 낮잠실을 분리한 경우 그 위치는 유아가 활동하는 방 가까이 있어야 이동에 따르는 문제와 교사의 수고를 덜어 줄 수 있다. 영아를 보육하는 어린이집에서는 영아를 위한 별도의 포복실과 모유를 먹이는 어머니들을 위한 시설을 필요로 한다. 수유실은 영·유아 보육에 지장이 없는 범위 안에서 다른 시설과 겸용이 가능하다.

그림 5-5 휴식공간

► **보건실** 유아교육기관에는 아프거나 다친 유아들의 간단한 치료와 안정을 위해 보건실을 갖춰야 한다. 보건실은 조용하고 아늑하며 따로 격리된 공간을 확보하는 것이 좋다. 보건실에는 몇 개의 유아용 침대와 약간의 구급약품 및 놀이도구, 세면대 등을 비치해야 한다. 보건실의 약품장은 유아의 손이 닿지 않는 위치이어야 한다. 또한 아픈 유아가 부모를 기다리는 동안 가지고 놀 수 있는 인형이나 장난감, 유아용 도서 등을 배치해 둔다. 그리고 보건교사가 없는 유아교육기관에서는 '사례별 응급처치' 요령 등의 책자를 구비해 두고 손쉽게 활용할 수 있도록 해야 한다.

► **화장실** 화장실은 유아들의 건강과 청결을 유지하고 위생습관을 익히는 곳이다. 유치원이나 보육시설의 화장실은 최소한 법적인 시설 기준에 적합해야 한다. 화장실은 활동실과 실외 양쪽에서 출입이 가능하도록 배치하고 환기 장치를 설치한다. 화장실은 배변이나 씻기 활동에 긍정적인 감정을 갖도록 밝게 꾸며 준다. 화장실의 창문은 통풍과 채광이 잘 되도록 하며 남녀용으로 분리해서 설치할 필요가 없다. 그러나 대변기 사이에 낮은 칸막이를 설치함으로써 유아의 개인적 자유를 보장해 주고 필요한 경우 감독할 수 있도록 해야 한다. 특히 유의할 점은 바닥은 미끄럼 방지 장치를 하여야 하며, 유아들이 화장실 안에서 문을 잠그지 않도록 장치를 해야 한다. 화장실은

그림 5-6 화장실

수세식 유아용 변기를 설치하고, 보육실과 같은 층의 인접한 공간에 설치하여야 한다. 변기의 수는 유아 8~10명당 1개를 설치하는 것이 이상적이다. 그리고 세면대는 학급당 2개 이상 설치되어야 하고, 화장실 안에 두되 유아의 키에 맞는 높이로 설치한다. 화장실의 문은 유아들이 스스로 열고 닫기 편한 격자 모양의 문을 다는 것이 바람직하다. 또한 유아들이 손을 씻으면서 보게 되는 거울은 유아들의 키 높이로 설치하여 상체를 모두 거울에 비추어 볼 수 있게 한다.

► **주방(조리실)** 주방은 유아들의 간식과 점심을 준비하는 곳으로 밝고, 청결하며 환기가 잘 되어야 하고 놀이 영역과는 떨어져 있어야 한다. 기본적으로 갖춰야 될 시설 및 설비들에는 전열기, 냉장고, 싱크대, 조리대, 소독기, 환기장치, 식료품 보관시설, 조리기구, 식기류 등이 있다. 주방은 밀폐된 구조보다는 개방된 구조가 위생상 좋으며, 조리사들은 위생복이나 앞치마를 입어야 한다.

► **자료실** 자료실은 교재 · 교구 등 교육활동에 필요한 자료들을 체계적으로 보관하고 진열 · 게시하는 공간이다. 자료를 보관할 때는 그 자료의 주제와 특성(예를 들어 내용 주제별, 영역별, 재료별, 계절별, 사용빈도별 등)에 따라 체계적이

그림 5-7 조리실

그림 5-8 자료실

고 기능적으로 잘 분류해서 보관·관리하여야 한다. 그리고 다른 교사가 그 활동자료를 사용하려고 할 때 쉽게 찾을 수 있도록 교재·교구대장과 목록표를 만들어 관리하는 것이 효과적이다. 교구나 학습자료를 보관하는 캐비닛이나 보관장은 이동을 용이하게 하기 위해서 바퀴가 달린 것이 좋다.

► **부모·방문객을 위한 공간** 유아교육기관을 방문하는 방문객과 부모들이 유아를 기다리거나 잠시 머물러 있을 수 있는 공간이 마련되어 있어야 한다. 이 공간에서 부모들은 다른 유아의 부모들과 자녀교육에 관한 정보를 교환하거나 교사와 상담을 할 수 있는 기회를 갖거나 유아의 성장과 발달에 관한 이야기를 들을 수 있다. 이러한 공간은 유아의 놀이공간으로 들어가는 통로에 위치해야 하며, 모든 부모들이 쉽게 이용할 수 있도록 개방되어야 한다. 여기에는 방문객들이 간단하게 차나 음료를 마실 수 있는 개수대와 편안히 앉을 수 있는 소파 및 전화를 설치해 두는 것이 바람직하다. 이 공간은 독립된 하나의 공간으로 계획되는 것이 바람직하며, 기관의 진입부나 사무실, 교사실과 연결되도록 하는 것이 좋다(강문희 외, 2004).

(2) 실내 설비

유아교육기관의 실내 설비는 크게 환경설비와 기본설비로 나누어진다.

► **환경설비**

- 채광 및 조명 : 채광과 조명은 유아의 시력에 영향을 주고 감각기관을 통해 구체적인 물체의 개념을 획득하기 위해 사물을 정확히 보아야 하는 유아에게는 학습의 중요한 조건이 된다(이영자 · 권영례, 2000). 채광이란 창문이나 문 등을 통해 자연적인 햇빛을 받는 것으로 자연채광을 충분히 받기 위해서는 창 가까이에 햇빛을 차단하는 장치를 제거하고, 활동실 벽면에 창을 내어 자연채광을 받을 수 있는 면적을 넓혀야 한다. 채광은 창문의 넓이, 높이, 채광문의 유무, 태양의 고도 등에 좌우된다. 창문의 면적은 바닥면적의 1/5이 되게 하고 창틀의 높이는 60~70cm 정도로 유아들이 쉽게 밖을 내다볼 수 있도록 하는 것이 바람직하다(Decker & Decker, 1992).

  조명은 교실의 실내 환경에 적절해야 하며, 날씨가 흐리거나 비 오는 날에는 실내가 어둡기 때문에 인공조명 설비가 필요하다. 조명의 효과를 높이기 위해 천장은 빛의 70%를 반사하고 벽면은 빛의 50%를 반사할 수 있도록 무광택이면서 밝은 색으로 처리하는 것이 바람직하다.
- 창문 : 창문의 유리는 파손되지 않도록 제조된 특수유리를 사용하며, 면적은 바닥 면적의 1/5~1/4 정도가 적절하다. 창문은 유아가 바닥에 서서 밖을 내다보기에 편한 높이여야 한다. 즉, 영아반의 경우는 50~60cm, 유아반의 경우는 60~70cm 정도가 적절하다. 환기를 위하여 실외 놀이시설과 인접한 벽은 가능한 남향으로, 그 전면에 창을 내는 것이 좋다. 또한 창이 너무 넓고 낮게 설치될 경우에는 파손의 위험이 있으며, 너무 투명한 창일 때에는 부딪힐 위험이 있으므로 이에 대비하는 것이 필요하다.
- 바닥과 벽 : 교실의 바닥자재는 탄력이 있으며 발 디딤이 좋고, 견고하며, 관리하기 용이한 자재를 선택해야 한다. 바닥에 카펫이나 고무 재질을 깔거나 벽면, 천장에 방음 재료를 사용하여 유아 상호 간, 교사와 유아 간의 언어 전달이 용이하도록 한다. 바닥에 카펫을 까는 것은 안정되고 소음을 적게 해주는 효과가 있으나 물감이나 물 등을 쏟는 일이 빈번하므로 전체를 카펫으로 까는 것보다 부분적으로 까는 것이 좋다. 벽은 게시판이나 다른 자료를 쉽게 붙일 수 있는 표면 재료를 사용하고 게시판은 유아의 키 높이에 있어 자신이 만든 것을 게시하기 쉬워야 한다.
- 냉 · 난방 및 환기 : 유아교육기관의 실내는 유아들이 활동하는 데 적절한 온도를 유지하는 것이 바람직하다. 실내 온도는 20~22℃, 습도는 50~60%가 적절하다. 또한 난방은 유아에게 안전하고 따뜻한 바닥 온도를 유지할 수 있도록 바닥에 난방용 파이프를 묻어 놓는

패널 히팅(panel heating)으로 하는 것이 가장 적당하다(이영자 · 권영례, 2000). 유아교육기관의 실내 공간은 유아들의 건강 · 위생을 위해 항상 청결하고 맑은 공기가 유지되도록 하는 것이 대단히 중요하다. 특히 유아들은 활동량이 많기 때문에 입김, 체온, 땀, 기침 등 인체에서 배출된 것과 실내의 불결한 공기가 만나는 경우가 많다. 그러므로 자연환기와 인공환기를 통해 청결하고 맑은 실내 환경의 조성에 유의해야 한다(임재택, 2000).

► **기본설비** 유아교육기관의 실내 공간(활동실)에 비치되어야 할 대표적 기본설비로는 책상, 의자, 개인사물함, 교구정리장, 싱크대 등을 들 수 있다.

- 책상과 걸상 : 유아교육기관에서 책상은 여러 가지 활동을 위해 사용되며, 사용방법도 다양하여 활동실 내의 기본설비 중 책상이 차지하는 비중이 매우 크다. 활동실의 책상은 2~4인용이 바람직하며 직사각형 또는 정사각형이 좋다. 책상의 높이는 유아의 체위 기준에 따라 상이한데, 3 · 4 · 5세로 구성된 학급의 교실에 구비할 책상은 90×60×45cm 크기가 적당하다. 의자의 형태는 쌓을 수 있는 형태가 보관하기에 편리하다. 또한 의자는 책상에서 활동할 때 사용되므로 팔걸이가 없는 것이 좋고, 등받이가 있어 허리와 등을 받쳐 주는 역할을 하는 의자가 좋다. 의자의 무게는 유아가 쉽게 들 수 있도록 3.6~4.5kg을 초과하지 않도록 하는 것이 좋다(Jefferson, 1968).
- 개인사물함 : 유아 개인의 소지품을 일정한 장소에 보관하는 것은 유아를 하나의 독립된 개체로 존중하는 것의 표현이며, 동시에 유아 스스로 자신의 물건을 정리하는 습관을 기른다는 측면에서 아주 중요한 의미를 갖는다. 유아의 개인 소지품을 정리하고 보관하는 공간은 실내의 면적 및 주요 가구 배치와 실내 · 외의 출입 등을 고려하여 배치되어야 한다.
- 교구 정리장 : 교구 정리장은 두 가지 유형으로 나누어지는 데, 문이 없는 개방식 또는 선반식 교구 정리장과 폐쇄식 교구 정리장이 있다(Osman, 1971). 일반적으로 개방식 교구 정리장이 유아교육 현장에 적절하다. 개방식 교구 정리장을 설치할 때에는 유아의 눈높이를 고려하고 유아의 손이 닿을 수 있는 곳에 자료와 교구가 보관될 수 있게 해야 하며, 유아의 호기심을 유발할 수 있게 하여야 한다. 교구 정리장의 위치는 흥미 영역 간의 구분을 돕고 유아가 자료 및 교구를 가지고 활동할 작업 공간을 근처에 마련하도록 배치되어야 한다. 유아로 하여금 교구정리장을 쉽게 이용할 수 있도록 교구장의 높이가 유아의 눈높이와 비슷해야 하는데, 우리나라 유아에게 적절한 교구 정리장의 최대 높이는 3세아 85cm, 4세아 92cm, 깊이는 30cm 정도이다. 교구 정리장의 길이는 활동실의 크기 및 용도에 따라 다르

그림 5-9 유아 사물함

그림 5-10 교구정리장

나 일반적으로 120cm가 많이 사용되고 있다. 또한 교구 정리장은 이동이 용이하도록 바퀴가 달려 있는 것이 좋다.

- 싱크대 : 가능하면 각 교실마다 싱크대 및 수로를 설치하여 유아들이 손을 씻거나 미술활동, 요리활동에 필요한 용구나 자료를 씻고 활동에 필요한 물을 공급받도록 한다. 연령별 싱크대의 높이는 3세아 45cm, 4세아 50cm, 5~6세아 55cm가 적절하다.

2) 실외 공간의 구성

(1) 실외 공간의 배치

실외 공간은 실내 공간과 마찬가지로 다양한 교육활동이 전개되는 공간이다. 따라서 실외 공간도 실내 공간 활동의 연장으로서 정신적 활동, 상호작용, 신체활동 등이 활발히 전개될 수 있도록 다양하게 구성되어야 한다. 또한 실외공간은 유아들이 자연과 조화를 이루면서 심미적인 즐거움을 느낄 수 있도록 꾸밈과 동시에 안전을 고려한 공간 구성이어야 한다. 유아교육기관의 주요 실외 공간에는 다음과 같은 것들이 있다(권영례, 2000; 임재택, 2000)

► **울타리** 관목이나 나무로 울타리를 설치하면 유아보호에 대한 교사

그림 5-11 울타리

의 과중한 책임 부담을 덜어 주게 되고 외부의 방해를 받지 않고 유아들이 자유롭게 활동할 수 있도록 해준다. 실외놀이 공간이 큰길과 인접해 있는 경우에는 적어도 120cm 정도의 높이로 울타리를 세워야 한다. 일반적으로 울타리는 목재(견고한 삼나무 등)나 철사를 여러 가지 형태로 엮어서 만들거나, 키 작은 관목을 심어서 설치할 수 있다.

► **지면** 실외 공간의 지면은 유아의 놀이와 안전에 직접적인 영향을 미치는 중요한 요소이다. 실외 공간의 지면은 단일 지면으로 구성하기보다 다양하게 구성하는 것이 이상적이다. 예를 들면, 실외 공간의 전체 면적 중 1/2~1/3 정도는 잔디를 심는 것이 좋고, 자전거 길이나 통로는 딱딱한 지면으로 하고, 꽃이나 나무를 심을 수 있는 곳에는 흙으로 두며, 놀이기구를 배치할 부분은 모래를 깔아 두는 것이 좋다. 모래를 깔 때는 20~30cm정도의 두께로 깔아야 탄력성을 유지하게 된다.

► **창고** 실외 공간에는 지면에 고정된 놀이 시설물 이외에 이동 가능한 놀이기구가 많이 제공되기 때문에 이러한 놀이기구를 정리 · 보관할 수 있는 창고가 필요하다. 놀이기구를 창고에 보관하게 되면, 바람, 비, 눈, 먼지 등의 피해로부터 보호할 수 있기 때문에 수명을 연장시킬 수 있으며, 유아로 하여금 정리 · 정돈하는 습관을 갖도록 하는

데 효과적이다. 창고는 별채의 건물을 사용하거나 원사에 덧붙여 지어서 사용할 수 있는데, 놀이기구를 효과적으로 운반하고 정돈할 수 있도록 실외놀이장과 인접한 곳에 설치해야 한다. 창고를 설치하는 지역은 물이 고이지 않도록 약간 경사지게 하는 것이 좋으며, 딱딱한 표면으로 된 영역 가까이에 위치하도록 한다(Decker & Decker, 1992).

(2) 실외 공간 구성 시 고려할 사항

실외 공간은 2 · 3세 영아와 4 · 5 · 6세 유아를 위한 공간을 분리하여 위치하는 것이 바람직하다. 특히 초등학교 병설 유치원의 경우 초등학교 운동장과 구분되는 다른 공간에 실외 놀이터가 있어야 한다. 실외 공간은 실내 공간보다 유아들의 지도 · 감독이 어렵기 때문에 건물로 가려져서는 안 되며, 가능하면 건물의 남쪽에 위치하는 것이 좋다. 아울러 실외 공간은 실내와 연결되어 유아들이 자유롭게 나가고 들어올 수 있어야 하며, 설계 시 유아의 안전을 위하여 실내와 실외 공간 높이에 차이가 있을 때는 층계보다는 경사진 길이 되도록 고려한다. 또한 실내 · 외 공간의 출입문은 유아들이 드나들기 쉬워야 하며, 실외 공간에 화장실이나 식수대를 설치하는 것이 좋다. 실외 공간 구성 시 고려해야 할 사항은 다음과 같다(신동주, 1999).

► **접근의 용이성 대 비용이성** 실외 공간은 사용하고자 하는 모든 사람들의 접근이 용이하여야 한다. 실외 공간은 실내 활동을 위한 건물과 연결되어 있어 아동들이 안전하게 출입할 수 있고 실내 · 외 활동이 통합적으로 이루어지는 데 용이하여야 한다.

► **도전적인 환경** 실외 공간은 유아들이 위험에 처하지 않으면서 신체 발달을 위한 다양한 종류의 놀이를 제공받을 수 있는 곳이어야 한다. 아동들은 놀이기구를 접할 때 자신의 발달적 능력과 연결된 적절한 범위 내에서 도전감을 느낄 수 있어야 한다. 실외 공간에는 놀이활동의 난이도를 여러 단계로 구분하여 놀이시설을 설치한다. 이는 비슷한 형태 및 기능을 가진 놀이시설을 다양한 크기로 제공함으로써 아동들이 자신에게 적합한 놀이를 선택할 수 있도록 돕는 것이다.

► **다양성과 복합성** 실외 공간에서 제공되는 놀이활동의 다양성은 아동의 놀이를 다양하게 이끌어 내는 역할을 한다. 따라서 다양한 놀이활동을 제공하면서 놀이기구는 색깔, 모양, 느낌, 형태 등의 모든 면에서 다양해야 한다. 다양한 놀이 활동을 제공하는 공간은 아동의 창의적인 에너지를 이끌어 낸다. 복합성은 어떤 특정한 놀이시설 및 기구가 창출해 내는 놀이활동의 수 및 다양성을 말한다. 아동이 놀이터에서 무엇을 하는가는 아동에게 제공되는 놀잇감이 어떤 것이냐에 달려 있다. 아동의 개인적인 요구를 충족시키고 놀이를 통한 학습을 촉진시키기 위해서는 단순한 놀이시설과 복합적 놀이시설을 함께 제공하는 것이 필요하다. 놀이시설 및 기구가 서로 통합적으로 연결되어 있을 때 놀이활동 간의 연계가 이루어질 수 있다. 이는 또한 유아의 협동놀이를 촉진시키는 기능을 할 수 있다. 예를 들면, 모래놀이 영역과 물놀이 영역이 서로 연계되어 통합적으로 제공될 때 유아의 놀이활동은 보다 다양하고 심화된 형태로 나타날 수 있다.

► **융통성** 융통성은 놀잇감의 조작, 연합 및 변화 가능성의 정도를 의미한다. 놀잇감의 융통성이 높을수록 다양한 방법으로 놀이활동을 할 수 있다. 융통성은 복합성과 밀접한 관련이 있는 것으로서 유아의 놀이에 대한 흥미를 유지시키는 데 중요한 역할을 한다. 융통성이 높은 놀잇감으로는 물, 모래 등을 들 수 있으며 나무토막, 타이어, 파이프 조각, 끈 등을 다목적으로 변형시켜 사용할 수 있다.

► **관리 및 감독의 용이성** 실외 공간은 유아활동에 대한 관리 및 감독이 용이하도록 설계되어야 한다. 아동의 놀이 안전을 위한 성인의 감독은 필수적인 것으로 유아의 놀이 활동을 성인이 어느 지점에서든 한눈에 관찰할 수 있도록 놀이 영역이 배치되어야 한다.

(3) 놀이시설

실외 공간에서 놀이시설 영역은 그네, 시소, 미끄럼틀, 평균대, 징검다리 등이 설치되어 있는 곳으로서 유아들이 대근육운동을 하는 곳이다. 놀이시설물은 실외 공간을 잘 활용하여 융통성 있게 배치하는 것이 좋다. 유아교육기관의 실외 공간에서 제공할 수 있는 대표적인 놀이기구 및 시설물로는 운동놀이 시설물(기어오름대, 그네, 시소, 복합놀이 시설)과 상상놀이 · 구성놀이 시설물(동물 모형, 자동차 모형, 놀이집, 모래밭 등), 기타(사다리, 트램펄린, 블록 등) 등이 있다. 그 중 가장 대표적인 놀이기구인 복합놀이기구, 그네, 시소, 미끄럼틀, 모래밭 등에 대해 살펴보기로 한다(이숙재, 1999; 이영자 · 권영례, 2000).

► **복합놀이기구** 복합놀이기구는 유아가 기어오르고, 매달리고, 미끄럼타기, 터널통과하기, 놀이집 등과 같이 다양한 움직임을 유아가 경험할 수 있도록 제작된 복합기능 놀이시설이다. 이 놀이기구는 넓은 공간을 필요로 하므로 실외놀이 공간의 면적을 고려하여 그 시설물의 규모를 결정한다. 공간이 협소한 경우에는 두세 가지의 기능을 갖춘 소규모 복합놀이 시설물을 설치하는 것이 효과적이다. 복합놀이 시설물에 설치하는 놀이기구는 특징이나 용도에 따라 적절한 위치에 배치하며, 유아가 한 놀이기구에서 다른 놀이기구로 안전하고 편리하게 이동할 수 있도록 효율적으로 연결하여야 한다. 복합놀이기구의 최대 높이는 2.5m가 넘지 않도록 하는 것이 좋다.

그림 5-12 복합놀이기구

► **그 네** 그네는 앞뒤로 흔들기, 높이 올라가기 및 빨리 흔들기 등 움직임을 주로 하는 시설물이다. 유아에게는 타이어 그네, 안장 그네가 적절하며, 유아의 연령에 따라 그네의 높이와 그네 줄의 길이가 조절되어야 한다. 그네는 유아의 왕래가 많지 않은 장소에 설치해야 하는 데 움직이는 놀이기구이므로 그네의 앞, 뒤, 좌, 우로 충분한 간격을 두고 설치하여야 한다. 또한 그네 밑에 부드러운 모래를 깔아서 유아가 떨어졌을 때 다치는 것을 예방할 수 있어야 한다. 그네 틀과 그네, 그네와 그네의 간격을 70cm 이상이 되도록 한다. 또한 그네 줄의 쇠사슬 고리를 유아의 손가락이 끼지 않도록 8mm 이하여야 하며, 고리의 구멍이 클 경우 그네 줄에 플라스틱 호스를 끼워서 손가락이 끼는 것을 방지하여야 한다. 그네의 좌석은 나무처럼 단단한 자료는 피하고 부드럽고 탄력 있는 자료(예를 들어 캔버스, 고무판 등)로 만든다.

► **시 소** 시소는 유아가 양쪽에 앉아서 올라가고 내려오는 움직임을 반복하는 운동 놀이기구이다. 시소는 2인용 시소와 다인용(多人用) 시소가 있다. 시소를 설치할 때는 시소가 땅에 닿는 부분에 타이어를 묻어 두거나 모래를 많이 깔아서 유아의 뇌나 척추에 충격이 가지 않도록 배려한다. 또한 손잡이를 부착하여 유아가 붙잡고 안전하게 탈 수 있도록 해야 하며, 시소의 기울기는 30° 이내로 한다(Frost, 1992).

► **미끄럼틀** 미끄럼틀은 경사진 판을 미끄러져 내려오는 놀이를 할 수 있도록 제작된 고정 놀이기구이다. 실외 공간에 미끄럼틀을 설치할 때는 유아의 왕래가 빈번하지 않은 장소가 적절하다. 특히 미끄럼판이 실외 유원장 통로와 마주치지 않도록 배치해야 한다. 미끄럼판의 재료는 다양하나 재료에 따라 장단점이 있다. 가령 스테인리스는 견고하고 매끄러우나 온도 변화에 민감해서 여름에는 뜨겁고 겨울에는 차가운 단점이 있다. 반면 목재는 부드럽고 온도에 덜 민감하나 내구성이 약하다는 단점을 지니고 있다. 미끄럼틀은 재료뿐만 아니라 크기나 형태를 다양하게 만들 수 있다. 즉, 공간이 넓은 경우에 미끄럼판은 직선 형태 이외에 꼬불꼬불하게 변형시킬 수 있다. 미끄럼틀의 경사도는 30°~40°가 적당하며, 높이는 보통 2.5m 이하가 적절하다. 또한 미끄럼틀의

꼭대기에는 연단(platform)이 있어서 미끄럼틀을 타기 전에 유아가 안정된 자세를 취한 후 미끄럼틀을 타게 한다. 연단에는 또한 보호벽을 만들어서 유아가 떨어지는 것을 예방한다.

(4) 모래놀이 영역

실외 모래놀이 영역은 유아들이 터널파기, 집짓기, 수로 만들기, 모래 음식 만들기 등 여러 가지 놀이를 할 수 있는 대표적인 고정시설물이다. 모래밭의 형태는 직사각형, 정사각형, 타원형 등 다양하며, 모래밭의 테두리도 타이어, 통나무, 콘크리트 등 여러 가지 재료를 활용할 수 있으나 유아들이 모래밭에서 넘어질 경우 부상 등을 고려하여 폐타이어를 이용하여 테두리를 만드는 것이 좋다. 모래밭은 배수가 잘 되며 습기가 차지 않는 양지 바른 곳에 위치하는 것이 좋지만 햇볕이 너무 뜨거울 경우를 대비해서 파라솔이나 차양, 격자무늬의 지붕 등을 이용해서 적당한 그늘이 생기도록 하는 것이 바람직하다. 모래밭의 모래는 최소한 1년에 한 번씩은 갈아주거나 소독하여 먼지나 더러운 것이 쌓이지 않도록 하고, 깨끗이 말린 모래를 사용하는 것이 좋다.

그림 5-13 모래놀이

(5) 물놀이 영역

실외 물놀이 영역은 실내 물놀이 영역보다 활동적인 놀이를 할 수 있는 곳이다. 실외 물놀이 영역에는 각종 물놀이 기구를 비치해 둠으로써 유아들이 언제든지 어울리는 물놀이를 할 수 있게 하는 것이 좋다. 특히 여름철에는 물레방아놀이, 보트놀이, 종이배 띄우기 등을 할 수 있는 다양한 물놀이 기구를 갖추어 주는 것이 좋다. 물놀이 영역은 모래놀이 영역과 인접하여 설치함으로써 모래놀이와 물놀이를 연계하는 것도 바람직하다.

그림 5-14 물놀이

제6장

비품 및 교재·교구관리

제6장

비품 및 교재·교구관리

1. 비품 및 교재·교구의 선정

교수·학습과정에서 비품 및 교재·교구의 활용은 학습자들의 학습 동기를 유발할 수 있는 중요한 요소 중의 하나이다. 비품과 교재·교구는 유사한 의미로 쓰이기도 하지만 엄격히 구분한다면, 비품은 흑판, 책상, 걸상, 선반, 가구, 캐비닛, 녹음기 등 교수·학습활동에 사용되는 비교적 간접적이고 보조적인 자료를 말하며, 교재와 교구는 교수·학습 장면에서 직접적으로 활용되는 각종 자료를 말한다(임재택, 2000). 또한 교재와 교구를 구분할 수 있는데, 교재는 교수 내용 그 자체가 담겨 있는 소프트웨어라 할 수 있는 것으로 그림 자료, 인쇄자료, 녹음자료, 영상자료 등과 같이 교수·학습 활동 시 사용되는 자료를 말한다. 교구(教具)는 교수 내용을 제시해 주는 하드웨어로서 교수와 학습활동에 사용되는 도구나 고안된 기구를 말한다(이영자·권영례, 2000). 그러나 교구(教具)를 교구(校具)의 의미로 쓰게 되면 이것은 학교에서 사용하는 일체의 물품, 즉 비품의 의미로 쓰이게 된다(이대균·송정원, 2000). 이와 같은 개념상의 구분에도 불구하고 어떤 물품을 어떻게 활용하느냐에 따라서 교재·교구가 되거나 아니면 비품이

될 수도 있다. 예를 들면, 일반적으로 냉장고는 비품으로 인식되지만 그것이 과학수업을 진행하는 데 이용되었다면 그것은 교구라 할 수 있다.

유아교육기관에서 비품 및 교재 · 교구는 유아교육의 목표를 달성하는 데 있어서 꼭 필요한 교수 · 학습 자료이다. 따라서 비품 및 교재 · 교구를 선정하기 전에 충분한 검토를 통하여 교육적인 효과를 발휘할 수 있는 것을 선정하여야 한다. 스키아라와 도르세이(Sciarra & Dorsey, 1979)는 비품이나 교재 · 교구를 선정할 때 고려해야 할 준거를 다음과 같이 제시하였다(임재택, 2000 재인용).

- 유용성 : 유아들의 발달 단계에 따른 요구를 얼마나 잘 만족시켜 줄 수 있으며, 다양한 용도로 사용할 수 있는가를 고려하여야 한다.
- 적합성 : 교구는 사용자의 필요에 따라 선정해야 한다. 교구는 사용하는 유아들에게 적합한 것이어야 한다. 즉, 유아의 연령, 흥미, 능력 등 특별한 요구를 충족시켜 줄 수 있는 것이어야 한다.
- 내구성과 경제성 : 비품이나 교구는 일단 구입하면 오래 쓸 수 있는 것이어야 한다. 그리고 경제성도 고려해야 한다. 따라서 내구성과 경제성을 동시에 고려해야 한다.
- 관리의 용이성 : 교구를 선정할 때에는 깨끗하고, 부식되지 않으며, 옮기기 쉽고, 가볍고, 공간을 적게 차지하는 등 유지 · 관리 · 보관이 용이해야 한다.
- 매력성 : 교구는 색상이나 디자인이 잘 되어 있으며, 심리적인 즐거움을 줄 수 있는 것이어야 한다. 또한 질감이나 촉감이 좋아서 가지고 놀고 싶은 욕구를 느끼게 할 정도로 매력적이어야 한다.
- 교사의 기호 : 교구의 선정은 그것을 실제로 사용하는 사람의 기호도를 반영하여야 한다. 아무리 훌륭한 교구라 할지라도 그것을 사용하는 교사의 기호에 맞지 않는다면 교구의 활용도는 낮아질 수밖에 없다. 대체적으로 시설에서의 교구 구입은 원장이나 교사들이 하게 되는데, 이들의 생각이나 선호도가 교구의 선정에 중요한 요인으로 작용하게 된다.
- 안전성 : 교구를 구입할 때 우선적으로 고려해야 할 사항은 안전성이다. 교구의 제작과정에서 끝마무리의 미숙으로 끝이나 모서리가 뾰족하게 나와 있다거나 표면이 거친 것, 잘 부서지는 것, 독성이 있는 것 또는 독성 물질이 발라져 있는 것, 크기가 너무 작아 입 속으로 들어가기 쉬운 것들은 선정 대상에서 제외되어야 한다.

또한 데커와 데커(Decker & Decker, 1992)는 유아교육기관에서 비품 및 교재 · 교구를 구입하기 전에 고려해야 할 사항을 다음과 같이 제시하였다.

- 해당 시설의 교육목표에 적합한가?
- 소요 경비와 절차를 점검하였는가?
- 비품 및 교구의 활용과 보관에 필요한 품목의 우선 순위 목록을 작성하였는가?
- 비품 및 교구의 활용과 보관에 필요한 공간은 확보되어 있는가?
- 경제성을 고려하였는가?
- 소모품을 한꺼번에 과다하게 구입하는 것은 아닌가?
- 구입할 비품이나 교구를 사전에 점검해 보고 믿을 만한 제품인지 확인하였는가?
- 비품이나 교구의 구입 시 소비자 지침서에 따라 점검하였는가?
- 안전성을 고려하였는가?
- 견고하고 보관 및 관리가 용이한가?
- 가능한 여러 용도로 활용될 수 있는 비품이나 교구인가?
- 심미적 즐거움을 줄 수 있는 비품과 교구를 선정하였는가?
- 유아들이 적극적이고 활동적으로 참여할 수 있는 비품과 교구를 선정하였는가?

2. 비품 및 교재 · 교구의 배치

다양한 비품 및 교재 · 교구를 구입하였더라도 그것을 어떻게 배치하느냐에 따라서 그 활용도는 달라질 수 있다. 비품이나 교구를 배열할 때 교사 및 유아들이 얼마나 쉽게 활용할 수 있느냐가 중요하다. 교재 · 교구나 각종 자료들이 무질서하게 배치되어 있거나 파손을 우려하여 원장실이나 교사실의 캐비닛이나 자료함에 보관하는 데 만족한다면 그것은 교재 · 교구로서의 제 역할을 하지 못하고 있을 뿐만 아니라 오히려 교육활동에 지장을 초래할 수 있다. 비품 및 교재 · 교구는 효과적인 교수 · 학습활동을 전개하기 위해 필요한 것들이다.

교재 · 교구의 배열과 관련하여 데이(Day, 1983)는 교구의 제시나 배치에 있어 고려해야 할 사항들을 다음과 같이 제시하고 있다(임재택, 2000).

- 개방된 선반 : 대부분의 교구나 자료는 개방된 선반에 보관하는 것이 좋다. 나이가 어린 유아들을 교육하는 기관에서는 유아들이 교구를 시각 · 지각적으로 접해야 하므로 더욱 개방적으로 배치하여야 한다.
- 낮은 선반 : 교구는 유아들이 손쉽게 사용하고 정돈할 수 있도록 낮은 보관장이나 선반에 배치해야 한다. 낮은 선반에 배치함으로써 유아들이 자유롭게 사용하고 또 스스로 정돈할 수 있게 된다. 아울러 선반의 높이도 중요하지만 유아들이 얼마나 쉽게 볼 수 있는지도 중요하다.
- 정돈된 배열 : 교구나 자료의 본래의 목적은 그것을 얼마나 적절하고도 충분히 활용하느냐 하는 기능적 측면에 있다. 교구를 산만하고 무질서하게 배열해 두는 것은 교육적 활용의 측면이나 미적인 측면에서도 좋지 않으므로 체계적이고 기능적으로 배열하는 것이 좋다.
- 교육목적의 반영 : 유아교육 시설의 흥미 영역은 배치된 교구의 내용이나 종류에 의해 그 성격이 결정된다. 즉, 흥미 영역의 교구는 그 공간의 목적을 거의 반영한다는 것이다. 또한 각 흥미 영역 간에는 유기 · 보완적 관계가 있으므로 교구나 자료를 제시하거나 배치할 때 세심한 주의를 기울여야 한다.
- 관심을 끄는 영역 : 교사의 중요한 역할의 하나는 유아들의 관심을 끌 수 있는 흥미 영역들로 구성된 교육환경을 마련해 주는 것이다. 이때 교구나 자료들을 청결히 하고 잘 정리 · 정돈하는 것도 중요하지만 유아들이 교구를 사용해 보고 싶은 흥미 영역에서 활동하고 싶은 충동이 일어나도록 하는 것이 중요하다.

3. 비품 및 교구의 관리

비품 및 교재 · 교구의 제작, 구입 및 활용에 못지않게 중요한 일은 그것을 적절히 관리하는 일이다. 비품 및 교재 · 교구의 관리 요령은 유아교육기관에 따라 다를 수 있으나 대개 비품이나 교구의 현황을 파악한 목록을 작성한 장부를 비치하여 관리하는 것이 현재 수량, 수리 대상, 보충할 것 등을 파악하는 데 도움을 준다. 비품 및 교재 · 교구의 관리 요령을 구체적으로 제시하면 다음과 같다.

• 목록표 작성 : 비품이나 교구를 구입하거나 제작한 후에는 활용 목적별, 종류별, 재료별, 크기별 등 일정한 분류기준에 따라 전체적인 현황을 파악해야 한다. 비품대장 또는 교구의 품목카드나 대장을 작성할 때는 품목명, 구입처, 가격, 구입일자, 수량, 고유번호, 배치 영역, 비고(예 : 분류기준상의 해당 사항) 등이 포함되어야 한다. 일반적으로 비품 및 목록 대장의 양식은 [그림 6-1]과 같다. 이러한 목록표를 작성하여 활용함으로써 소모품이나 일상용품을 포함한 모든 품목을 보다 효율적으로 관리할 수 있다. 비품이나 교구의 현황 파악과 목록표 작성은 주기별(분기별, 학기별, 학년별 등)로 실시하되, 각 유치원에서는 가능한 한 최근의 자료를 가지고 있는 것이 좋다. 이 목록을 통하여 어떤 영역 혹은 어떤 종류의 비품이나 교구가 파손 또는 분실되었거나, 수리가 필요한 것인지를 파악할 수 있으며 그에 대한 유지 · 보수 · 관리대책을 수립할 수 있다.

• 유지 및 보관 : 비품이나 교구를 실내 · 외 공간의 해당 영역에 배치 · 활용하게 되면 그에 따른 유지 · 보관을 위한 노력을 해야 한다. 비품이나 교구의 배치 영역(실내 · 외 여부, 햇볕 유무, 유아들의 활동량의 대 · 소 등), 속성이나 재료의 특성(열, 습기, 파손 가능성, 부식 여부 등), 가치, 크기, 무게, 부품 수 등에 따라 그 유지나 보관의 방법을 달리해야 한다. 또한 비품이나 자료의 보관은 각 흥미 영역의 선반이나 보관장을 이용하거나 현재 사용하지 않는 수많은 교구나 자료들을 체계적이고 기능적으로 보관해 두는 교재 · 교구 보관실을 이용한다. 특히, 교재 · 교구 보관실은 도서관 역할을 하는 것으로 모든 교구와 자료들을 종류별, 사용시기별, 재료별, 난이도별 등으로 잘 배열 · 보관해 둠으로써 교육활동에 효과적으로 활용할 수 있다. 지나치게 유지나 보관 등 관리에 신경을 쓰다 보면 그것들의 교육적 활용에 지장을 초래하게 된다는 것이다. 즉, 파손이나 훼손을 막기 위하여 유아들

고유번호	품목명	제원 및 특성	수 량	가 격	구입일자	구입처	배치 영역	비 고

그림 6-1 비품 및 교구 목록 양식

에게 실제로 활용할 기회를 적게 주고 전시용으로만 사용하게 될 수가 있다. 그렇게 되면 그것은 본래의 교육목적을 상실하고 교육활동이 위축될 수도 있다.

데커와 데커(Decker & Decker, 1992)는 비품과 교구를 효율적으로 관리하기 위한 몇 가지 방법을 다음과 같이 제시하고 있다.

- 비품과 교구의 배치 시에는 사고율을 최소화하고, 효율성을 극대화시킬 수 있도록 배열해야 한다. 비품과 교구는 작업 공간 가까운 선반에 비치해야 하고, 파손되기 쉬운 비품과 교구는 유아들의 통행이 빈번한 통로와 떨어진 곳에 비치해야 한다. 또한 깨지거나 엎질러지기 쉬운 교구는 유아들이 쉽게 닿을 수 없는 곳에 두어야 한다. 만약, 같은 교구에서 사고가 자주 일어나면 다른 장소에 옮겨 두는 것이 좋다. 그리고 사고 예방을 위해 개방된 공간을 충분히 두어야 한다.
- 유아들에게 비품이나 교구의 관리법을 지도해야 한다. 교사들은 비품이나 교구를 사용하고 정돈하는 것을 정해진 하루 일과활동으로 설정하여 지도하고, 모든 물건에는 제 위치가 있음을 인식시켜 정리하는 시간을 주어야 한다.
- 사용한 교재·교구나 자료는 깨끗하게 유지·보관하도록 한다. 교사는 교재·교구의 정리·정돈뿐만 아니라, 그것을 청결하게 유지·보관하는 방법을 익히도록 한다. 필요한 경우 교재·교구의 세척법도 지도해야 한다.
- 교사는 비품이나 교구를 관리하는 좋은 본보기를 제시한다.
- 교사들은 유아들의 활동 장소에 있어야 한다. 교사는 충분한 지도·감독이 이루어질 수 있는 적당한 위치에 있어야 한다.
- 유아들이 비품이나 교구를 고의적으로 부수거나 손상시키지 않도록 지도한다.
- 훼손된 비품과 교구는 가능한 한 빨리 수선한다.
- 비품이나 교구를 정기적으로 청결하게 하고 도색하고 점검해야 한다.
- 비품이나 교구를 관리할 때는 열, 빛, 습도, 보관법 등을 고려해야 한다.
- 비품이나 교구를 충분히 확보하고 있어야 한다. 유아들이 교구 부족으로 활동에 참여하지 못하여 다툼이 일어나게 되고 이로 인해 교구가 파손된다. 그러므로 유아들이 가지고 활동할 수 있는 교구나 자료를 충분히 마련해야 한다.

자료 보관 공간이 정해지면 자료를 보관대에 배열할 수 있는 방법을 생각해야 하는 데 교사가 넣고 꺼내기에 수월해야 하며, 너무 많은 자료를 겹치게 쌓거나 세워서 자료가 휘거나 파손되지 않도록 해야 한다. 자료를 보관하는 보관대는 철제 앵글이나 합판 등으로 칸막이 구분을 해 줄 수 있는데, 자료 형태에 따라서 몇 가지 규격으로 가로, 세로로 칸막이를 해주는 것이 좋다. 또한 쉽게 찾아볼 수 있도록 활동별로 모아 놓거나 주가 되는 활동번호를 보관대에 붙여 줄 수 있다.

4. 비품 및 교재 · 교구의 종류

1) 유치원의 비품 및 교재 · 교구

(1) 비품 및 교재·교구 기준

유치원에서는 대통령령으로 정한 '고등학교 이하 각급 학교설립 · 운영규정' 제8조 2항에 의거 교육과정 운영에 필요한 교구를 우선 확보하여야 한다. 교재 · 교구의 구비는 유아의 발달 수준을 고려하여 유아의 흥미를 유발할 수 있어야 하며, 안전성이 확보되어야 한다. 또한 유아교육기관에서 교재 · 교구를 구입하거나 제작할 때에는 유치원 교육과정을 분석한 후 유아교육활동에 필요한 것들을 제작 또는 구입하여야 한다. 유치원에서 갖추어야 할 비품 및 교재 · 교구의 영역별 최소기준을 제시하면 [표 6-1]과 같다.

표 6-1 흥미 영역별 교구 기준

영 역	교구 종목	규 격	소요기준	비 고	
				필수	권장
쌓 기	① 유닛 블록	세트	급당 1	○	
	② 공간 블록	세트	급당 1	○	
	③ 쌓기 블록	2종(우레탄 블록, 종이벽돌, 탑 블록, 헝겊 블록 등) 1조	급당 1		○
	④ 쌓기놀이용 소품	5종(교통신호 표지, 주유소, 사람, 동물, 모형, 수레, 지게, 미니카, 끌차, 운전대 등) 1조	급당 1	○	
	⑤ 조작놀이용 블록	5종(소형끼우기 블록류) 1조	급당 1		○
역 할	① 의상	5종(우리나라 전통의상, 경찰, 군인, 간호사, 요리사, 각 나라의 전통의상, 소방관 등) 1조,	원당 2	○	
	② 놀이에 필요한 소품	5종(민속소품, 소방호스, 마이크, 카메라, 가발, 옷장, 장대, 다리미, 식탁 등) 1조, 병원놀이 세트, 인형, 유모차 등	원당 2	○	
	③ 일상 주방용품 모형	3종(가스레인지, 믹서, 싱크대, 냉장고, 저울, 전통찻잔, 장기판, 각종 그릇 등) 1조	급당 1	○	
조 형	① 이젤	유아용	급당 1		○
	② 그리기 자료	5종(물감, 먹물, 파스텔, 유성매직, 마블링, 붓, 사인펜 등) 1조	급당 1	○	
	③ 만들기와 꾸미기 자료	만들기에 필요한 다양한 재료(빈 용기, 핑킹 가위, 구멍 뚫는 도구, 펀치, 스테이플러, 여러 종류의 종이, 헝겊, 셀로판테이프, 풀, 색모래, 찰흙 등)	급당 1	○	
언 어	① 테이프	10종(자연의 소리, 민요, 전래동요, 효과음, 동시, 동화, 동물소리 등) 1조	원당 1	○	
	② 융판과 융판자료		급당 1	○	
	③ 인형류	2종(손가락인형, 손인형, 테이블인형, 막대인형 등) 1조	급당 1	○	
	④ 인형극틀		원당 1		○
	⑤ 동화책	3질 이상(질)	급당 1	○	
	⑥ 그림 백과사전	동 · 식물 (질)	원당 1		○
	⑦ 카드 세트	10종 이상	급당 1		○
	⑧ 게임자료	세트	급당 10	○	
	⑨ 퍼즐	세트	급당 10	○	

표 6-1 (계속)

영 역	교구 종목	규 격	소요기준	비 고	
				필수	권장
수 학	① 퍼즐	종	급당 10	○	
	② 게임자료	세트(분류, 비교, 서열, 공간 개념형성 자료)	급당 10	○	
	③ 수 놀이자료	종(수 개념형성 자료)	급당 10	○	
과 학	① 실험 및 관찰도구	세트	원당 2	○	
	② 측정도구	세트(무게, 질량, 부피, 크기 등)	급당 1	○	
	③ 요리도구	가열기구, 조리기구, 주방기구 등	원당 1	○	
	④ 감각상자	2종(무게, 소리, 촉감, 후각상자 등)	급당 1	○	
	⑤ 동 · 식물표본	1종 이상	원당 1		○
	⑥ 동물사육	사육용 기구 포함	원당 1		○
	⑦ 식물재배	재배용 기구 포함	원당 1		○
음 률	① 전통악기	5종(소고, 장고, 북, 꽹과리, 징, 피리 등)	원당 1	○	
	② 리듬악기	5종(탬버린, 캐스터네츠, 마라카스, 리듬막대, 트라이앵글, 우드블록, 방울 등)	급당 1	○	
	③ 가락악기	2종(실로폰, 멜로디언, 리코더, 크로마하프, 기타 등)	급당 1	○	
	④ 피아노	오르간이나 전자피아노 대치 가능	급당 1	○	
	⑤ 신체표현 소품	리본, 스카프, 줄 등	원당 20	○	
물놀이	① 물놀이도구	5종(양동이, 물뿌리개, 호스, 투명용기, 깔때기, 인형 등) 1조	원당 1	○	
모래놀이	① 모래놀이도구	5종(트럭, 삽, 채, 계량컵, 밀대, 여러 가지 모양 틀 등) 1조	원당 1	○	
목공놀이	① 목공놀이도구	세트(망치, 톱, 잭, 나사, 못 등) 1조	원당 1	○	
	② 테이블		원당 1	○	
대근육	① 유니바	10개 1조	원당 1	○	
	② 매트		원당 2	○	
	③ 평균대		원당 1	○	
	④ 놀이기구	5종(공, 줄넘기, 후프, 굴렁쇠, 줄 등) 1조	원당 1	○	
	⑤ 대근육 게임 자료	생활주제와 관련	원당 5	○	
	⑥ 전통놀이 자료	5종(윷, 연, 투호, 팽이, 제기, 샅바, 자치기 등) 1조	원당 1	○	

표 6-1 (계속)

영 역	교구 종목	규 격	소요기준	비 고	
				필수	권장
교 통	① 유아용 자동차	위험성이 없는 것	원당 3	○	
	② 유아용 자전거	실내용, 실외용	원당 3	○	
	③ 모형신호등		원당 1	○	
	④ 교통표지판		원당 1	○	

(2) 비품 및 교재·교구의 종류

유치원에서 갖춰야 할 비품과 교재 · 교구를 살펴보면 다음과 같다. 비품은 편의상 유아 및 성인용 기본비품과 시청각자료, 흥미 영역별 교구, 교사용 · 부모용 교재로 나누어서 제시하고자 한다(강문희 외, 2006).

► **유아 및 성인용 기본비품** 유치원은 교사를 비롯한 일반 성인들이 교육을 위해 활동하는 장소이다. 따라서 유아를 위한 비품과 성인을 위한 비품으로 구분할 수 있다. 유아용으로는 책상, 의자, 캐비닛, 선반, 보관 장(이동식, 고정식), 게시판, 칠판, 칸막이, 안락의자, 긴 의자, 등받이 없는 의자, 방석, 흔들의자, 침대, 융판, 개인 사물함, 옷걸이, 유아용 컴퓨터와 소프트웨어, 비상구급 약품 상자 등이 필요하고, 성인용으로는 책상, 의자, 캐비닛, 책장, 서류보관함, 작업대, 안락의자, 긴 의자, 탁자, 컴퓨터, 복사기, 궤도걸이, 쓰레기통, 주방기구, 옷장, 코팅기, 코팅필름 등이 있다.

► **시청각 자료** 유치원에서 주로 활용되고 있는 시청각 자료에는 사진기, 필름, OHP투시기, 환등기, 오디오세트, 녹음기, TV, VTR, 비디오테이프, 탁자, 스크린, 실물환등기, 시청각 자료 보관장, 빔프로젝터, 방송시설 등이 있다.

► **흥미 영역별 교구** 일반적으로 유아교육기관에서 흥미 영역을 구성

하기 전에 다음 내용을 고려하여 각 영역들이 특수성을 유지하면서도 통합적으로 운영될 수 있도록 교재 · 교구를 준비하여야 한다.

- 유아들의 흥미를 자극하고 지속시키며 확장하기 위해서 어떤 자료와 교재 · 교구들이 있어야 하는가? 흥미로운 주제는 무엇인가?
- 어떤 가구 배치와 방 배치가 활동적인 학습을 촉진시키는가? 어떤 흥미 영역들이 필요한가?
- 자료의 진열은 어떻게 할 것인가? 벽, 바닥, 천정은 어떻게 이용할 것인가? 교실 밖의 어떤 공간을 사용할 수 있으며 어떻게 사용할 것인가?

교육부 고시 제6차 〈유치원 교육과정〉에 의거하여 개발된 유아교사용 지침서 《유아교육활동지도 자료》(교육부, 2000)에서는 실내 흥미 영역을 쌓기놀이 영역, 조작놀이 영역, 역할놀이 영역, 언어 영역, 조형 영역, 수놀이 영역, 과학 영역, 물놀이 영역, 컴퓨터 영역, 요리 영역, 목공놀이 영역, 식사/낮잠이나 휴식하는 곳 등으로 구분하고 각 영역별로 필요한 놀잇감과 교구자료를 제시하고 있다.

쌓기놀이 영역

쌓기놀이 영역에서 유아는 손으로 블록을 조작함으로써 눈과 손의 협응력, 시 · 지각적 인식, 대 · 소근육의 협응력 등의 신체 발달이 이루어진다. 유치원 교육과정에서 제시하고 있는 다양한 개념 발달을 고무할 수 있는 기회를 제공함으로써 긍정적 자아 개념과 언어 능력의 향상을 촉진시킬 뿐만 아니라, 정서 순화의 매개가 되기도 한다. 또한, 공동의 목표를 위하여 작업을 함으로써 유아는 사회성이 고무될 뿐만 아니라, 사회 · 과학적 개념을 이해하는데 도움이 된다. 쌓기놀이 영역에서 기본적으로 갖춰야 할 교재 · 교구는 다음과 같다.

- 다양한 기본 블록들 : 단위 블록, 종이 벽돌 블록, 우레탄 블록, 속이 빈 나무토막, 유닛 블록, 공간 블록, 널빤지, 스펀지 블록, 상자나 빈 통조림 깡통을 활용한 블록 등
- 운송기관류 : 크기가 다양한 자동차류(트럭, 레미콘차, 병원차, 소방차, 경찰차, 버스, 택시, 봉고차 등), 배(잠수함, 유람선, 소방선, 호버크라프트, 여객선, 화물선 등), 비행기(전투기, 여객기, 우주선 등), 기차 등

- 인형류 : 인형(모형 동물, 사람, 로봇, 공룡, 폐품을 이용하여 만든 인형, 나무 등). 동물 인형 등
- 사회극 놀이에 필요한 소품들 : 동물가면, 교통표지판, 신호등, 간판표시물 등
- 그밖의 소품류 : 운전대, 가면, 경찰이나 오토바이용 모자, 소방관 모자, 상자, 건물이나 집, 선반, 상자, 빈 깡통, 연관된 책, 화보, 활동제시 카드, 밀거나 끌고 다닐 수 있는 바퀴 달린 놀잇감류 등

조작놀이 영역

이 영역에서 유아는 주로 개별적인 탐색활동을 많이 하게 되므로 소근육, 수 개념, 모양과 크기 개념, 언어 발달을 도와줄 수 있는 교구를 마련한다. 유아의 흥미와 자발적인 활동을 유발시키는 조작놀이를 통하여 유아들은 집중력과 지구력을 증진시키게 된다. 또한, 문제 상황을 끊임없이 탐색하고 극복하는 과정을 통하여 자신감과 자율성이 발달한다. 눈과 손의 협응력을 발달시키고 창의적인 구성 능력을 배양하거나 형태를 구성하는 것을 즐길 수 있으며, 시각, 촉각 등 감각기관을 발달시킬 수 있다. 조작놀이 영역에서 기본적으로 갖춰야 할 교재 · 교구는 다음과 같다.

- 조작적 활동을 위한 자료 : 그림 맞추기, 숫자 퍼즐, 색 퍼즐, 도형 퍼즐 등
- 구성하기를 위한 자료 : 각종 블록
- 일상생활 활동을 위한 자료 : 지퍼 올리기, 단추 끼우기, 끈 꿰기, 벨트 매기, 끈 매기, 머리 빗기, 양치질하기, 열쇠 · 자물쇠 맞추기, 볼트 · 너트 맞추기, 옮겨 담기(물, 콩, 쌀 등), 구슬 꿰기, 반짇고리 등
- 게임을 위한 자료 : 다이아몬드 게임, 바둑판과 바둑알(오목두기), 무지개 막대 게임 등

역할놀이 영역

실생활에서의 역할을 연장하고 그밖의 역할도 해봄으로써 내면적인 욕구를 표현하여 자아를 성취하며, 책임감을 발달시킬 수 있다. 생활의 재현뿐 아니라 자기중심적인 사고나 행동에서 벗어나 타인과의 관계를 통하여 사회화 기술이 증진된다. 또한 유아들의 상상력, 경험 및 희망, 요구, 주제에 따라 자유롭게 놀이를 구성하고 표현하면서 부정적인 감정을 발산시켜 정서적 안정을 찾음은 물론, 여러 가지 경험이나 생각, 느낌을 새롭

게 창조하는 능력과 지적 발달을 촉진시킨다. 역할놀이 영역에서 기본적으로 갖춰야 할 교재 · 교구는 다음과 같다.

- 주방용품 : 유아의 신체 크기에 적절한 싱크대, 테이블과 의자, 모형 냉장고, 가스레인지, 믹서, 토스터, 저울, 도마, 플라스틱 칼, 밀대, 찍기, 뒤집기, 국자, 수저, 포크, 각종그릇, 주전자, 쟁반, 프라이팬, 체, 행주, 냄비, 요리책(유아들이 좋아하는 요리 차림표) 등
- 일상용품 : 옷장, 화장대, 작은 침대, 전화기, 전화번호부(유아의 이름, 주소, 전화번호를 적어서 만든 것, 겉장을 코팅한 것), 라디오, 소파, 탁자, 모형 TV 틀, 꽃, 놀이용 전화에 부착할 긴급 연락 전화번호 스티커, 필통이 달린 작은 메모지판, 종이와 봉투, 잡지와 신문들, 마트의 식품 광고, 놀이용 돈, 연락계, 다리미와 다리미판, 다듬이, 드라이어, 머리 빗, 가발, 큰 거울, 비와 쓰레받기, 휴지통, 가방류, 먼지떨이, 종이봉투나 쇼핑백, 옷걸이 등
- 의류 : 치마, 앞치마와 머리수건, 남자 양복과 넥타이, 드레스와 면사포, 비옷, 남녀용 한복, 여러 나라의 전통의상 등
- 그밖의 소품 : 우산, 모자류, 가방류, 신발류, 액세서리, 유모차, 아기옷, 인형류, 인형옷, 스카프, 화장품, 화장품 넣는 통, 모형 과일, 채소, 놀이용 돈, 밀가루 점토, 각종 말린 씨앗류, 수수깡이나 스티로폼 자른 것, 인형이나 봉제, 동물에게 읽어 줄 책, 빈 음식 상자, 빨래통, 놀이용 휴대전화 등
- 운송기관 놀이 : 조종사 − 지도, 이름표 달린 여행 가방, 조종사 모자, 빨간 머플러, 컴퍼스, 비행기 표, 여행용 소책자, 기록용 작은 공책 등/선장이나 어부 − 그물, 사다리, 긴 장화, 밧줄, 닻, 노, 나침반, 카메라 등
- 식료품상 놀이 : 파는 사람 − 모형 과일, 채소, 생선, 놀이용 돈, 종이나 비닐봉지, 전화, 저울, 시계, 빈 음식 상자, 상점 이름 표지판(우유 판매점, 과일 가게, 생선 가게 등), 음식에 대한 포스터, 음식 차림표, 가게 이름이 적힌 갈색 식료품 봉투, 상점 영업시간 표지판, 음식 가격을 찍을 숫자 스탬프와 스탬프 인주, 계산대, 식료품상 광고 등/사는 사람 − 시장바구니, 지갑, 메모지, 연필 등/물건 나르는 사람 − 운반차(헌 상자를 이용한 자동차), 자전거 등/각종 물건 − 가방류, 모자류, 의류, 과자류, 놀이감류 등
- 병원 놀이 : 의사 − 가운, 청진기, 반사경, 고무망치, 종이, 연필, 외과의 마스크 등/간호사 − 간호사 모자와 가운, 주사 바늘을 뺀 주사기, 솜, 붕대, 혈압계, 가위, 1회용 밴드, 소독약, 온도계 등/약사 − 약병, 약(알약/물약/가루약 대용품; 과자, 초콜릿, 볶은 콩, 딸기 주스, 오렌지 주스, 주스가루, 미숫가루 등), 약봉지, 약을 포장할 종이 등/기타 − 벽에 붙여 놓은

시력 검사표(크기가 다른 글자를 한 줄로 씀), 전화번호부, 메모지로 사용할 종이 묶음과 연필, 진료 중, 휴지, 금연 표지판(담배를 피우지 마세요), '열려 있음 · 닫음' 등 표시, 대기실에 놓아 둘 잡지와 책, 건강 관련 유아용 팸플릿(이닦기, 손씻기, 몸에 좋은 음식 먹기, 안전벨트 매기 등), 건강검진을 위한 파일 폴더와 검진표 복사한 것, 예약 카드 용지 등

- 우체국 놀이 : 집배원 – 멜 수 있는 큰 가방, 편지, 소포 꾸러미, 자전거, 집배원 옷, 모자 등/우체국 직원 – 우체통, 놀이용 우표, 저울, 스탬프와 도장, 전화 등/편지 보내는 사람과 받는 사람 – 엽서, 다양한 크기의 봉투, 연필이나 사인펜, 종이, 풀, 스티커 등
- 미용실 놀이 : 미용사 – 가운, 손님용 미용 캡, 모형 가위, 헤어 드라이어, 가발, 고무줄, 머리핀, 머리빗, 머리수건, 날 없는 면도기, 빈 샴푸병, 빈 화장품병, 놀이용 돈, 지갑, 손님이 앉아서 볼 책, 전화기 등
- 주유소 놀이 : 작업복, 기름통, 모자, 가스통, 호스, 튜브, 세차용 걸레, 스프레이, 헌 장난감 자동차류(놀이터 공간이 클 경우) 등
- 방송국 놀이 : 아나운서 – 마이크, 종이, 연필 등/카메라 맨 – 카메라, 플래시, 삼각대, 스크린(배경판) 등/조명 기사 – 조명 기구(손전등, 환등기, 색 셀로판지) 등/출연자 – 분장 소품(가발, 모자류, 화장품, 의류, 구두류, 액세서리, 거울, 가방 등), 인형극을 위한 인형류와 소품 등/기자 – 취재용 수첩, 연필, 마이크, 카메라 등
- 은행 놀이 : 은행원 – 놀이용 동(동전, 지폐), 인주와 도장, 헌 계산기, 돈을 담는 접시, 금고 등/손님 – 놀이용 돈, 지갑, 연필, 예금 청구서, 헌 저금통장, 헌 도장 등

언어 영역

이 영역에서는 유아들이 '듣기', '말하기', '읽기', '쓰기'에 관심을 가지고 활동함으로써 언어 능력을 크게 증진시킬 수 있다. 또, 주변의 글자에 관심을 나타내 보이면서 언어를 습득하려 할 뿐만 아니라, 의사소통을 바르게 하는 태도와 습관을 형성해 갈 수 있다. 언어 영역은 '듣기', '말하기', '읽기', '쓰기'가 자연스럽게 이루어지도록 하기 위하여 유아들의 언어활동 결과가 시청각적으로 흥미롭게 게시되는 것도 중요하다. 따라서 '듣기', '말하기', '읽기', '쓰기'에 관한 유아들의 활동결과를 유아 스스로 정리하고 표현할 수 있는 전자제품, 게시판, 각종 종이류, 필기도구류 등이 배치되어야 하고, 그 사용방법에 관한 안내도 함께 제시되는 것이 바람직하다. 언어 영역에서 기본적으로 갖춰야 할 교재 · 교구는 다음과 같다.

- 듣기자료 : CD 플레이어와 CD, 헤드폰, 카세트 레코더와 테이프, 무전기, 필름 스트립, 슬라이드 프로젝터와 슬라이드, 전화기, 8mm 프로젝터와 루프 필름, 소리 상자 등
- 말하기자료 : 이야기 꾸미기 자료와 융판, 이야기 꾸미기 그림 조각, 여러 가지 손인형, 막대인형, 그림판과 자석인형, 인형극 틀, 그림으로 읽는 동화, 녹음기, 공테이프, 마이크, 동화책 등
- 읽기자료 : 만져서 알 수 있는 커다란 글자(나무, 모래 종이, 모루, 플라스틱, 하드보드지로 된 글자), 동물 그림(농장 동물, 야생 동물, 새), 채소 그림, 과일 그림, 꽃 그림, 여러 가지 다른 물건과 장소의 그림, 친구 이름 카드, 주사위를 이용한 게임용 글자, 낚시 게임, 단계별 그림책, 다양한 책과 책꽂이, 주제에 따른 화보 모음 책, 잡지류, 사전, 거울 등
- 그림백과 사전류 : 동물, 식물, 운송기관, 신체, 환경, 수, 색, 도형, 우주, 우리를 돕는 기관, 세계 여러 나라, 기상 변화, 기계 등
- 자연과학 실험집류 : 공기, 자석, 빛, 소리, 물, 에너지, 흙, 식물 가꾸기, 동물 기르기, 곤충 기르기 등
- 동화류 : 전래동화, 창작동화, 세계 여러 나라의 명작동화, 위인 이야기, 유아들이 직접 꾸민 동화나 동시 등
- 잡지류 : 유아용 월간 잡지 등
- 쓰기자료 : 다양한 굵기의 연필, 지우개, 다양한 굵기의 매직 펜, 크레파스, 타자기, 컴퓨터와 프린터, 모양 종이, 작은 책 만들기, 궁금한 낱말 쓰기, 글자 바느질, 장판 글씨, 편지 쓰기, 자·모음 카드, 한글·알파벳 고무 글자판과 스탬프, 잉크, 다양한 색과 크기의 종이, 독서 카드 용지, 하드보드지, 모래와 쟁반, 필순 카드, 쓰기자료와 샘플을 전시한 게시판, 유아의 개인용 소형 칠판과 다양한 색분필, 융판, 연필깎이, 소형 화이트보드와 마커펜 등

조형 영역

이 영역에서는 유아들이 다양한 자료와 매체를 가지고 활동함으로써 감각 활동의 즐거움을 경험할 수 있다. 다양한 자료들(다양한 크기, 형태, 질감 등)을 사용함으로써 사물의 색, 선, 형태, 질감을 탐색하고 구별할 수 있도록 돕고, 시각적 표현을 통하여 의사를 표현해 보는 경험을 할 수 있을 뿐만 아니라 색칠하기, 손가락 그림(핑거페인팅), 점토나 구성활동 등을 통하여 느낌과 기분을 표현할 수 있는 기회와 정서적 긴장감을 해소할 수 있는 기회를 제공한다. 자르기, 풀칠하기, 색칠하기를 통하여 근육과 눈과 손의 협응

력 등의 신체 발달을 고무시킨다. 그리고 자기 자신의 성취를 통하여 자기를 수용하고 존중할 수 있는 기회를 제공하며, 이는 타인을 인정할 줄 아는 탈 중심화의 기초가 된다. 또한 다양한 자료와 매체 사용 경험에서 오는 시행착오를 통하여 문제 해결력을 신장할 수 있다. 조형 영역에서 기본적으로 갖춰야 할 교재·교구는 다음과 같다.

- 기본 교구 : 이젤, 앞치마(유아용 비닐 가운, 낡은 셔츠 등), 작업 안내문, 교사용 비품(칼, 송곳, 본드 등), 전시대 또는 전시 테이블, 작품 게시판 등
- 종이류(모양, 색, 질감, 크기, 두께 등) : 도화지, 갱지, 모조지, 소포지, 한지, 흑지, 셀로판지, 신문지, 습자지, 골판지, 마닐라지, 색종이, 포장지, 아세테이트지, 화장지, 종이 수건, 헌 잡지 등
- 그리고 쓰는 도구 : 화판, 크레파스, 사인펜, 연필(4B), 색연필, 볼펜, 색분필, 매직펜, 파스텔, 목탄, 포스터 컬러, 마블링 물감, 지우개, 가는 철망, 스크린, 칫솔, 래커, 스프레이, 스포이트, 팔레트, 붓, 그림 물감, 물통, 면봉, 스탬프, 스탬프잉크, 아크릴 페인트, 크레파스 등
- 자르고 붙이는 도구 : 가위, 풀, 접착제(종이, 스티로폼, 플라스틱, 나무용), 스테이플러, 펀치, 끈, 고무줄, 클립, Y핀, 핀, 압정, 바늘과 실, 셀로판테이프, 양면테이프 등
- 점토류 : 찰흙, 밀가루 점토, 유점토, 지점토 등
- 플라스틱류 : 플라스틱 톱니칼, 음료수 용기, 음료수 용기 뚜껑, 요구르트병, 필름통, 작은 플라스틱 숟가락, 빨대, 플라스틱 빈 병, 볼펜대, 플라스틱 달걀판, 분유통 뚜껑 등
- 캔류 : 뚜껑, 통조림통, 알루미늄 호일, 은박 접시, 클립, 음료수 캔, 고리 등
- 종이류 : 휴지말이 속대, 포장지, 여러 가지 상자, 쇼핑백, 종이봉투, 종이컵, 종이접이, 잡지, 카탈로그, 우표, 묵은 달력, 우유팩 등

수 놀이 영역

이 영역에서는 기초적 수 개념, 즉 분류, 배열, 공간, 시간 및 보존 개념의 발달을 격려하며, 다양한 발견학습에 참여함으로써 수 활동을 즐길 수 있는 경험을 제공할 수 있다. 또 관찰력을 고무하고, 생각하는 습관을 기르며, 또래들과 함께 탐색하고 발견하는 수 놀이를 통하여 사회성 발달을 촉진한다. 수의 발견을 통한 성공적 활동을 매개로 성취감을 경험하며, 수학과 연결된 용어의 인식을 통하여 언어 발달을 촉진할 수 있다.

수 놀이 영역에서 기본적으로 갖춰야 할 교재 · 교구는 다음과 같다.

- 기본자료 : 셈하기 틀, 주사위, 기하학적 도형틀, 분수판, 도미노(큰 것과 작은 것), 플란넬 세트와 플란넬 판, 자석 문자와 수, 자석판, 놀이용 숫자 카드, 기록판, 퍼즐, 수 세기 못과 판, 다양한 크기와 형태의 블록, 수 블록, 더하기 막대, 놀이용 돈, 색깔 구슬, 수 게임, 돌아갈 수 있는 바퀴, 컴퍼스, 측정 막대와 용기, 숫자선, 주판, 다양한 종류의 수집물(단추, 동전, 막대, 돌, 마카로니, 콩, 실, 병과 병뚜껑 등), 참고도서류, 선전용 카탈로그, 달력, 온도계, 시계, 신문광고, 자동저울, 앉은뱅이저울, 계량스푼, 계량컵, 천칭, 계산기, 크기 개념 발달을 위한 층계, 지름과 높이가 점차적으로 다른 원기둥, 형태 구성을 위한 헝겊 · 벽지 · 포장지, 수와 기하학적 개념 발달을 위한 자료, 계산기, 금전 등록기, 그래프 활동판, 패턴활동 자료 등
- 분류 활동 자료 : 분류할 물건(여러 가지 단추, 조개, 열쇠, 동전, 낙엽, 열매, 나사, 못, 병뚜껑 등의 구체 물), 분류할 그림(잡지나 카탈로그 등의 그림자료), 분류 활동에 필요한 물건(종이컵, 요구르트병, 칸이 나누어진 용기, 끈, 비닐봉투 등)
- 공간과 기하활동 자료 : 입체자료(공, 캔, 블록, 화장지 상자, 화장품, 용기, 다양한 상자, 도형블록 등), 평면자료(속성블록, 칠교놀이, 패턴블록, 도형판 등), 창의적인 구성을 위한 모양 색종이, 수수깡 등

과학 영역

과학 영역에서는 다양한 발견 학습에 참여함으로써 과학활동을 즐길 수 있는 경험을 제공할 수 있으며, 과학과 연결된 용어의 인식을 통하여 언어 발달을 촉진할 수 있다. 또한, 과학적 문제 해결을 위한 접근 방법을 경험해 봄으로써 분석적 및 논리적 사고력을 키우고, 관찰력을 고무하며 사고하는 습관을 기를 수 있다. 또래들과 함께 탐색하고 발견하는 과학활동을 통하여 사회성 발달을 고무하고, 과학의 발견을 통한 성공적 활동을 매개로 성취감을 경험할 수 있다. 과학 영역에서 기본적으로 갖춰야 할 교재 · 교구는 다음과 같다.

- 측정을 위한 도구 : 체중계, 저울(양팔저울, 접시저울, 용수철저울, 천칭, 대저울, 취사용 저울 등), 신장기, 자(줄자, 막대 자, 삼각자, 미터자 등), 온도계(기둥 형, 시계 형 등), 계량컵, 계량스푼, 시계(초시계, 해시계, 물 · 모래시계), 달력, 날씨판, 고체와 액체를 측정

할 수 있는 용기 등

- 실험을 위한 도구 : 거울, 확대경, 자석, 손전등, 현미경, 망원경, 쌍안경, 색안경, 깔때기, 크기가 다르고 투명한 플라스틱 병이나 컵, 풍선, 여러 가지 공구와 공구함, 지구의, 각종 헌 기계류 등
- 각종 표본류 : 식물, 곤충, 돌(광석), 조개, 흙, 알, 섬유, 곡류, 씨앗류, 낙엽, 꽃잎 등
- 사육 · 재배를 위한 기구 : 화분, 투명 수조, 꽃삽, 물뿌리개, 산소 공급기, 망사, 분무기, 화분 받침대 등
- 동식물류 : 토끼, 강아지, 고양이, 햄스터, 기니피그(Guinea pig), 병아리, 새끼 오리, 개구리, 올챙이, 달팽이, 개미, 도롱뇽, 자라, 거북이, 작은 물고기류, 새(십자매, 잉꼬, 비둘기와 먹이 류 등), 나팔꽃, 고구마, 감자, 콩, 잔디, 보리, 봉숭아, 금잔화, 개구리 밥, 부레옥잠, 채송화, 봉숭아, 나팔꽃, 히아신스, 콩, 물잔디 등
- 기타 : 그림책과 사전류, 잡지, 프리즘, 소리굽쇠, 나무, 철사, 유리, 흙, 병, 초, 건전지, 스위치, 도르래, 지렛대, 나사, 바퀴와 자축, 모형 비행기, 추와 추 담는 상자, 추 구슬, 다양한 무게의 블록, 거울, 시계, 렌즈(블록 렌즈, 오목 렌즈), 프리즘, 만화경, 빨대, 식품 색소, 스톱워치, 청진기, 스펀지, 열쇠, 연, 자물쇠, 철사, 자석, 고장난 기계 부품류, 톱니바퀴, 실, 색깔 있는 돌, 현미경, 냄새 맡거나 맛보거나 만져볼 수 있는 사물들, 열을 낼 수 있는 연료 및 도구, 물 등
- 가정에서 얻을 수 있는 화합물 : 식초, 소다(탄산나트륨), 소금, 설탕, 알코올, 황산마그네슘, 요오드, 암모니아, 과산화수소 등
- 섬유 : 나일론, 실크, 인조 견사, 마 등

음률 영역

이 영역에서는 정서적 감정을 풍부히 하며, 감각기능을 발달시킬 수 있고, 언어 발달과 창의성 및 사회성을 발달시킬 수 있는 기회를 제공할 수 있다. 음률 영역은 유아가 음악에 맞춰 율동을 하거나 신체를 자유롭게 마음대로 움직일 수 있도록 넓은 공간이 필요하며, 바닥은 마루나 카펫을 까는 것이 좋다. 또한 벽에는 유아가 자유롭게 움직일 때 자신의 모습을 볼 수 있도록 큰 거울을 붙여 놓을 수도 있다. 음률 영역에서 기본적으로 갖춰야 할 교재 · 교구는 다음과 같다.

- 생활 악기 : 빈 병, 냄비 뚜껑, 유리컵, 물의 높이가 다른 여러 개의 컵, 수도 파이프, 주걱(2

개), 순가락(2개), 젓가락, 깡통, 나무토막, 사포, 콩, 부채, 고무줄, 빨래판, 체, 화분, 풍선, 솥뚜껑, 금속, 목탁, 물 등

- 리듬(타)악기 : 탬버린, 캐스터네츠, 트라이앵글, 심벌즈, 큰북, 작은북, 리듬막대, 방울, 나무토막 치기, 마라카스(maracas), 목금, 철금, 팀파니, 장구, 소고, 꽹과리, 징, 우드블록(wood block), 틱택(tick-tac), 기로(guiro) 등
- 가락악기 : 오르간, 피아노, 하프, 아코디언, 멜로디언, 하모니카, 피리, 실로폰, 핸드벨(handbell) 등
- 음향기기 : 카세트, 녹음된 테이프, 빈 테이프, 헤드폰, 마이크, 앰프(amplifier) 등
- 기타 : 우리나라 고전 악기를 찍은 사진이나 그림, 연관된 책, 노랫말 모음, 색깔로 표시된 악보, 노랫말과 관계되는 막대 또는 융판 자료, 다양한 크기의 공, 풍선, 리본 테이프, 스카프, 줄(신체 리듬—손뼉치기, 입으로 소리내기, 발 구르기, 무릎치기, 손가락 튕기기, 엉덩이 치기, 발 끌기, 줄 맞추기) 등

물놀이 영역

이 영역은 촉각적 자극을 통한 감각 경험을 제공하여 유아의 신체 발달과 사회 · 정서 발달, 언어 · 인지 발달을 고무할 수 있다. 물놀이는 실내 · 외에서 이루어질 수 있는데, 실내에서 이루어질 경우 배수 시설이 잘 되어 있어서 쉽게 물을 갈아 줄 수 있게 하며, 물놀이대에 바퀴를 달아 이동을 쉽게 한다. 물놀이 영역은 수도 가까이에 위치하고, 통행이 복잡한 곳을 피하며, 가까이에 항상 작업복, 마른 수건, 놀이기구를 준비한다. 물놀이 영역에서 기본적으로 갖춰야 할 교재 · 교구는 다음과 같다.

- 기본 교구 및 자료 : 실내 물놀이 책상 또는 큰 양철이나 플라스틱 튜브, 놀이를 위한 바깥 수도 시설, 플라스틱 조각, 낡은 샤워 커튼, 튜브 밑에 놓을 깔개, 유아용 플라스틱 앞치마, 호스/튜브로 채울 물주전자, 스펀지, 물통, 닦을 때 사용할 자루걸레, 자료들을 보관할 공간, 플라스틱 용기와 뚜껑(다양한 크기와 형태), 플라스틱 접시(컵, 그릇, 찻잔, 비커 등), 계량스푼, 그릇, 달걀 거품기, 그밖의 혼합기(크림 휘젓는 기구, 수저 등), 빗, 빨대, 비누, 액체비누, 식용 색소, 템페라 물감, 작은 스펀지, 나무조각, 스티로폼, 차트 종이, 매직펜, 콩(다양한 색깔), 대팻밥, 톱밥, 옥수수 알갱이, 뜨는 물체와 가라앉는 물체를 담을 상자 및 사물들(스펀지, 못, 지우개, 연필, 낙엽, 클립, 조약돌, 코르크, 동전, 크레용, 작은 나뭇가지, 도토리, 땅콩, 고무줄, 구슬, 막대, 실패, 가위) 등

모래놀이 영역

이 영역은 촉각적 자극을 통한 감각 경험을 제공하여 여러 가지 수학적 개념과 과학적 지식을 습득하게 한다. 유아의 신체 발달을 고무하고 사회 · 정서 발달과 언어 · 인지 발달도 촉진시킬 수 있을 뿐만 아니라, 유아의 흥미와 호기심을 자극하여 다양한 탐색을 통한 창의력과 문제 해결력이 발달한다. 모래놀이 영역에서 기본적으로 갖춰야 할 교재 · 교구는 다음과 같다.

- 기본 교구 및 재료 : 마른 모래놀이장, 젖은 모래 놀이장, 모래, 모래 놀대(높이 조절용), 모래 놀이 용품(다양한 크기와 형태의 깡통이나 용기), 모양틀, 측정도구(계량컵과 계량스푼, 저울, 양팔 저울 등), 갈퀴, 자석, 다양한 크기의 깔때기나 체, 플라스틱 용기, 깡통, 인형, 장난감 교통기구류(배, 트럭, 자동차, 불도저, 비행기, 탱크 등), 양동이, 물 뿌리개, 일륜차, 모종삽, 플라스틱 삽, 통, 막대, 국자, 덤프트럭, 고무호스, 확대경, 그물, 다양한 PVC 파이프, 종이컵, 병뚜껑, 작은 돌멩이나 조개껍데기, 필름통 등

컴퓨터 영역

이 영역은 유아의 인지발달, 언어, 수학적 능력 및 사회 · 정서적 측면에 긍정적 효과를 줄 수 있다. 또한, 컴퓨터가 바람직한 방법으로 사용된다면, 유아 간의 협동 활동이 자연스럽게 발생되어 문제 해결력과 원만한 의사소통 능력을 기를 수 있다. 컴퓨터 영역에서 기본적으로 갖춰야 할 교재 · 교구는 키보드, 마우스, 조이스틱, 프린터, 프린터용지, 디스켓, 모니터, 스캐너, 공 CD, 소프트웨어, 모래시계 등이 있다.

요리 영역

이 영역에서는 유아들이 음식을 직접 자르고, 섞고, 두드리고, 휘저어 보는 활동을 통하여 감각기관을 활발하게 사용할 수 있고, 이러한 활동을 통해 물리적 지식을 발달시킬 수 있다. 요리 영역은 독립된 영역으로 분리하여 고정적으로 배치하거나 필요할 때마다 융통성 있게 배치하도록 한다. 또한, 역할놀이 영역, 과학 영역 등과 연결하여 배치하며, 물을 쉽게 쓸 수 있도록 한다. 요리 영역에서 기본적으로 갖춰야 할 교재 · 교구는 다음과 같다.

- 각종 조리도구 : 조리대(책상으로 대용), 플라스틱 칼(케이크용), 도마, 주방용 저울, 계량스푼, 계량컵, 레인지(가스용, 전기용), 믹서(전기용), 프라이팬, 냄비, 주걱, 국자, 접시, 쟁반, 수저, 포크, 컵, 앞치마, 장갑, 냅킨, 냄비 장갑, 요리 음식에 따라 필요한 용기(가열용 투명 그릇 등) 등
- 뒷정리용 도구 : 행주, 휴지, 걸레, 비, 쓰레받기, 휴지통 등
- 연관된 책 : 요리책, 스크랩북(유아가 쉽게 할 수 있는 요리 모음책) 등
- 요리 차트 : 주스 만들기(과일 주스, 채소 주스, 화채 등), 삶기(달걀, 메추리알, 감자, 고구마, 옥수수, 밤 등), 샐러드 만들기(채소, 감자, 과일, 소시지, 달걀, 옥수수, 당근, 치즈 등), 전 부치기(고구마전, 호박전, 감자전, 밀전병, 빈대떡 등), 떡 만들기(경단, 송편, 무지개떡, 다식 등), 푸딩(묵)만들기(달걀우유묵, 딸기우유묵, 과일우유묵, 코코아우유묵 등)
- 기타 : 코코아가루, 잼, 떡볶이, 떡산적, 영양 찐빵, 팝콘, 만두, 김치 담그기, 프렌치토스트, 과일, 각종 국끓이기, 라면 끓이기, 달걀 프라이, 과일 화채, 김밥 만들기, 핫케이크 등

목공놀이 영역

이 영역에서는 다양한 물체에서 나는 여러 종류의 소리들과 물체의 물리적 특성의 차이점을 구별할 수 있는 능력을 기를 수 있으며, 한 물체의 부분과 전체와의 관계, 공간 관계, 그리고 원인과 결과의 관계를 이해할 수 있도록 도울 수 있다. 또 정서 발달을 촉진시킬 수 있고, 창의성과 문제 해결력을 키우며, 성공과 실패에 자신을 적용시킬 수 있는 능력을 키울 수 있다. 또한 신체 발달을 촉진하고 긍정적인 자아 개념과 사회성 발달도 촉진시킬 수 있다. 목공놀이 영역에서 기본적으로 갖춰야 할 교재·교구는 다음과 같다.

- 목공작업대 : 유아의 키에 알맞은 높이의 목공작업대를 제공하며, 교실에 둘 경우에는 두꺼운 비닐 장판을 바닥과 테이블 위에 깔아서 소음을 줄이도록 한다.
- 연장 : 망치, 드라이버, 대패, 펜치, 드릴, 철사 절단기, 송곳, 톱, 클램프(clamp－톱질이나 망치질을 할 때, 나무토막을 고정시키기 위하여 사용하는 도구) 등
- 제도 용품 : 미터자, 접자, 곡자, 각도기, 보통 연필과 편평한 목공용 연필 등
- 목공놀이 보조 자료 : 가위, 끈, 못(다양한 크기), 압정, 테이프, 가죽, 철사, 종이 집게, 아교(풀), 작은 바퀴, 스티로폼 판, 골판지, 단추, 필름통, 쓰고 난 주사기, 호스, 물뿌리개, 스펀지, 병뚜껑, 캔 따개, 타일, 리놀륨, 모래종이, 물감, 페인트, 바니시, 붓, 너트, 볼트,

후크, 비, 쓰레받기, 천 조각, 작업 장갑, 작업복, 자석, 고무 조각, 순한 목욕비누(톱날에 비누를 칠하면 매끄럽게 작업할 수 있다) 등

- 나무 : 다양한 크기와 모양의 나무를 공급한다. 흰빛이 도는 소나무는 재질이 부드럽고 만지기가 수월하므로 유아들이 목공놀이하기에 가장 적절한 나무이다. 이밖에 전나무, 가문비나무, 베니어판을 제공할 수도 있다.
- 작은 나무조각 : 이쑤시개, 아이스크림 막대 등
- 기타 : 활동카드(글자 · 그림), 크레파스 등

식사(간식) 및 낮잠(휴식) 영역

이 영역에서 유아는 올바른 식습관을 형성할 수 있고, 발달 상태에 따른 적절한 휴식을 취함으로써 생활의 리듬을 찾고 규칙적이며 건강한 생활을 할 수 있다. 낮잠이나 휴식을 위한 공간은 놀이 공간과 분리하는 것이 이상적이나, 장소가 협소하거나 교사가 자지 않고 있는 유아들을 돌보아야 할 경우에는 활동실 내에 마련할 수도 있다. 이 영역에서 기본적으로 갖춰야 할 교재 · 교구는 간식 쟁반, 개인용 식사도구, 침구정리장, 개인용 침구, 부드러운 봉제인형, 조용한 음악이 녹음된 테이프와 카세트 등이 있다.

► **교사용 · 부모용 교재** 성인인 교사나 학부모들을 위한 교재로는 유아교육 전문도서류, 동화책류, 동요집류, 교구제작용 자료집류, 놀이활동 자료집류, 유치원 교육과정, 교사용 각종 지침서, 유아용 잡지류, 교사 · 부모용 잡지류, 신문류, 의학 · 육아 · 교육 등의 백과사전류, 다른 유아교육기관의 각종 교육 · 행사자료, 비품 · 교구의 구입 및 수선에 관한 정보, 지역사회 기관에 관한 정보, 교재용 각종 그림모음집(동물류, 식물류, 교통기관류, 직업류, 학교류, 음식류, 민속 · 행사류, 풍경류, 각국 문화류 등) 등이 있다.

2) 보육시설의 비품 및 교재 · 교구

(1) 보육시설의 비품 및 교재·교구의 종류

보육시설에서 갖춰야 할 기본적인 비품은 성인용과 영 · 유아용으로 구분할 수 있다(보건복지부, 2000).

표 6-2 보육시설의 성인용 비품

구분		비품	비고
사무 및 교사용	원장실(사무실)	서류 정리용 캐비닛, 옷장, 업무용 책상과 의자, 접대용 탁자, 의자, 이동서랍 등	각 시설의 유형과 특성 및 사항에 따라 비품 구비 현황은 다를 수 있음
	교사실	회의용 탁자, 의자, 서류 정리용 캐비닛, 오픈형 캐비닛(5단, 2단), 교사용 도서 정리장 등	
	교재실	교재 · 교구 정리장, 아동용 도서 정리장, 소모품 정리장, 서류 정리용 캐비닛, 시청각자료 정리장, 악기 정리장 등	
전자제품	사무실, 교사실	전화기, 카메라, 비디오카메라, 컴퓨터, 팩시밀리, 복사기, 코팅기, 청소기, 프린터 등	
양호용	양호실	살균소독기, 약품정리장, 책상, 의자, 휴식용 침대 등	
주방용		냉장고, 가스레인지, 식기소독기, 전기프라이팬, 아동용 식판, 성인용 식판, 전기밥솥, 믹서, 조리대, 싱크대, 정리대, 고무통, 조리용 칼, 주전자, 프라이팬, 냄비, 기타 필요한 소품	
각 반 교실		교구장, 텔레비전 받침대, 이불장, 영 · 유아 개인사물함, 영 · 유아용 책상과 의자, 매트리스, 옷걸이, 시계 등	
시청각 자료		사진기, 폴라로이드 사진기, 필름, 스트립, 프로젝터와 필름스트립, 헤드폰, 8mm 영사기, OHP와 스크린, 오디오와 음반, 스크린, 슬라이드, 녹음기와 테이프, 자료보관함, TV, 비디오와 테이프, 탁자, 의자 등	

표 6-3 보육시설의 영 · 유아용 비품

연 령	품 목	비 고
만 0~1세 (0~24개월)	영아용 책상, 기저귀 갈이대, 교구장, 배변 훈련용 의자, 개인 사물함, 이불장, 침대와 매트리스(낮잠용), 유모차, 보행기, 환경판, 안전거울(전신용), 책꽂이, 냉장고, 가습기, 보온병, 시계, 옷걸이, 카세트, 텔레비전, 작은 카펫, 낮은 이젤판, 푹신한 소파, 면 시트 등	책상 높이(25~28cm), 교구장 높이(50cm)
만 2세 (24~36개월)	낮은 책상, 환경판, 개인 사물함, 이불장, 교구장, 안전거울, 낮은 이젤, 책꽂이, 작품걸이대, 모형싱크대, 화장대, 아기침대, 유모차, 인형집(play house), 옷걸이, 텔레비전, 카세트, 시계, 개인용 매트리스 등	책상 높이(약 28cm), 교구장 높이(50~60cm)
만 3~5세 (36~72개월)	책상, 의자, 개인 사물함, 이불장, 옷걸이, 개인용 매트리스, 환경판, 안전거울, 책꽂이, 이동식 교재 · 교구 보관장, 화이트 보드, 비디오비전, 키보드, 작품걸이대, 이젤, 쿠션, 시계, 폐품 수납함 등	책상 높이(42~54cm), 교구장 높이(60~75cm)

▶ 영 · 유아를 위한 교재 · 교구

1세 미만 영아를 위한 교재 · 교구

걷지 못하는 영아는 감각으로 탐색을 하기 때문에 여러 자료로 자극을 주는 것이 필요하다. 일반적으로 1세 미만 영아를 위한 교재 · 교구는 놀잇감으로 제시된다. 1세 미만 영아를 위한 놀잇감으로 영아의 활동 경험에 따라 코라렉, 콜커, 다지(Koralek, Collker, & Dodge, 1993; 이영자 · 권영례, 2000)가 구분하여 제시한 것을 살펴보면 다음과 같다.

- 언어 발달 : 천이나 판지로 된 책, 그림카드 상자, 천으로 된 인형, 영아들의 가족사진, 친근한 물건이나 동물에 관한 그림들
- 감각 자극 : 모빌, 깨지지 않는 거울, 직조되어 만질 수 있는 벽걸이, 성인용 흔들의자, 놀람상자, 손에 잡을 수 있는 공, 딸랑이, 누르면 소리 나는 놀잇감, 빨거나 씹거나 무는 놀잇감, 종이 달린 팔찌, 아기 양말로 만든 손 인형, 팥 주머니, 껴안는 놀잇감, 음악상자, 오디오나 카세트, 천으로 만든 공, 물놀이 탁자나 욕조, 물놀이를 위한 대야와 플라스틱 용기, 단지, 병, 주전자 등

- 조작적 놀잇감 : 모양분류 상자, 톡 튀어나오는 놀잇감, 큰 구슬, 끼워 넣는 상자세트, 크고 부드러운 블록, 큰 종이블록, 크기가 점차 달라지는 용기, 큰 구멍의 나무 못판과 크고 색깔 있는 나무못, 뚜껑 있는 종이상자
- 극화놀이 : 지갑인 손가방, 나무나 플라스틱으로 만든 큰 숟가락, 모자, 장난감 전화기, 깨지지 않는 찻잔 세트, 인형들
- 창작적 놀이(미술활동) : 커다란 무독성 크레용과 종이, 굵은 수성펜, 점토, 연장으로 쓸 무딘 나무못, 다양한 색상과 질감의 헝겊조각들이 담긴 상자, 작업복, 바닥 깔개용 낡은 식탁보나 플라스틱 깔개
- 대근육놀이 : 작은 차와 트럭, 다양한 크기의 부드러운 공들, 페달 없이 팔이나 발로 움직여서 타는 놀잇감, 커다란 카드보드 상자들
- 실외 놀이 : 얕은 물놀이용 풀, 물놀이나 모래놀이를 위한 탁자나 플라스틱 욕조 또는 대야, 플라스틱 용기들, 컵, 단지, 주전자, 유모차, 수레와 타는 놀잇감, 공, 낮은 기어 오르기대

1~2세 영아를 위한 교재 · 교구

1~2세 영아들에게 적합한 교재 · 교구를 제시하면 다음과 같다(Decker & Decker, 1992; 이영자, 권영례, 2000).

- 들을 수 있는 것(음악, 언어 등) : 음악소리가 나는 완구들, 딸랑이, 오디오나 카세트 녹음기, 동요, 음악, 책 내용이 녹음된 테이프, 리듬악기(종, 북, 우드블록, 리듬막대, 탬버린, 실로폰 등), 풍경(wind chimes)
- 볼 수 있는 것 : 수족관, 헝겊, 비닐, 하드보드 등 다양한 재질로 만든 그림책(가족과 친구, 일상 생활의 경험, 과학과 자연, 오락과 공상 등의 내용), 융판, 깨지지 않고 손에 들거나 벽에 부착할 거울, 눈높이에 있는 모빌, 가족사진, 그림 및 벽걸이, 여러 보양으로 자른 스펀지, 테라리엄
- 만질 수 있는 것(촉감) : 부드러운 촉감의 그림책, 부드러운 공, 상자, 치아 발육용 완구, 질감이 있는 카드와 벽걸이 영아가 안아 줄 수 있는 봉제 완구
- 블록 : 크고 부드러운 블록, 큰 종이블록, 속 빈 블록, 소형차와 트럭, 동물 소품, 사람 소품(가족인형 세트와 여러 직종의 사람 인형)
- 조작적 놀잇감 : 모양 분류하기 상자, 크게 조각난 간단한 퍼즐, 블록(큰 것), 튀어나오는 놀잇감, 큰 구슬, 고리걸기, 점점 커지는 용기 세트, 밀고 당기는 놀잇감, 큰 나무 구슬

꿰기, 플라스틱 큰 구슬, 팥 주머니, 깨지지 않는 거울

- 극화놀이 : 가방, 담요, 옷 입히고 목욕시킬 수 있는 인형, 봉제 인형, 인형 침대, 인형 유모차, 여러 가지 옷, 모자, 가정놀이용품(놀이용 냉장고, 싱크대, 난로, 식탁과 의자, 놀이용 음식, 음식 담을 그릇, 냄비, 팬, 플라스틱 접시, 기타 소꿉놀이용 기구), 작은 모형, 거울, 베개, 손인형, 지갑, 핸드백, 얇은 스카프, 동물 모형, 장난감 전화기
- 창작적 놀이(미술 활동) : 비닐 깔개, 작업복, 이젤, 풀, 자르기용 잡지, 굵은 수성펜, 이젤용 물감, 손가락 그림용 물감, 점토와 점토놀이 기구, 여러 종류의 종이, 모래와 모래놀잇감, 무독성 색분필, 끝이 뭉툭하고 부드러운 가위, 물감용 스펀지
- 대근육 놀이 : 여러 종류의 공, 구슬 끼우기 용품, 상자와 카드보드, 플라스틱 볼링핀과 공, 비누거품 재료, 낮은 오르기대, 매트, 레일용 놀이기차, 밀고 당기는 놀잇감, 벤치 경사로, 바퀴 달린 놀이기구, 고리 던지기, 여러 가지 움직이는 완구들, 모래 놀이대와 모래놀이용품, 낮은 미끄럼틀, 2단이나 3단의 그네, 트럭, 터널, 짐수레

3 · 4 · 5세 유아를 위한 교재 · 교구

3 · 4 · 5세 유아를 위한 교재 · 교구는 활동 영역별로 제시될 수 있다(강문희 외, 2006).

- 언어 영역 : 다양한 내용의 동화책, 동시집, 사전류, 유아잡지, 광고전단, 신문, 동화가 담긴 녹음테이프, 녹음기, 헤드폰, 동화자료(그림동화, 막대동화, 융판 동화, TV동화 등), 손 인형, 타자기나 컴퓨터, 연필이나 크레용, 색연필 같은 필기도구, 스탬프나 잉크 등 프린트 도구, 컴퓨터 용지나 독서카드 같은 종이류, 가위, 펀치, 스테이플러 같은 보조기구
- 미술 영역 : 각종 그리는 도구류(크레파스, 색연필, 색볼펜, 사인펜, 매직펜), 물감 칠하기 재료들(이젤, 물감, 물감용기, 물감붓, 신문지), 분필, 풀, 종이류(도화지, 색도화지, 색종이, 셀로판지, 포장지 지, 등), 안전가위, 펀치 스테이플러, 이젤 유아용 비닐 가운 작업순서도, 찰흙, 폐품류, 폐품 수집장, 마루나 책상에 까는 비닐, 작품 건조대, 청소도구(비, 쓰레받기, 스펀지, 걸레통, 걸레)
- 소꿉 영역 : 놀이집, 식탁과 의자 세트, 소파, 흔들의자, 가스레인지, 냉장고, 모형 싱크대, 각종 그릇류, 앞치마와 행주, 청소도구, 화장대, 아기인형과 동물인형, 유모차, 인형 담요, 소품을 넣을 수 있는 장, 안전거울, 전신 거울, 전화, 다리미, 다리미대, 남녀의상, 모자류, 스카프류, 액세서리류, 지갑, 핸드백, 가방, 주제에 따른 소품상자(미장원 놀이, 병원 놀이,

시장놀이, 가게놀이, 음식점놀이)

- 쌓기 영역 : 나무로 된 단위 블록, 큰 종이벽돌, 여러 가지 색의 주사위 블록 또는 우레탄 블록, 레고블록, 공간블록, 와플블록, 인형류 소품, 동물류 소품, 교통기관류 소품, 교통표지판, 운전대, 주유기, 간단한 필기도구, 테이프, 여러 가지 액세서리(소방관 모자, 경찰 모자, 오토바이용 모자, 상자로 만든 건물이나 집)
- 수 · 과학 영역 : 다양한 모양의 기하학적 도형, 달력(숫자가 크게 쓰인 것), 온도계(숫자가 분명한 것), 색 입방체와 패턴카드, 셀 수 있는 물체(1~20), 숫자카드, 수와 숫자 짝짓기 카드 및 자료(빨래집게, 단추 등), 숫자퍼즐, 나무못판과 고무 밴드, 수평저울, 체중계, 수놀이 게임자료들, 기르는 동물과 동물 집, 동물에 관련된 도서류, 곤충과 곤충집, 식물, 동물먹이, 관찰기록용지, 금붕어와 어항, 여러 가지 표본들(조개, 돌, 곤충, 씨앗 등), 새와 새집, 확대경 프리즘, 자석, 고장 난 기계류, 너트와 볼트, 드라이버, 열쇠와 자물쇠, 날씨 판, 측정도구(저울, 온도계, 계량컵 등), 필기도구, 종이
- 음률 영역 : 음률 활동 녹음 테이프와 녹음기, 헤드폰, 피아노나 키보드, 북, 트라이앵글, 캐스터네츠, 실로폰, 마라카스, 소리 나는 깡통, 우드블록, 샌드블록, 리듬막대, 손목 방울, 스카프나 리본 테이프, 막대, 그림 노랫말, 융판, 악기나 음악가의 사진이나 그림화보, 무용이나 움직임에 관한 사진이나 그림화보, 전통악기류
- 실외 놀이 영역 : 오르기 망, 정글짐, 복합놀이시설, 안전 널빤지, 받침대, 사다리, 평균대, 터널, 높이뛰기대, 타이어 오름대, 통나무 징검다리, 흔들 말, 구름다리, 자전거, 줄넘기, 여러 크기의 공, 물놀이대, 펌프가 있는 플라스틱 통, 다양한 크기의 컵과 그릇, 모래삽, 갈고리, 체, 소꿉그릇류, 찍기를 위한 모양찍기 틀

제7장

유아 영양과 건강 및 안전교육

제7장

유아 영양과 건강 및 안전교육

1. 유아 영양관리

유아기는 성장과 발육이 급속히 이루어지는 시기이므로 충분한 영양분의 공급이 절대적으로 필요한 시기이다. 이 시기의 충분한 영양 공급은 일생 동안의 성장 · 발달에 결정적인 영향을 미치게 된다. 만약 충분한 영양 공급이 이루어지지 않아 영양결핍 상태가 일어나면 신체적인 성장 · 발육 문제뿐만 아니라 정신적인 성장 · 발육에도 영향을 미치게 된다. 유아기 때의 충분한 영양공급이 중요한 또 다른 이유는 이 시기에 식습관이 형성되기 때문이다. '세 살 버릇 여든까지 간다'는 말이 있듯이 어렸을 때의 잘못된 식습관은 어른이 되어서도 고치기가 어렵다. 편식, 다식 등의 잘못된 식습관은 영양결핍 또는 영양과다, 소아비만, 소아성인병 등의 원인이 될 수 있다. 반면에 바람직한 식습관은 각종 질병으로부터 보호를 받게 되고 원만한 성격을 형성하는 데 도움을 준다. 여기서는 유아의 영양관리를 위한 급식 준비와 급식 지도에 대해서 살펴보고자 한다.

1) 급식 준비

유아교육기관에서는 유아들에게 적은 경비로 맛있는 음식을 제공할 수 있는 식단을 구성하여야 한다. 또한 유아들이 즐거운 분위기에서 편안하게 먹을 수 있도록 세심함 배려를 해야 한다. 이러한 관점에서 유아 급식 시 고려해야 할 사항들을 제시하면 다음과 같다(임재택, 2000).

(1) 식단 계획

식단을 계획할 때에는 다섯 가지 기초 식품군이 골고루 포함될 수 있도록 한다. 다섯 가지 식품군은 [표 7-1]과 같다.

표 7-1 기초식품군

식 품 군	주요 영양소	식 품
고기, 생선, 알류 및 콩류	단백질	쇠고기, 돼지고기, 닭고기, 토끼고기, 생선, 조개, 굴, 두부, 땅콩, 된장, 달걀, 햄 베이컨, 소시지, 치즈, 두유, 생선묵 등
우유 및 유제품, 뼈째 먹는 생선	칼슘	멸치, 뱅어포, 잔새우, 잔생선, 사골, 우유, 아이스크림, 요구르트 등
채소 및 과일류	무기질 및 비타민	시금치, 당근, 쑥갓, 상추, 풋고추, 부추, 깻잎, 토마토, 배추, 무, 양파, 오이, 양배추, 콩나물, 숙주, 사과, 귤, 감, 딸기, 포도, 배, 참외, 수박, 과일 주스, 과일 통조림, 미역, 다시마, 파래, 김, 톳 등
곡류(잡곡포함), 감자류	당질	쌀, 보리, 콩, 팥, 옥수수, 밀, 감자, 고구마, 토란, 밤, 밀가루, 미숫가루, 국수류, 떡류, 빵류, 과자류, 캔디, 초콜릿, 설탕, 꿀 등
유지류	지방	참기름, 콩기름, 옥수수기름, 채종유, 쇠기름, 돼지기름, 면실유, 들기름, 쇼트닝, 버터, 마가린, 깨, 실백, 호두 등

유아들은 먹는 양에 비해 활동량이 많기 때문에 소화력이 왕성하며, 일부 유아들은 아침밥을 제대로 먹지 않고 등원하는 경우가 있어 일정량의 간식이 주어져야 한다. 그러

나 간식을 너무 많이 하게 될 경우에는 점심을 소홀히 할 수 있기 때문에 계획된 식단을 준비하여 제공하는 것이 바람직하다. 유아교육기관에서 간식이나 점심 식단을 제공할 때 고려해야 할 사항은 다음과 같다.

- 점심과 간식의 식단은 1주 단위로 마련하지만 식단의 순환은 4~6주의 간격이 적당하다.
- 유아들이 가정에서 먹는 음식, 가정의 사회 · 경제적 배경, 문화 · 종교적 배경, 개인의 기호 등을 고려해야 한다.
- 경제적인 비용, 식품 구입의 용이성, 계절적인 특성, 요리의 방법과 소요시간 등을 고려하여야 한다.
- 음식의 질이나 색, 흥미를 끄는 모양, 맛, 동 · 식물에 대한 친근감을 고려해야 한다.

한편, 학부모들은 자녀들의 급식에 관하여 많은 관심을 나타낸다. 따라서 유아교육기관에서는 다음과 같은 요령으로 영양 · 급식에 관한 부모교육을 실시하여야 한다.

- 유아교육기관에서 제공하는 식사와 간식에 대한 정보를 정기적으로 알려 준다(식단표 발송하기).
- 유아교육기관에서는 유아들이 좋아하는 음식에 관한 정보를 부모들로부터 입수하여 이를 반영해야 한다.
- 유아 영양과 음식 준비 요령에 대한 교육을 실시한다.

(2) 식품의 구입 및 보관

유아에게 간식이나 점심으로 제공할 식품을 구입할 때에는 다음과 같은 사항을 고려해야 한다.

- 미리 계획된 식단표에 따라 일별, 주별 및 월별 계획에 의거하여 구입하고 이를 기록해 둔다.
- 식품의 구입 시에는 값싸고 영양가 있는 현지 생산물을 최대로 활용한다.
- 식품의 성질, 저장 공간 및 시간, 필요량 등을 고려해야 한다.
- 불량식품이나 변질된 식품을 구입하는 일이 없도록 해야 한다.

유아교육기관에는 식품을 위생적으로 보관 · 저장할 수 있는 시설 · 설비를 갖춰야 한다. 구입한 냉동식품은 구입 즉시 냉동고에 넣어야 하며, 녹은 냉동식품은 24시간 내에 사용하여야 한다. 조리한 식품을 냉장고에 보관할 때에는 5~6cm 이하 높이의 얄팍한 용기에 넣어 보관하여야 한다. 냉장고는 항상 4℃ 이하, 냉동고는 항상 −17℃ 이하를 유지하여야 한다(강문희, 2006). 또한 냉장고에 오래 두지 말고 그때그때 먹을 수 있도록 적당량의 음식을 준비하여야 한다.

(3) 급식 제공자의 자격과 임무

대부분의 유아교육기관에서는 단체 급식을 실시하고 있다. 단체 급식을 실시하는 유아교육 기관의 급식 제공자가 갖춰야 할 자격은 다음과 같다.

- 원아 수가 많은 경우에는 자격을 갖춘 영양사와 조리사를 두어야 한다(보육시설 종사자 배치기준 : 100인 이상 보육 시 영양사 1인).
- 영양사와 조리사를 고용하지 못할 경우에는 자격을 가진 사람이나 관련 기관의 자문 · 조언을 받도록 해야 한다.
- 유아교육기관의 교직원들은 유아들의 급식에 정성과 노력을 다해야 한다.

또한 급식 제공자는 다음과 같은 임무를 수행해야 한다.

- 적절한 영양분이 골고루 함유된 식단을 계획한다.
- 신선하고 영양가 있는 식품을 구매한다.
- 식품의 조리 순서를 조사하고 항목을 조절한다.
- 부엌과 식당을 관리하고 청결을 유지한다.
- 식품의 취급, 준비, 설거지, 쓰레기 처리 시 위생기준을 유지한다.
- 가격의 조절을 보고한다.
- 학습 활동과 연결된 음식을 만들 때 교사들을 도와준다.
- 영양의 질을 유지시키는 적절한 조리법을 사용하여 음식을 만든다.
- 각 유아의 개별적인 요구를 파악한다.
- 부모와 그들의 요구, 문화적인 차이 등을 인정한다.

(4) 단체급식 시 고려할 사항

대부분의 유아교육 기관에서는 단체급식을 실시하고 있는바 세심한 주의가 요구된다. 단체 급식을 실시하는 유아교육기관에서 고려해야 할 사항을 열거하면 다음과 같다.

- 유아들의 식사량을 고려하여 한꺼번에 많은 양을 주기보다는 적정량을 주도록 한다.
- 유아들이 좋아하지 않는 음식을 줄 때에는 조금씩 먹어 보게 한다.
- 생일과 같은 축하일에는 특별 식단을 계획한다.
- 가능하면 같은 음식을 계속해서 주지 않는다.
- 유아들이 좋아하는 방식으로 음식을 주도록 한다. 일반적으로 유아들은 같은 재료로 여러 가지 방식으로 만들어진 음식, 향긋한 채소, 과일 주스, 너무 뜨겁거나 너무 차지 않는 음식, 느낌이 좋은 음식 등을 좋아한다.
- 신체 · 정서적으로 안락하고 조용한 분위기를 조성해 준다.
- 교사의 식습관이나 먹는 행동이 모델이 될 수 있도록 한다.
- 유아들에게 알맞은 식사 도구를 사용하도록 한다.
- 음식을 줄 때 너무 오래 기다리지 않도록 한다.
- 식사 전에는 조용한 시간을 갖도록 한다.
- 식사 시간을 즐겁게 유지할 수 있도록 한다.

2) 급식 지도

식사나 간식을 하기 전에 도움을 주신 모든 분들에게 감사하는 마음을 갖도록 한다. 감사의 표시는 기도 또는 노래로 할 수 있다. 이것은 어떠한 종교 의식이 아니라 도움을 주신 분들에 대한 감사의 표시이면서 즐거운 마음으로 먹겠다는 다짐이기도 하다.

유아들은 성인들에 비하여 활동량이 많은 반면에 소화기관의 용량이 한정되어 있기 때문에 1일 3회의 식사로는 필요한 영양분을 충분히 공급하기 어렵다. 따라서 유아교육기관에서는 2~3시간 간격으로 음식을 제공함으로써 일일 필요량의 영양분을 공급해 주어야 한다. 일반적으로 종일제로 운영되는 유아교육기관의 경우에는 점심 식사와 1~2회의 간식을 제공하고 있다. 반일제의 프로그램에서도 점심 식사에 지장을 주지 않을 정도로 종류와 시간을 고려하여 간식을 제공하는 것이 바람직하다. 간식 시간과 식사시간을 통해서 식사 예법을 습득하고 친구들과 자연스럽게 사귀는 기회를 갖게 된다.

(1) 식사 지도

유아교육기관에서의 식사는 가정에서의 식사와 다를 수 있다. 가정에서는 편식하던 유아들도 다른 아이들과 같이 식사를 하는 과정에서 편식 습관이 교정되고 올바른 식습관을 형성하게 된다. 유아의 식습관 지도는 성급한 결과를 기대하기보다는 연령단계에 맞게 지도하는 것이 효과적이다. 대한영양사회의 학교분과 위원회에서 제시한 유아 연령별 식생활지도 방법은 다음 [표 7-2]와 같다(허혜경 외, 1997).

표 7-2 연령별 식사 지도의 진행방법

연령	식생활에 대한 이해	구분	유아의 바람직한 자세	지 도 방 법	가정에 대한 사항
만 1·2세아	•음식에 대한 이야기를 듣는다. •음식의 이름을 익힌다. •식사에 대한 감사의 인사를 노래나 기도로 한다.	식전	•손을 씻는다. •자리에 앉아 식사가 준비될 때까지 조용히 기다린다. •'잘 먹겠습니다'라는 인사말을 한다.	•손을 씻게 한다. 필요에 따라 옆에서 도와준다. •식탁과 의자의 위치를 정하여 자리에 앉힌다. •모두 함께 '잘 먹겠습니다'의 인사말을 하도록 한다.	•가정방문이나 설문 조사에 의해서 유아의 기호, 식사량, 체질, 병력 등을 파악한다. •가정과 유아교육기관이 서로 유아의 건강 상태, 수면 시간, 식사 상황 등에 대해 연락을 취한다. •유아교육기관에서의 식습관의 교육 방침을 가정에 알려 연장시킨다. •매월 식단표를 배부한다. •부모교육을 통해서 급식의 중요성을 이해시킨다.
		식사중	•자신의 것과 남의 것을 구별한다. •숟가락이나 젓가락의 바른 사용법을 안다. •주식이나 부식을 교대로 먹고 부식을 많이 먹는다.	•한 손으로 식기를 잡고 먹는 방법을 가르쳐 준다. •숟가락이나 젓가락의 바른 사용법을 가르친다. •남기지 않고 먹을 수 있도록 돕거나 격려한다. •먹고 마시는 상태를 관찰하여 식욕의 개인차를 안다.	
		식후	•친구들이 식사가 끝나기를 조용히 기다린다. •손, 입 주위를 깨끗이 닦는다. •'잘 먹었습니다'라는 인사말을 한다.	•자기의 물수건 또는 냅킨으로 손이나 입 주위를 깨끗이 닦게 한다. •먹는 속도가 늦은 유아는 격려해 주며, 거의 반 정도의 유아들이 다 먹었으면, 식후의 인사를 하도록 지도한다.	

표 7-2 (계속)

연령	식생활에 대한 이해	구분	유아의 바람직한 자세	지 도 방 법	가정에 대한 사항
만 3세아	•음식의 이름을 익힌다. •음식과 신체와의 관계를 도표와 그림 등의 교재를 통해 알린다. •식사 태도로서 음식을 입에 넣고 말을 하지 않는 것과 잘 씹어서 먹는 것 등을 가르친다.	식전	•손 씻기는 혼자서 한다. •자리에 앉아서 배식되는 것을 조용히 기다린다. •'잘 먹겠습니다'라는 인사말을 한다.	•바르게 손 씻는 방법을 가르쳐 준다. •개인차를 생각하여 알맞게 배식한다. •'잘 먹겠습니다'의 인사말을 하도록 한다.	•집에서 식사할 때 가려먹지 않도록 지도한다. •가정에서도 용변 후나 식사 때에 손 씻기를 하도록 협력을 요청한다.
		식사중	•자기 혼자서 숟가락, 젓가락을 사용하여 먹는다. •되도록 흘리지 않고 먹는다. •바닥에 떨어진 것은 먹지 않는다. •침착하게 잘 씹어 먹는다. •식사 중에 큰 소리로 이야기 하거나, 자리를 뜨지 않는다.	•싫은 것이 있어도 먹도록 유도한다. •건강 상태나 식욕에 유의하여 음식량을 가감하여 먹되 남기지 않도록 한다. •싫어하는 것이 있어도 여럿이 먹는 기분에 의해 먹게 한다.	
		식후	•흘린 것은 자기가 주워서 자기 주위를 깨끗하게 한다. •'잘 먹었습니다'의 인사말을 하게 한다. •양치질을 한다. •조용히 휴식한다.	•다 먹은 후 식탁 위·아래 등 주위를 깨끗이 하도록 한다. •식사 후 감사의 인사를 하게 하고 양치질을 하도록 한다.	
만 4세아	•도표나 그림 등의 교재로 음식에 함유되어 있는 성분과 역할을 알게 한다. •손 씻기 등 위생에 유의하는 것이 얼마나 중요한가를 반복해서 가르친다.	식전	•손 씻기를 바르게 한다. •깨끗이 닦은 손으로 이것저것을 만지지 않는다. •자리에 앉아서 식사가 나누어지는 것을 조용히 기다린다. •'잘 먹겠습니다'의 감사의 인사말을 한다.	•식탁을 준비하거나 배식하는 것을 돕도록 한다. •식사 전, 식사 후에 마음속으로부터 감사하도록 가르친다. •'잘 먹겠습니다'의 인사말을 하도록 한다.	•집에서도 가려먹지 않도록 지도한다. •식욕이 없는 유아에 대해서는 개별적으로 연락 또는 지도한다. •편식이 심한 유아에 대해서는 개인적으로 지도·교정한다.
		식사중	•숟가락과 젓가락을 능숙하게 사용해서 먹는다. •심하게 흘리지 않고 먹는다.	•식사중 예절을 친절하게 가르친다. •남기지 않고 먹는 습관을 들인다.	

표 7-2 (계속)

<table>
<tr><th>연령</th><th>식생활에 대한 이해</th><th>구분</th><th>유아의 바람직한 자세</th><th>지 도 방 법</th><th>가정에 대한 사항</th></tr>
<tr><td rowspan="2">만 4 세 아</td><td rowspan="2"></td><td>식사중</td><td>•잘 씹어 먹는다.
•다른 사람의 식사를 방해하지 않는다.
•돌아다니면서 먹지 않는다.</td><td>•일정한 시간 내에 먹도록 가르친다.</td><td rowspan="2"></td></tr>
<tr><td>식후</td><td>•흘린 것을 주워서 용기에 담는다.
•식기를 치운다.
•식탁을 깨끗이 닦는다.</td><td>•먹다 남은 것을 정해진 그릇에 넣고 식기 치우는 일을 돕는다.
•식탁에 음식이 떨어져 있으면 치우게 한다.</td></tr>
<tr><td rowspan="3">만 5 · 6 세 아</td><td rowspan="3">•음식과 건강의 관계에 관해서 도표나 그림 등으로 알린다.
•편식이 건강에 좋지 않음을 안다.
•식사에 대한 노래
•음식을 소중히 해야 함을 안다.</td><td>식전</td><td>•자발적으로 손 씻기를 한다.
•씻은 후는 청결한 수건으로 잘 닦는다.
•감사의 마음으로 '잘 먹겠습니다'의 인사말을 한다.</td><td>•손 씻는 방법을 때때로 주의 깊게 관찰하여 바른 방법으로 지도한다.
•식사 태도가 바르도록 철저히 가르친다.
•'잘 먹겠습니다'의 인사말을 하도록 한다.</td><td rowspan="3">•급식에 대해서 설문조사를 한다.
•건강관리와 식생활에 대한 이해를 깊게 한다.
•유아교육기관에서의 식사 상태를 개별적으로 알린다.</td></tr>
<tr><td>식사중</td><td>•바른 자세로 차분히 앉아 먹는다.
•입속에 음식을 넣고 말하지 않는다.
•잘 씹어서 먹는다.
•식사 도중 자리를 뜨지 않는다.
•정해진 시간 안에 식사를 끝내도록 한다.</td><td>•올바른 식사 태도로 식사를 할 수 있게 가르친다.
•싫어하는 음식이 있어도 먹도록 노력하게 한다.
•먹다 남기지 않도록 한다.</td></tr>
<tr><td>식후</td><td>•흘린 음식은 자기가 치우도록 한다.
•식기는 정해진 장소에 소리 내지 않고 갖다 놓는다.
•조용히 휴식한다.</td><td>•식기 닦는 것을 보여 준다.
•식탁 주위의 음식이 흘려 있는 것이 없는가를 확인시킨다.
•식사 후에는 조용한 놀잇감을 준비해 주어 놀게 한다.</td></tr>
</table>

(2) 간식 지도

간식은 식사와 식사 사이에 음식을 먹는 것으로서 3회의 식사로 채워지지 않는 영양분을 보충해 주고, 공복감을 해소시킨다. 간식을 제공하는 목적은 첫째, 주식에서 부족한 영양을 공급해 주고 에너지를 축적해 주며, 둘째, 휴식을 취하게 해주고, 셋째, 사회성을 기르고 대화를 즐길 수 있도록 한다(임재택, 2000). 유아에게 간식을 줄 때 고려해야 할 사항은 다음과 같다(성영혜 · 이상희, 2000).

- 수분과 무기질, 그리고 비타민을 공급해 줄 수 있는 식품을 선택한다.
- 소화가 용이하며 정규 식사에 영향을 주지 않는 식품을 선택한다.
- 유아의 시각적 · 미각적 감각에 만족을 줄 수 있는 것을 선택한다.
- 계절 식품으로 신선미가 있는 식품을 선택한다.

2. 유아 건강관리

1) 건강관리의 의의

인간은 누구나 건강하게 일생을 지내기를 원한다. 우리들이 건강하게 일생을 지내려면 유아기 때부터 건강에 관심을 가져야 한다. 유아교육기관에서 많은 시간을 보내게 되는 유아기의 건강관리는 이제 유아교육기관의 중요한 과업의 하나로 간주되고 있다. 따라서 유아교육기관에서는 가정과의 긴밀한 협조 체제를 유지하여 유아들의 건강관리에 세심한 배려를 아끼지 않아야 한다. 유아기 때의 건강관리 습관은 평생 지속된다. 건강하다는 것은 단지 육체적인 건강만을 의미하는 것이 아니라 정신적인 건강도 포함하고 있다. 세계보건기구(WHO)에서도 건강을 단순히 질병이 없거나 허약하지 않다는 것뿐만 아니라 신체적 · 정신적 · 사회적으로도 양호한 상태로 규정하고 있다. 우리나라의 〈교육기본법〉 제27조에서는 '국가 및 지방자치단체는 학생 및 교직원의 건강 및 복지의 증진을 위하여 필요한 시책을 수립 · 실시하여야 한다.'고 규정하고 있다. 이러한 법적 규정은 유아교육기관에서의 건강관리에 대한 책임과 의무를 가하고 있는 것이라 할 수 있다.

유아교육기관에서의 건강관리는 예방적인 차원의 서비스와 치료적인 서비스를 병행하여야 한다. 건강관리는 건강상의 문제가 발생하는 것을 억제하고 예방하며, 발생된 건강문제를 효과적으로 치료하여 완전히 정상적인 상태로 회복하도록 하는 것이다. 유아교육기관의 건강관리 영역은 건강교육, 영양교육, 위생적인 환경 조성, 전염병의 예방, 병력(病歷)의 조사와 신체검사, 부모와 지역사회 주민에 대한 보건교육 등의 예방적인 차원의 서비스 활동과 질병의 조기진단 및 조기치료, 간단한 응급처치, 기생충 질환치료, 충치치료 등 간단한 치료적인 서비스 활동을 하고 있다(임재택, 2000).

2) 건강 진단

유아교육기관에서는 유아를 대상으로 건강 진단을 실시하는 데 그 목적은 유아의 발육상태, 질병 유무, 영양상태, 치아상태 등에 관한 정보를 수집 · 분석하여 유아들의 건강교육 및 관리에 활용하기 위한 것이다. 건강 진단은 일반적으로 다음과 같이 이루어진다.

(1) 병력(病歷) 조사

유아교육기관에서는 부모로부터 유아의 걸음마 시기, 말을 한 시기, 이유(離乳) 시기, 수면 습관, 예방접종 상황, 각종 사고나 질병, 식품이나 약에 의한 알레르기 반응 등에 관한 정보를 획득하게 된다.

(2) 신체 검사

유아의 신체 검사는 매년 2회 봄, 가을에 정기적으로 실시하지만 필요에 따라서는 비정기적으로 실시하기도 한다. 신체 검사의 결과는 건강기록카드에 기록 · 보존하도록 되어 있다. 신체 검사는 유아의 발육 상태, 구강 검사, 기생충 검사 외에 이비인후과,

치과 등의 검사가 진행된다. 신체 검사의 결과는 부모에게 알려 적절한 조치를 취하도록 안내하여야 한다.

(3) 시 진

시진은 교사가 유아가 등원을 할 때 개별적으로 반가운 인사를 나누면서 유아의 건강 상태, 심리상태 등을 눈으로 확인하는 것을 말한다. 시진에서는 주로 유아의 일반 상태, 안색, 발열, 복통, 구토, 설사, 경련, 기분 등을 살펴보게 된다.

(4) 교직원 건강 진단

유아교육기관에서의 건강 진단 대상자는 유아뿐만 아니라 교직원들도 해당된다. 교직원의 건강은 유아들에게 직접적인 영향을 미칠 수 있기 때문에 세심한 주의를 기울여야 한다. 교직원은 신규 채용 시에 채용 신체 검사를 받을 뿐만 아니라 근무 중에도 국민건강보험공단에서 주관하는 건강 검진을 받고 있다.

3) 질병 예방

유아들이 건강한 생활을 유지하기 위해서는 유아들이 걸리기 쉬운 질병을 파악하여 사전에 예방하는 것이 바람직하다.

(1) 유아들이 걸리기 쉬운 질병

유아교육기관이나 가정에서 흔히 볼 수 있는 유아의 질병은 감기, 설사, 발열, 복통 등이다. 그러므로 부모나 교사는 질병의 원인이나 간단한 처치 등과 같은 유아의 건강 문제에 대한 지식이 필요하다. 다음은 유아들이 걸리기 쉬운 몇 가지 질병과 그에 대한 간단한 처치방법이다(허혜경 외, 1997).

► **복통** 복통은 유아에게 가장 흔한 질병이다. 복통의 원인은 여러 가지인데

변비로 인한 것, 정신적인 긴장에 의한 것, 수술을 요하는 장(腸)내 질환에 의한 것 등 여러 요인에 의해서 발생되므로 복통이 심할 때에는 유아를 조용히 눕히고 먼저 아동을 자세히 관찰하는 것이 중요하다. 대부분 정신적인 요인에 의하여 발생한 복통이나 변비로 인한 경우에는 안정을 취하면 통증이 사라진다.

► **설사** 설사란 대변의 횟수가 많아지며 대변 내 수분의 함량이 높은 상태를 의미한다. 유아의 경우 신체의 수분 함유량이 높으므로 장기간의 심한 설사나 구토는 탈수증을 유발하게 된다. 설사의 원인은 대개 위장 계통의 질환에 의한 것이며, 내분비계의 이상이나 신경성으로 인한 것도 있다. 그러나 음식의 비위생적인 관리와 불결한 생활환경으로 인한 식중독이 설사와 구토의 주요 요인이 된다. 유아의 설사 횟수가 많아지면 피곤해 보이고 창백해지며 계속 통증을 호소하므로 전문가의 치료를 받아야 한다. 유아교육기관에서는 유아의 하루 중 설사의 횟수와 소변 본 횟수를 기록하여 부모나 의사에게 알리는 것이 좋다. 설사가 심하면 12시간 정도 금식시키고 보리차와 같은 액체만 공급한다. 충분한 액체 공급을 통하여 탈수를 막아야 한다.

► **열이 날 때** 일반적으로 열이 많이 나는 아동은 숨이 가쁘고 맥박이 빠르며, 목말라 하고 입술이 바싹 마른 것을 볼 수 있다. 기운이 없고 지쳐 보이며, 심한 경우 몸을 떠는 경우도 있다. 여러 가지 감염성 질환에 걸리거나 구토, 설사 후에 발열이 동반되는 것을 볼 수 있다. 유아기에 가장 많은 호흡기 질환의 경우 고열이 특징이며, 이 경우에는 전염성이 강하므로 반드시 다른 유아와 격리시켜야 한다. 열이 높은 아동은 안정을 취하게 하고 체열을 떨어뜨리기 위하여 찬 물수건이나 알코올로 몸을 닦아 준다. 주의할 점은 의사의 처방 없이 함부로 해열제를 투여하지 않는다는 것이다.

► **감기** 원인균이 바이러스에 의하여 생기는 질환이다. 찬 바람이나 습한 공기에 노출되었을 때, 저항력이 약한 상태나 알레르기 및 영양 불량 상태에서 바이러스의 침입이 쉽게 된다. 증상은 가벼운 것에서부터 심하면 독감 등 여러 증상이 나타난다.

주로 두통, 오한, 재채기, 콧물 등으로 시작하여 39~40℃의 발열이 있으며 팔과 다리가 쑤시고 식욕이 떨어진다. 치료와 간호는 몸을 따뜻하게 해주고, 휴식을 취하면서 증상에 따른 해열제나 처방된 약을 먹으면 쉽게 낫는다. 계속하여 코가 막혔을 때 점막 수축과 다량의 분비물을 감소시키기 위하여 비강정액을 코에 적셔 준다. 식이요법은 열이 나므로 수분 섭취량을 증가시키고, 비타민 C가 함유된 과일을 많이 제공한다. 특별히 제한하는 음식은 없으나, 구미에 맞게 보리차, 과즙, 과일 등을 충분히 섭취해야 한다.

3. 유아 안전교육

1) 안전교육의 필요성

유아기는 자기조절 및 상황판단 능력이 부족하여 어느 시기보다도 안전사고에 노출되기 쉽다. 각종 위험이나 사고로부터 유아를 보호하는 일이 부모와 교사의 최우선 임무이며, 사고 후의 대책이나 처리보다 더 중요한 것은 사고를 미연에 방지하는 것이 중요하다.

안전교육의 궁극적인 목적은 유아 스스로가 자신의 건강과 안전을 확보할 수 있는 능력과 기술을 갖도록 하는 데 있다. 또한 유아 안전교육의 목적은 사람이나 사물에 잠재하는 위험 요인을 조기에 발견하고 그것을 신속히 제거하여 사고나 재해를 미연에 방지하는 데 있다. 최근 선진국이나 중진국에서 유아 사망의 가장 중요한 요인은 어떤 질병이나 전염병이 아니라 사고인 것으로 나타났다. 이것은 유아들의 보호와 교육에서 그들을 위한 안전관리가 얼마나 중요한가를 단적으로 말해 주는 증거라고 할 수 있다(임재택, 2000).

교사는 유아에게 안전관리의 능력과 기술을 익히도록 하기 위해 필요한 내용을 교육프로그램 속에 반영하여야 하며, 실내·외 환경과 시설을 안전하게 유지·관리해야 한다(보건복지부, 1992). 교사는 여러 가지 안전지도 내용을 연간 교육프로그램에 반영하고 각 내용을 유아에게 효과적으로 전달할 수 있는 방법을 고안하여야 한다. 그 방법으로는 현장관찰, 반복실습, 역할놀이, 동화 및 이야기 나누기, 그림 그리기, 노래 및 신체표현, 슬라이드 보기 등을 생각할 수 있다. 유아교육기관에서 발생할 수 있는 각종 안전사고의 원인은 다양하지만 근본적인 원인은 크게 몇 가지로 요약할 수 있다(이대균 · 송정원, 2004).

- 교사나 부모들의 인식 부족과 부주의 때문이다. 우리 사회에서는 부모나 교사들이 유아 안전교육의 중요성을 깊이 인식하지 못하고 있기 때문이다.
- 안전사고는 유아의 발달 특성에 기인하기도 한다. 유아는 호기심과 충동이 왕성하다. 무엇이든지 궁금해서 이리저리 다니기도 하고, 만져보고, 열어보고, 충동적으로 행동하다가 사고를 당한다.
- 적절한 안전교육 프로그램과 지도의 부재에 있다. 우리 사회는 유아교육이 문자교육, 영재교육, 특기교육 등에 편중되어 무엇보다도 우선적인 생명을 지키는 안전교육 프로그램의 개발이나 지도에는 소홀히 하는 실정이다.
- 유아교사의 안전교육 지도자로서의 자질의 결여를 들 수 있다. 아무리 안전교육 프로그램이 잘 되어 있어도 이를 실제로 운영하고 지도할 안전지도자(교사)가 자질을 제대로 갖추고 있지 못하다면 사실상 실효를 거두기 어렵다. 특히 지도자의 의식이 잘못되어 있을 경우, 안전지도에 충실을 기하기 어렵다.
- 안전교육 지도자로서 교사에 대한 연수가 부족하다. 안전교육에 관한 교사 연수는 응급처치를 포함한 다양한 교육내용과 지속적이며 체계적인 연수 기회가 필요하다.
- 우리나라 사회전반에 걸친 안전의식이 희박하다. 이는 인간존중 정신을 포함한 민주시민의식의 부재에 기인하기도 한다.
- 유아교육기관의 안전 시설물이 유아의 특성을 반영하지 않은 것이 많고 안전규격이 제대로 지켜지지 않는다.
- 교사의 관리, 감독의무의 소홀로 안전사고가 많이 발생하며 책임한계가 불분명하다.
- 유아들의 잘못된 놀이방법에 기인하기도 한다.

2) 영 · 유아의 발달 특성과 안전관리

영 · 유아를 안전하게 보육하고 적절한 안전교육을 실시하기 위해서는 이들의 특성을 파악하는 일이 무엇보다 중요하다. 안전관리와 관련된 대표적인 영 · 유아의 발달 특성을 살펴보면 다음과 같다(백미열 외, 2000).

- 영아는 자기와 자기를 둘러싸고 있는 주위 환경을 구분하지 못한다. 그러므로 자기를 보호하거나 응급상황에 대처하는 등의 준비가 전혀 되어 있지 않아서 영 · 유아의 안전은 전적으로 보호자의 보살핌에 달려 있다.
- 유아는 자기의 관점과 다른 사람의 관점을 구별하기가 어렵다. 유아는 자기중심성이 강해서 자기의 입장에서만 사물을 보기 때문에 남들은 어떻게 생각하는지 알지 못한다. 따라서 이러한 특성은 유아가 상황을 전체적으로 파악하는 데 방해가 된다. 길을 건널 때 손을 들어야 한다고 배웠다면 일단 손만 들면 차가 서 줄 것이라고 생각하여 건너려고 한다는 것이 그 예이다.
- 유아는 환상과 실제를 구별하기가 어렵다. 유아는 상상의 세계에 나오는 역할에 몰입하면, 그것이 꾸며낸 놀이에 불과하다는 것을 깨닫지 못한다. 만화 영화에서 나오는 슈퍼맨이 날아다니는 것을 모방하여 높은 곳에서 뛰어 내리는 것이 그 한 예이다.
- 유아는 행동 다음에 오는 결과를 예측하는 능력이 성인에 비해 뒤떨어진다. 즉, 유아는 인과관계에 대한 이해가 부족하다. 따라서 자기가 하는 행동이 어떠한 위험을 초래할지 또는 어떻게 대처해야 할지 판단하는 능력이 부족하다.
- 유아는 자기의 충동을 조절해 내는 능력이 미숙하다. 이들은 일단 어떤 일에 호기심이 발동하면 이것을 상황에 적절하게 조절하기보다는 해버리려는 충동이 강해서 안전사고의 빈도를 높이는 요인이 되기도 한다.
- 유아는 운동조절 능력을 발달시키는 시기에 있다. 따라서 신체조절 능력이 충분히 발달하지 않아서 어떤 상황에 빠르고 적절하게 반응하기가 어렵다.
- 유아는 감각기관을 통해 정보를 처리하고 조작하는 능력이 아주 제한되어 있다.

이와 같은 발달 특성을 지니고 있는 영 · 유아들은 항상 안전사고의 위험 속에서 생활하고 있다. 유아들의 건강과 생명을 보호하기 위해서는 부모나 교사는 물론, 모든 성인들이 유아들을 철저히 보호 · 지도하고 그들의 안전을 관리해야 한다.

3) 안전교육의 내용 및 방법

유아교육에서 안전교육은 교육과정의 전 영역에서 다루어져야 한다. 그러나 건강생활 영역에서는 보다 구체적인 내용들이 포함되어 있는데 그 내용은 다음과 같다.

(1) 안전하게 놀이하기

안전하게 놀이하기에서는 놀이안전과 운동안전으로 항목을 분류하여 제시하고 있다. 놀잇감, 놀이시설, 장소에서의 안전으로 유아들이 안전한 장소에서 놀이하고 여러 놀잇감이나 시설, 설비를 안전하게 사용하는 내용이다.

(2) 교통안전 규칙 지키기

교통안전 규칙 지키기에서는 교통기관 안전과 보행자 안전으로 항목을 분류하여 제시하고 있다. 교통안전 규칙의 중요성을 이해하고 교통사고의 위험으로부터 자신을 보호하기 위해 필요한 내용을 포함하고 있다.

(3) 위험한 상황을 알고 대처하기

위험한 상활을 알고 대처하기에서는 위험한 장소에 대한 안전, 위험한 물질에 대한 안전, 유괴, 성학대 등에 대한 안전으로 항목을 분류하여 제시하고 있다. 실생활에서 접할 수 있는 위험한 장소나 물질을 인식하고 이러한 환경 속에서 안전하게 생활하는데 필요한 내용이다.

(4) 환경오염이나 재해에 대비하기

유아들이 환경보전의 중요성을 알고 환경을 보호하는 태도를 기르며 환경오염이나 재난에 대피하는 데 필요한 지식, 기술 및 태도 등을 포함하고 있다. 유아 안전교육은 일상생활 속에서 유아 스스로의 경험을 통하여 안전과 관련된 지식과 태도, 기술 등을 익힐 수 있게 하여야 한다. 이와 관련하여 유아 안전교육 시 고려해야 할 사항은 다음과 같다(백미열 외, 2000).

- 교사는 우선 유아들의 경험과 발달 특성에 맞게 안전교육으로 다루어야 할 내용들을 선택하고 다른 생활 영역과 관련지어 교육활동을 계획해야 한다.
- 안전교육은 유아의 흥미와 관심에 따라 융통성 있게 실시되어야 한다. 즉, 유아의 관심사에 따라 교사는 계획을 바꾸거나 새로운 교육활동을 계획하여야 한다.
- 안전교육은 건강생활, 사회생활, 표현생활, 언어생활, 탐구생활 등으로 분리하여 실시할 것이 아니라 주제를 선정한 다음 그 주제에 관련된 여러 가지 상황이나 활동을 연관시켜 실시한다. 즉, 이야기 나누기, 여러 가지 흥미 영역에서의 실내 자유선택놀이, 노래 부르기, 동작활동, 간식 및 점심, 화장실 가기, 바깥놀이, 동화듣기, 역할놀이, 게임, 시험하기, 견학 등의 활동을 통해 안전교육의 내용을 통합적으로 실시한다.

안전교육의 대상은 유아이므로 교사는 먼저 유아의 요구, 신체적 특성, 정서 등의 모든 점을 고려하여 안전교육을 실시하여야 한다. 그리고 안전교육은 유치원 교육과정 속의 다른 활동과 통합되어 실천될 수 있도록 설계하여야 한다. 즉, 유아안전교육은 구체적이고 실제적인 체험 위주의 교육이어야 한다. 실제 유아교육 현장에서 활용될 수 있는 안전교육의 형태는 다음 [표 7-3]과 같은 것들이 있다(순천 율산유치원, 2005).

표 7-3 유아 안전교육 형태

활동형태	활동내용
이야기 나누기	제시된 안전교육 주제에 따라 위험한 행동과 안전한 행동에 대해 알아봄으로써 안전생활 의식을 기른다.
토의활동	안전교육 주제에 따라 제시된 문제의 상황에 접근하여 사고 경험 및 원인을 찾아보고 결과를 예측하며, 규칙을 정하여 보는 과정을 통해 문제 해결능력을 기른다.
현장체험 학습	안전사고가 발생할 수 있는 현장에서 유아가 직접 보고, 느끼며, 전문단체에 의뢰한 체험활동 등을 통하여 위험 상황에 대처하는 기술과 안전한 생활태도를 기른다.
자유선택활동	안전교육 주제에 따라 각 영역에 제시된 교재 · 교구 조작, 그룹게임, 위험 상황 해결방안 생각 나누기, 역할놀이, 구성놀이 등의 안전활동을 통하여 안전생활에 관심을 갖게 한다.
게　임	안전교육 주제와 관련된 다양한 게임을 통해 안전생활 의식을 기른다.
음악 및 신체활동	안전교육 주제에 따라 활동을 한 후 관련 노래를 배우거나 유아들이 즐겨 부르는 노래의 노랫말을 안전 노래로 개사하여 부르며, 다양한 신체활동을 통해 운동능력을 길러 사고에 대처할 수 있도록 한다.
동화 · 동시 · 동극	안전교육 주제와 관련된 동화 · 동시를 듣고 그림 그리기, 동시 외우기, 동화 구연하기, 동극하기 등의 활동을 통해 안전한 생활습관을 기른다.

이러한 유아의 안전교육은 수시로 행하되 보다 체계적이고 알찬 안전교육이 되기 위해서는 연간 지도계획을 수립하여 의도적으로 지도하는 것이 바람직하다. 다음 [표 7-4]는 유치원에서 활용할 수 있는 연간지도계획의 일부이다(순천 율산유치원, 2005).

표 7-4 연간 안전지도 계획

월	주	주 제	활 동 명	활동형태	자 료
3	1	유치원에 적응	유치원까지 안전하게 다녀요	이야기, 현장학습	그림자료, 활동지
	2	유치원에서의 즐거운 하루	조심, 조심 국물 조심	실험, 현장학습	영상자료
	3	유치원에서의 친구	아파요! 물지 말아요	이야기, 실험	설문지, 종류별 과일, 활동지
	4	안전한 생활	안전하게 건너요	이야기, 신체	횡단보도 모형, 장난감 자동차
4	1	봄이 왔어요	계단은 위험해요	이야기, 현장학습	안전 CD, 달걀
	2	봄의 생활	안전하게 쑥 캐기	이야기, 현장학습	빵, 칼, 비닐봉지
	3	내가 할 수 있는 것	낯선 사람 조심하기	동화, 역할	동화(2), 역할 머리띠
	4	소중한 나	앗! 손가락이 끼었어요	조사, 실험	설문지, 손가락 점토 모형
5	1	우리가족	무섭지 않아요.	동화, 역할	융판 동화, 역할머리띠 등
	2	우리 집과 이웃	소방대원 아저씨가 오셨어요	자원, 대피훈련	활동지, 실물자료 등
	3	가족과 이웃의 문화	친구를 어떻게 도와줄까?	동화, 역할	동화책, 인형극 등
	4	애완동물	길 잃은 개	이야기, 게임	그림자료, 동물 머리띠 등
6	1	알고 싶은 동물	안전 체험을 했어요	비디오, 자원	버스, 안전 활동
	2	음식	아무거나 먹으면 안돼요	동화, 실험	투명 컵, 딸기우유 등
	3	깨끗한 생활	친구 얼굴에 상처!	이야기, 실험	실험자료
	4	여러 가지 운동	나에게 안전한 신발	이야기, 게임	여러 종류의 신발, 점수판
7	1	여러 가지 모양과 색	비 오는 날의 안전	동화, 실험	우산, 비옷, 장화 등
	2	야호! 여름이다	햇볕이 뜨거워요	실험, 바깥놀이	검은 종이, 돋보기, 선크림
	3	건강하고 안전한 여름	조심! 물놀이	이야기, 역할	웹, 그림자료, 구명조끼
9	1	만나서 반가워요	조심, 조심 모서리 조심	조사, 실험	보호캡 등
	2	교통기관	투명 인간이 될 수 있대요	체험, 동시	자동차, 역할 머리띠
	3	교통수단의 발달	바퀴 조심	실험, 이야기	헬멧, 삶은 달걀 등
	4	우리가 사는 지구	우리는 안전 점검반	동화, 게임	점검반 모자, 행정실장
10	1	지구와 우주	화상은 이렇게!	체험, 자원	학부모, 간호사 등
	2	편리한 도구와 기계	아파요! 베였어요, 찔렸어요	자원, 실험	칼, 송곳 등 실물자료
	3	즐거운 도구와 기계	승강기를 안전하게	이야기, 역할	현장체험 비디오 등
	4	다양한 나라와 사람들	뜨거운 빨강, 차가운 파랑	조사, 실험	수도 그림
11	1	문화유산	안전한 장난감	조사, 체험	여러 가지 장난감
	2	함께 사는 세계	공공장소에서는 이렇게!	체험, 교구	현장 체험, 선택자료 등
	3	우리생활과 환경	문에 기대면 어떤 일이?	실험, 체험	표지판 그림
	4	가을이 왔어요	콘센트를 안전하게!	조사, 자원	멍든 과일, 막대동화
12	1	가을의 생활	떨어지면 위험해요	이야기, 실험	비닐, 달걀 등
	2	신나는 겨울	멈추고, 엎드리고, 구르기	체험, 게임	그림자료, 검은 통로 등
	3	겨울철 놀이 안전	겨울철 놀이를 안전하게!	관찰, 체험	겨울철 놀이와 복장 그림
	4	야! 겨울 방학이다	아름이와 전기 이야기	동화, 역할	아름이 동화

출처 : 순천 율산유치원, 2005.

4) 시설물 안전점검

우리가 생활하고 있는 모든 주변 환경은 유아들에게는 불의의 사고 요인이 될 수 있다. 그러므로 유아들의 사고 예방을 위한 안전관리의 영역은 그들 주변의 모든 인적 · 물적 환경 요인이 그 대상이 된다. 유아들에게서 일어날 수 있는 사고들로는 교통사고, 익사사고, 화재사고, 추락사고, 약물사고, 폭발물사고 등을 비롯하여 집이나 길을 잃거나 유괴를 당하는 등의 사고를 생각할 수 있다. 이러한 각종 사고는 언제 어디서나 일어날 수 있으므로 유아들의 보호 · 교육을 맡은 성인들은 그들의 안전사고 예방에 최대한의 노력을 기울여야 한다(보건복지부, 1992).

(1) 안전점검 대상

일반적으로 유아교육기관에서의 안전점검 대상에 포함되어야 할 시설들은 다음과 같다.

- 건물 벽체 등 노후시설
- 그네, 미끄럼틀, 시소, 목마, 정글짐 등 놀이시설 일체
- 난방 및 취사 시설 : 보일러 시설, 연탄 아궁이, 난방 유류 및 가스, 전열기구, 가스레인지, 가전제품 등
- 위생시설 : 화장실, 하수구, 정화조 등
- 기타 : 담장 및 축대 시설, 운동장의 돌멩이, 옥내 · 외 계단 등이다.

한편 한국행동과학연구소(1984)에서는 유아교육기관의 실내 · 외 환경의 안전점검 대상을 다음 [표 7-5]와 같이 제시하고 있다.

(2) 놀이시설의 안전점검

유아교육기관의 시설 안전점검은 매 분기마다(연 4회) 실시하는 정기점검, 매일 점검하는 일일점검, 개원 전후나 특별한 경우에 실시하는 특별 점검 등으로 구분할 수 있다. 이러한 안전점검은 관계 행정당국과 원장, 교사 등에 의해 실시되며 점검 결과에 따라

표 7-5 유아교육기관 실내·외 환경 안전점검 대상

환 경 조 건	잠재위험의 발견 및 제거
유아교육기관의 입지조건	•교통사고의 가능성 •익사사고의 가능성 •추락사고의 가능성
유아교육기관의 유원장	•돌, 유리조각, 요철, 망가진 시설물
화장실 및 세면대	•교사가 감독할 수 있는 범위 내에 설치 •출입문의 높이 및 손잡이
화장실 및 세면대	•변기의 높이, 크기, 넘어질 위험성 •미끄러질 위험성 •세면대의 위치와 높이, 모서리 •바닥의 재료 •온수의 화상 위험
실내 설비	•책상이나 의자의 면과 모서리 •출입구의 손잡이 •금속물의 돌출 부분(옷걸이, 모자걸이) •창문과 창살의 위험 •난방기구의 설치 시 화재, 화상의 위험 •전기의 위험 •기타 약품 등의 위험
고정 놀이기구	•미끄럼틀, 그네, 구름다리 등의 위치 및 구조 •놀이기구 사용법의 안전성
이동 놀이기구	•보관 장소, 파손 여부 검사, 사용방법, 구조

적절한 조치를 취해야 한다. 즉, 안전점검 결과로 나타난 위험 시설이나 부실한 시설은 보완될 때까지 사용을 금지시켜야 하며 위험 시설물 주변에 위험 표지판을 부착하여야 한다. 그리고 시설의 보완은 최대한 빠른 시일 내에 이루어져야 한다.

놀이시설의 일일점검은 바쁜 일과 속에서 매일 이루어져야 하는 일이므로 전 교직원(혹은 종사자)이 각자 분담해야 할 책임 영역을 미리 정해 놓고 실행하는 것이 바람직하다. 중점적으로 점검할 사항을 점검표로 만들어 이상 유무를 표시하게 하는 것이 좋다.

또한 유아교육기관의 교직원들은 경찰서, 소방서 및 관련 단체의 협조하에 연 1회 이상의 안전교육을 받을 필요가 있다. 안전교육의 내용은 안전의식 고취, 안전점검 요령, 전기 · 유류 · 가스 등 위험물 취급 요령, 소화기 사용법, 응급처치 요령, 긴급 사태 시 비상연락 요령 등이다.

4. 보육시설의 안전관리

보육시설의 안전관리에 대해서는 〈영유아보육법〉 시행규칙 제23조 [별표 8]에 명시되어 있다. 이를 토대로 보육시설 안전관리의 주요 내용을 제시하면 다음과 같다.

※ 안전관리 수칙

· 시설장은 종사자 및 부모와 함께 영 · 유아의 안전사고 예방을 위해 성실하게 노력하고 안전교육을 실시하여야 한다.

· 보육시설은 인근 소방서, 경찰서 및 가스, 유류 등의 안전상태를 점검하는 유관기관 등과 비상연락 체계를 구축해야 하며, 일일 점검제를 철저히 이행하여야 한다.

· 보육시설 종사자는 영 · 유아의 실내 · 실외 활동 시 영 · 유아의 안전을 위해 지도 · 감독을 철저히 해야 하며 시설장은 영 · 유아에 대한 물리적 환경과 인적 환경에 대한 안전 확보를 위해 시설 및 환경을 조성하고 관리해야 한다.

1) 분야별 안전관리

(1) 분야별 안전점검 요령

- 보육시설의 종사자는 안전관리의 중요성을 인식하고 이를 실천하기 위하여 노력해야 한다.
- 시설장은 안전점검표 양식에 따라 일정 기간별로 시설의 안전점검을 시행하여 화재 · 상해 등 발생요인을 사전에 제거하여야 한다.

표 7-6 분야별 점검사항

구 분	분야별 점검 사항
시설 관리	•비상시 어떤 장소에서도 피난이 가능한지? •비상계단, 영 · 유아용 미끄럼대 등 안전사고에 대비한 시설 주변에는 장애물이 있지 않은지? •비상구와 비상통로에는 내부로부터의 신속한 탈출을 방해하는 잠금장치가 있지 않은지? •비상구로 가는 통로에 유도등 또는 유도표지가 부착되어 있는지? •화재경보기, 연기탐지기, 스프링클러, 누전차단기 등에 대해 정기적으로 점검하고 있는지? •소화기는 각 층마다 비치되어 있는지? •보육시설 내부(벽, 천장 등)의 마감은 불연재를 사용하고 있는지? •커튼, 실내장식물, 카펫, 벽지 등은 방염된 제품을 사용하고 있는지?
실내 환경 관리	•유아가 접근할 수 없는 안전한 장소에 응급조치를 위한 비상약품 및 간이 의료기구 등이 비치되어 있는지? •오침 및 급식을 위한 침구 · 식탁 배치에 충분한 공간을 확보하고 있는지(오침 시 영아 침구간격 60cm 이상 확보)? •모든 출입문 및 창문은 안쪽에서 잠길 우려가 없고 밖에서 쉽게 열 수 있는지? •출입문 및 창문의 가장자리에는 영 · 유아의 손이 끼지 않도록 손 낌 방지 고무패킹이나 완충장치가 설치되어 있는지? •화장실 및 목욕실의 바닥이 미끄럼 방지를 위해 물기가 제거되어 있는지? •온수 사용 시 화상을 입지 않도록 필요한 조치를 취하고 있는지? •돌출형 라디에이터 또는 이와 유사한 온열기는 아동의 신체가 직접 닿지 않도록 울타리 등 적절한 보호 장치가 설치되어 있는지? •가구의 모서리가 둥글고 표면이 매끄럽게 처리되어 있는지(고무 또는 모서리 보호대 등 장치 설치여부)? •교구장, 수납장 등은 아래 부분에 무거운 비품이 보관되어 있고, 선반 설치 시 물건이 추락하지 않도록 지지대가 설치되어 있는지? •보일러 설비, 퓨즈박스(두꺼비집), 화기 소독수, 살충제, 조리실의 칼, 가위, 포크, 랩 등은 영 · 유아의 손이 닿지 않는 위치에 배치되어 있는지? •시설 내에서 게시판 부착용으로 압정, 핀 등을 사용하고 있지 않은지? •보육실에 환기시설(환풍기, 공기정화기)이 갖추어져 있는지?
실외 환경 관리	•놀이기구 및 놀잇감은 유아의 신장 및 체중을 고려하여 선택하고 표면도색의 독성 여부가 확인되었는지? •놀이터 시설의 볼트, 너트 등 이음장치, 울타리, 구조물이 부식되어 있지 않은지? •유아가 걸려 넘어지거나 부딪칠 수 있는 방해물은 없는지?

(2) 인적 환경에 대한 안전관리

- 보육시설 종사자는 영 · 유아의 안전사고 예방을 위해 영 · 유아에 대한 감독을 소홀히 해서는 안 된다.
- 보육시설 종사자는 안전점검 방법 및 안전점검표의 활용법, 영 · 유아의 발달단계 특성을 고려한 안전교육 방법 등에 대해 숙지해야 한다.
- 보육시설은 영 · 유아의 안전을 위해 영 · 유아, 부모, 지역주민, 행정기관 등과 협조해야 한다.
- 보육시설에서는 영 · 유아와 부모에 대한 안전교육을 실시해야 하며, 시설장은 보육종사자가 안전교육을 받을 수 있도록 조치해야 한다.

(3) 차량 운행상의 안전관리

최근 대부분의 유아교육기관에 어린이 통학버스를 이용하여 유아들을 등 · 하원시키고 있다. 어린이 통학버스를 운행할 때 유아들의 안전을 확보하기 위해 〈도로교통법〉에서는 어린이 통학버스 운행 시 준수해야 할 사항들을 다음과 같이 규정하고 있다(〈도로교통법〉 제51조~53조, 2010. 6. 30 시행).

- 어린이 통학 버스의 특별보호 : 어린이 통학 버스가 도로에 정차하여 점멸등 등 어린이 또는 유아가 타고 내리는 중임을 표시하는 장치를 작동 중인 때에는 어린이 통학 버스가 정차한 차로와 그 차로의 바로 옆 차로를 통행하는 차의 운전자는 어린이 통학 버스에 이르기 전에 일시 정지하여 안전을 확인한 후 서행하여야 한다. 중앙선이 설치되지 아니한 도로와 편도 1차로인 도로에서는 반대 방향에서 진행하는 차의 운전자도 어린이 통학 버스에 이르기 전에 일시 정지하여 안전을 확인한 후 서행하여야 한다. 또한 모든 차의 운전자는 어린이 또는 유아를 태우고 있다는 표시를 하고 도로를 통행하는 어린이 통학 버스를 앞지르지 못한다.
- 어린이 통학 버스의 신고 : 어린이의 통학 등에 이용되는 자동차를 운영하는 자가 어린이 통학 버스의 특별보호를 받고자 하는 때에는 미리 관할 경찰서장에게 신고하고 신고필증을 교부받아야 한다. 어린이 통학 버스를 운행하는 자는 어린이 통학 버스 안에 교부받은 신고필증을 항상 갖추어 두어야 한다.
- 어린이 통학 버스 운전자 및 운행자의 의무 : 어린이 통학 버스를 운전하는 자는 어린이

또는 유아가 타고 내리는 경우에 한하여 점멸등 등의 장치를 작동하여야 하며, 어린이 또는 유아를 태우고 운행 중인 경우에 한하여 표시를 하여야 한다. 또 어린이 통학 버스를 운전하는 자는 어린이 또는 유아가 어린이 통학 버스를 타고 내리는 때에 어린이 또는 유아가 좌석에 앉은 것과 보도 또는 길 가장자리 구역 등 자동차로부터 안전한 장소에 도착한 것을 확인한 후에 어린이 통학 버스를 출발시켜야 한다. 어린이 통학 버스를 운행하는 자는 어린이 또는 유아를 태운 어린이 통학 버스에 다음 각 호의 어느 하나에 해당하는 사람으로서 어린이 또는 유아를 보호할 수 있는 사람을 타도록 하여야 한다.

1. 〈유아교육법〉의 규정에 의한 유치원, 〈초 · 중등교육법〉의 규정에 의한 초등학교 또는 특수학교의 교직원
2. 〈영유아보육법〉 제2조 제5호의 규정에 의한 보육시설종사자
3. 〈학원의 설립 · 운영 및 과외교습에 관한 법률〉 제13조 제1항의 규정에 의한 강사
4. 〈체육시설의 설치 · 이용에 관한 법률〉의 규정에 의한 체육시설의 종사자
5. 그 밖에 어린이통학버스를 운행하는 자가 지명한 사람

3) 안전교육

(1) 영 · 유아에 대한 안전교육

- 영 · 유아 스스로가 자신의 안전을 보호할 수 있는 능력과 기술을 가지도록 지도해야 한다.
- 보육시설의 장은 소방계획을 작성하고 매월 소방훈련을 실시하여야 한다.
- 보육시설의 장은 보육대상 아동의 연령을 고려하여 매년 안전교육계획을 수립하여 교육을 실시하여야 한다.
- 보육시설의 장은 안전교육계획 및 교육실시 결과를 관할 시장 · 군수 · 구청장에게 매년 1회 보고하여야 한다.

(2) 종사자에 대한 안전교육

보육시설 종사자는 안전교육지침 등을 숙지하여야 하며, 시 · 도 및 시 · 군 · 구 등에서 안전관련 교육을 시행할 때 적극 참여해야 한다. 또한, 화재 등 긴급사태에 대비한 계획 수립 및 정기적인 점검 · 훈련을 실시하여야 한다.

표 7-7 안전교육 기준(〈아동복지법〉 제9조 제3항 및 동법시행령 제4조 제1항)

구 분	교통안전교육	약물오남용교육	재난대비교육
실시 주기 (총시간)	2개월 1회 이상 (연간 12시간 이상)	3개월 1회 이상 (연간 10시간 이상)	6개월 1회 이상 (연간 6시간 이상)
교육내용	1. 올바른 교통안전 지식 2. 교통관련 법규 준수정신 3. 안전장구 착용의 생활화 4. 기타 교통 안전 관련 내용	1. 약물의 종류·중독성 및 오남용의 폐해 2. 법적 처벌기준 3. 기타 약물 오·남용 예방을 위하여 필요한 내용	1. 화재·붕괴·폭발·화생방 사고 등 각종 재난 예방 및 안전관리 요령 2. 위험물 취급요령 3. 재난시 안전행동 및 대피요령
교육방법	1. 전문가(또는 담당자) 강의 2. 시청각 교육 3. 실습교육 또는 현장학습 4. 수업(프로그램) 내용에 반영 5. 일상생활을 통한 반복지도	1. 전문가(또는 담당자) 강의 2. 시청각 교육 3. 현장방문·학습	1. 전문가(또는 담당자) 강의 2. 시청각 또는 실습교육 3. 사고사례 분석

(3) 부모에 대한 안전교육

보육시설의 장은 영·유아의 건강·위생과 관련된 내용을 포함하여 부모와 충분히 협의·고지해야 하며, 안전교육 등에 부모가 참여할 수 있도록 해야 한다.

4) 안전사고 예방대책

- 보육시설의 장은 안전사고에 대응하기 위하여 인근 소방서, 경찰서 및 가스, 유류 등의 안전 상태를 점검하는 유관기관 등과 비상 연락 체계를 구축하여야 한다.
- 보육시설의 장은 사고에 대비하여 부모와의 비상연락망을 확보하여야 하며 응급처치 동의서를 비치하여야 한다.
- 시설장은 사고발생 24시간 이내에 사고보고서를 작성하여 시·군·구청장에게 보고하여야 한다(중대 사고는 사고발생 즉시 유선, FAX 등 보고).
- 시·군·구에서는 보고받은 사고보고서를 시·도를 거쳐 보건복지가족부에 보고하여야 하

며 사고통계를 관리하여야 한다.

• 보육시설의 장은 자체 안전점검 계획을 수립하여 매월 4일에 안전점검을 실시하여야 한다.

유아교육기관에서 안전사고 발생 시 신속히 대처하기 위하여 협력의료기관 및 유관기관의 비상연락전화, 기타 사항 등을 모든 종사자들이 쉽게 볼 수 있는 곳에 부착해 두는 것이 좋다.

구 분	대표전화번호	점심시간	위치(약도)	기 타
○○ 소아과				
○○ 성형외과				
○○ 정형외과				
○○ 치과				
시청 상황실				
교육청				
소방서				
경찰서 또는 지구대				

그림 7-1 병원 및 유관기관 안내

제8장

학부모 연계교육

제8장

학부모 연계교육

유아교육은 유아교육기관과 학부모와의 긴밀한 협력이 이루어질 때 원만히 이루어진다. 유아교육기관과 학부모와의 연계는 유아교육의 질적 수준 제고를 위한 중요한 요소 중의 하나라 할 수 있다.

1. 학부모 연계교육의 의의 및 필요성

1) 학부모 연계교육의 의의

이세상 부모들은 모두 자기 자녀들을 훌륭하게 키우기를 원한다. 그러면서도 어떻게 하는 것이 바람직한 부모 역할을 수행하게 되는 것인지를 분명히 하기가 어렵다. 자녀들에게 심어 주고 싶은 가치관, 그리고 사회적인 요구, 자녀들의 행동이나 태도를 어떻게 이해할 것인지, 부모로서 자녀 교육에 관한 지식을 어느 정도 갖추고 있어야 할지에 대한 의문이 생긴다.

유아교육기관에서의 학부모 연계교육은 학부모를 대상으로 자녀에 대한 이해와 지식을 증진시키며, 자녀를 양육하기에 적절한 방법과 새로운 방법을 습득하도록 도와주는 교육 활동이다. 동시에 학부모의 자녀 교육에 대한 요구, 자녀의 특성에 대한 정보 제공으로 유아교육의 질적 수준을 제고하기 위한 교육 활동이다. 학부모 연계교육에 대한 관심이 고조되기 시작한 것은 사회가 점점 복잡 · 다양화되면서 부모에게는 보다 체계화되고 심도 있는 교육이 요구되면서 부터이다.

일반적으로 유아교육기관과 학부모 연계교육에 대한 논의는 부모참여, 부모관여 · 개입, 부모지지, 부모훈련 등의 용어와 혼용되어 사용되고 있다. 유안진 등(1998)은 이들 용어에 대한 개념 정리를 다음과 같이 하고 있다.

(1) 부모교육(parent education)

부모교육은 부모로서의 역할 기능을 원활히 수행할 수 있도록 부모에게 정보나 지식을 전달하거나 기술을 가르치는 것을 말한다. 부모교육의 목적은 기관의 도움 없이 혼자 힘으로 정보 및 서비스를 활용하는 능력 배양에 있다.

(2) 부모 관여 · 개입(parent involvement)

부모 관여 또는 개입은 부모가 유아교육기관과의 긴밀한 유대관계 형성을 통하여 유아를 바르게 이해하고 교육의 질을 높이기 위하여 부모 자신이 유아교육 활동의 계획 · 실행 · 평가과정에 직접 개입하는 것을 말한다. 부모개입은 유아교육기관에서 중요한 자원으로 활용되며 다양한 방법으로 교사를 보조하는 역할을 하게 된다. 유아교육기관에서 부모개입의 유형은 프로그램 정책 수립자로서 개입, 교사로서의 개입, 지원자로서의 개입 등으로 분류하고 있다.

(3) 부모지지(parent supporting)

부모지지는 친지로부터의 도움을 위시하여 교회, 지역사회 내의 각종 학부모회, 지방자치단체, 아동복지시설, 병원, 교육기관, 기업체, 기타 사회사업 기관으로부터의 인적 ·

물적 자원을 지원받거나 교육활동에 관한 도움을 받는 것이다.

(4) 부모참여(parent participation)

유아교육 프로그램의 주요 단계인 계획, 실행, 평가 및 수정에 부모들이 참여하는 것을 말한다. 이는 부모가 자녀교육에 대해서 수동적이고 소극적인 태도에서 벗어나 교사 및 교육행정가와 대등한 입장에서 상호작용하고 교육에 관련된 의사결정에 참여하게 되는 적극적인 방법이다.

2) 부모 연계교육의 필요성

인간의 성장 과정에서 가장 중요한 시기를 유아기라 할 수 있다. 유아기에 부모의 역할은 대단히 중요한 교육적 요소로 작용한다. 따라서 유아교육에서의 부모들의 적극적인 참여와 개입은 유아교육의 성패를 좌우할 수 있는 필수불가결한 요소라 할 수 있다. 현대사회에서는 부모들이 자녀를 양육 · 교육하는 과정에서 역할 수행상의 곤란을 겪는 경우가 허다한데 이것은 자녀교육에 필요한 정보나 기술 등을 체계적으로 제공할 수 있는 시스템이 부족하기 때문이다. 현대사회의 부모들에게 유아교육기관과의 연계 교육이 필요한 이유를 제시하면 다음과 같다(김진영 외, 2000).

첫째, 부모들은 아동 발달에 있어서 핵심적인 존재로 자녀의 성장 · 발달에 영향을 주기 때문이다. 초기 아동기가 인간 발달에 있어서 결정적인 시기라는 신념의 출현과 함께, 부모역할의 중요성을 강조한 19세기 이후 부모의 역할은 자녀의 성장과 발달에 많은 영향을 준다는 믿음 때문이다. 특히, 유아기 때에는 부모가 아동의 사회 · 신체 · 정서 · 언어 · 인지 발달 등 모든 영역에 영향을 미치고, 그 효과 역시 오래 지속된다는 연구결과들이 발표되고 있다.

둘째, 바람직한 부모역할에 대하여 다양한 정보가 존재하므로 부모가 자신뿐만 아니라 자신의 자녀에게도 도움이 되는 정보를 찾아 활용하는 것을 도와주기 때문이다. 정보화 시대 자녀교육에 대한 검증되지 않은 수많은 정보들이 쏟아지고 있다. 이 중에서

부모 자신은 물론 자녀에게 필요한 지식과 정보를 선택할 수 있는 능력을 부여해 준다.

셋째, 현대사회에서는 자녀를 양육하기 위한 적절한 모델이 적기 때문이다. 현대사회는 사회 · 정치 · 경제 · 문화의 모든 면에서 급속한 변화를 거듭하고 있기 때문에 과거 부모 세대들의 가치관을 모델로 삼아 부모 역할을 수행하는 것이 적절치 못할 경우가 있다. 가족구조의 변화를 예로 들 수 있다. 즉, 핵가족화, 이혼 및 별거로 인한 가정의 분리, 소년소녀 가장, 한부모 자녀의 증가, 빈부의 격차 등 각각의 환경 변화에 적절한 부모교육을 필요로 하고 있다.

넷째, 유아가 앞으로 살게 될 미래사회를 준비시키기 위하여 부모교육이 필요하다. 부모들은 자녀들의 미래를 준비시키기 위하여 미래사회에 적절한 사고방식과 능력이 무엇인지를 배우고 자기 자녀에게 전달한다.

다섯째, 부모 자신이 인간으로서 자기성취를 이루고 가족과 친지 그리고 사회로부터 효율적인 지지를 받기 위한 활동이다. 부모교육은 평생교육의 일환이라고도 할 수 있다. 학부모들은 평생교육의 일환인 연계교육을 통하여 자신의 학습욕구를 충족시킬 수 있다.

여섯째, 효율적인 부모역할로 훌륭한 인적자원을 길러 내기 위하여 정부나 국가 차원에서 부모교육을 필요로 한다. 어린 아동의 부모에게 적은 비용을 들여 교육을 실시하는 것은 부모들의 적절한 역할 수행으로 자녀를 훌륭한 사회구성원으로 키울 수 있게 하기 때문이다.

일곱째, 가정과 교육기관과의 연계를 통하여 일관성 있는 교육이 가능하게 하기 위함이다.

2. 부모 연계교육의 내용

부모 연계교육의 내용은 유아교육기관의 교육방향, 철학과 목적, 부모의 요구와 지역적인 특성, 프로그램 대상자의 수준, 인적 · 물적 자원의 활용 가능성 등에 따라서 달라질 수 있다. 부모 연계교육에서 다루어야 할 내용을 제시하면 다음과 같다.

1) 유아교육과 부모의 역할

유아기는 인간 발달의 결정적인 시기이기 때문에 어느 시기보다 중요한 시기이다. 이러한 유아교육의 주역은 부모가 맡게 된다. 부모는 유아의 사회 · 정서적 · 인지적 · 언어적 그리고 신체적 발달에 가장 중요한 영향을 미칠 수 있는 위치에 있다. 따라서 부모 자신들이 자녀의 성장 · 발달을 돕기 위한 역할이 무엇이며, 또 그 중요성을 부모에게 인식시키는 데 관련된 내용들이 다루어진다.

2) 유아 발달의 특징과 그 지도방법

부모가 유아 발달을 촉진시키는 데 필요한 가정환경을 조성하고 또 그들 자신이 역할을 다하기 위해서는 우선 유아의 신체적 · 사회적 · 정서적 · 지적 그리고 언어적 발달의 특징에 따른 지도방법을 제시한다.

3) 유아의 문제 행동과 지도방법

가정이나 유아교육기관에서는 '유아의 문제행동이 어떻게 해서 형성되었으며, 또 잘못된 행동습관을 어떻게 하면 고칠 수 있을 것인가?'를 고민하게 된다. 일반적으로 유아의 문제행동은 어른의 사랑과 관심이 부족해 일어나는 것으로 보고 있다. 그러나 실제로 대부분의 문제행동들은 부모나 다른 어른이 모르는 사이에 가르친 것들이다. 예를 들면, 울기를 잘하거나 말썽을 자주 부리는 유아는 그런 행동을 선천적으로 타고난 것이 아니라, 그렇게 하도록 주위에서 배웠다는 것이다. 이렇게 유아가 나쁜 행동을 주위에서 배웠다면, 그 반대로 좋은 행동도 얼마든지 배울 수 있다는 논리가 성립된다. 따라서 유아교육기관에서의 부모교육은 자녀들에게 문제행동을 지도하고, 바람직한 행동습관을 형성하게 하는 방법을 배운다.

4) 자녀와의 대화기법

부모는 자녀를 양육하는 동안 효과적인 의사소통에 어려움을 느낀다. 부모와 자녀 간의 세대차로 인하여 부모가 자녀의 말뜻을 이해하지 못하거나 잘못 이해하는 경우가 있다. 또한 부모 자신들이 자녀에게 전하고자 하는 바를 제대로 전달하지 못하거나 잘못 전달하는 경우가 있다. 이러한 부모와 자녀 간의 원활치 못한 의사소통은 부모와 자녀 간의 갈등 요소로 작용할 수 있다. 따라서 부모연계교육을 통하여 부모와 자녀 간의 효과적인 대화방법을 다룬다.

5) 가정에서의 학습 환경 조성

유아가 매일 접촉하는 가정환경은 그의 발달에 많은 영향을 준다. 풍요한 가정환경에서는 유아의 발달을 촉진하는 다양한 학습 경험의 기회를 제공해 준다. 풍요한 가정환경이라는 것은 주어진 환경을 교육적으로 어떻게 활용하느냐에 관한 것이다. 부모연계교육에서는 유아의 발달을 촉진시키기 위하여 주어진 환경을 바람직한 학습 환경으로 조성하는 방법을 다룬다.

6) 부모를 위한 일반상식

부모는 자녀교육 이외에 가정의 관리 및 운영, 사회 · 정치 · 경제 · 문화, 지역사회 발전에 참여하기 위해 필요한 최소한의 정보를 필요로 한다. 부모연계교육에서는 부모들이 알아야 할 일반상식을 다룬다.

3. 부모 연계교육의 유형

유아교육기관에서 이루어지는 부모연계 교육의 유형에는 학부모회, 가정방문, 가정통신, 면담 등과 같은 소극적인 형태의 유형과 수업 참관, 보조교사 활동 등과 같은 적극적인 형태의 유형이 있다.

1) 학부모회

학부모회는 학부모들이 정기적, 혹은 비정기적으로 갖는 집단모임이다. 학부모회는 유아교육기관이나 지역사회의 실정에 따라 다를 수 있지만 보통 월 1회의 월례회를 비롯하여 특별한 일이 있을 때 모임을 갖는 특별회 등이 있다. 학부모회는 학부모 전체를 대상으로 하는 전체 학부모회와 학급별로 갖는 학급 학부모회 등으로 구분할 수 있다. 학부모회에서는 유아의 발달과 교육에 관한 지식과 정보, 부모 자신의 성장에 관련된 지식과 정보, 유아교육기관의 교육활동에 관한 사항 등을 서로 공유할 수 있는 기회를 갖게 된다.

(1) 강연회

강연회는 부모들에게 필요한 지식이나 정보를 알려 주기 위하여 그 분야의 전문가나 관련 인사를 초빙하여 이루어지는 부모교육의 한 유형이다. 강연회는 연간 계획 또는 월간 계획에 의하여 진행된다. 이 방법은 부모와 교사 간에 의사전달이 용이하고 많은 준비 없이 진행할 수 있기 때문에 유아교육기관에서 많이 활용되고 있다.

(2) 좌담회

좌담회는 학부모와 다양한 분야의 전문가를 초빙하여 자녀 교육에 관한 문제나 생활 전반에 관한 문제를 주제를 중심으로 자신들의 경험이나 문제를 중심으로 의견을 나누는 모임이다. 좌담회 참여자는 보통 3~6명이 적당한데 이 중에는 좌담회를 이끌어 나갈

사회자 1명을 두는 것이 좋다.

(3) 토론회

토론회는 어떤 주제에 대하여 서로 다른 의견을 가진 세 사람 이상의 강사를 초빙하여 서로 자신의 경험이나 의견의 제시를 통하여 나름대로 문제를 해결하는 방법이다. 토론회는 자칫하면 자신의 주장이 지나쳐 분위기가 과열될 수 있기 때문에 사회자는 토론 참가자들에게 발언 기회를 골고루 주어야 한다.

(4) 역할극 또는 심리극

역할극이나 심리극은 생활 주변에서 흔히 일어나는 문제 행동이나 부적응 행동의 치료를 위하여 각 사례를 극화하여 부모들이 직접 연기자가 되어 역할을 수행하는 형태이다. 이러한 역할극이나 심리극은 부모가 자녀나 제3자의 입장을 이해할 수 있는 기회를 제공하게 되어 자녀 지도를 보다 효과적으로 할 수 있다.

(5) 워크숍

워크숍은 부모들이 실제로 어떤 일에 직접 참여하여 배우고 실습해 보는 교육프로그램이다. 부모들은 유아교육이나 아동 발달에 유용한 학습자료를 준비하거나 제작하는 기회를 가지거나 유아지도에 필요한 노래, 유희, 율동, 게임, 놀이활동 등을 직접 경험해 볼 수 있는 기회를 갖게 된다.

2) 학부모 수업참관

수업참관은 수업이 이루어지고 있는 현장에 부모들이 직접 참가하여 원아들의 수업활동을 관찰하는 것으로서 유아의 발달 정도를 객관적으로 파악하고, 가정과 유아교육기관에서의 유아 행동의 차이를 발견하며, 유아교육기관의 교육과 지도방법에 대한 이해를 높여 가정과 유아교육기관 간의 지도의 일관성 유지를 목적으로 한다.

수업참관은 가능한 한 많은 학부모가 참여할 수 있도록 참관일, 참관시간, 참관방법 등에 관해 사전에 치밀한 계획이 수립되어야 한다. 수업참관을 위해 유아교육기관을 방문하는 학부모들에게 교사는 사전에 참관 요령을 숙지시켜 학부모의 수업참관 때문에 계획된 교육활동이 지장을 받아서는 안 된다. 또한 수업을 참관할 때 무엇을 어떻게 관찰할 것인가를 사전에 알려 줄 필요가 있다. 수업참관 전에 학부모들에게 주지시켜야 할 사항은 다음과 같다(조성일 · 장선철, 2000).

- 유아의 활동에 방해가 되지 않도록 지정된 장소에서 조용히 참관한다.
- 자녀의 요구가 있을지라도 교사의 승인이 없이 수업에 개입하지 않는다.
- 수업 참관자는 사전에 필기도구를 준비하여 중요한 사항이나 의문이 나는 점을 기록하면서 참관한다.
- 교사와 토의하고 싶은 내용을 기록해 두었다가 참관이 끝난 후에 면담을 통하여 해결한다.
- 유아활동의 우열에 지나친 관심이나 경쟁의식을 가지 않는다.

이와 같은 수업참관이 끝나면 수업에 대한 평가회를 갖는 것이 좋다. 평가회에서 주로 다루어야 할 내용은 다음과 같다(윤석희, 1989).

- 활동의 선택 : 수업의 내용 선택이 알맞은 수준인가?
- 유아의 참여 : 모든 유아들이 능동적으로 참여하도록 계획되어 있는가?
- 교사의 태도 : 교사가 유아의 질문에 예민하고 친절하며 명랑한 태도로 진행했는가?
- 학습분위기와 환경 조성 : 편안하고 정리된 자연스러운 학습분위기였나?
- 학습구성 : 학습활동을 전체적으로 적절하게 잘 계획하고 구성하였는가?

3) 아버지 참여

유아와 아버지와 지낼 수 있는 시간은 그리 많지 않다. 전통적으로 유아교육은 주로 어머니들의 몫이 되어 왔다. 그러나 이제는 유아교육은 어머니들만의 몫이 아니다. 아버지와 어머니가 공동으로 참여하고 협력할 때 바람직한 유아교육 활동이 전개될 수 있다. 이에 따라 최근에는 유아와 아버지와의 상호 작용 관계를 확장시키기 위한 프로그램들이 개발되고 있다. 아버지들이 참여할 수 있는 프로그램으로는 재롱잔치, 캠프활동, 현장체험학습 등 다양한 형태로 진행된다. 이러한 아버지 참여 프로그램을 계획할 때는 가능한 한 아버지들이 많이 참여할 수 있는 시간을 선택하는 것이 좋다. 아버지 참여 프로그램은 저녁 시간이나 공휴일 등 직장 퇴근 시간 이후로 시간계획을 수립하는 것이 좋다.

4. 교사-학부모 간의 의사소통

교사와 학부모 간에는 다양한 방법으로 의사소통이 이루어진다. 만약, 교사와 학부모, 유아교육기관과 학부모 간 의사소통이 제대로 이루어지지 않을 때 상대방의 행위에 대한 오해를 불러와 심각한 갈등을 야기할 수도 있다. 교사와 학부모 간 원활한 의사소통을 위해서 활용될 수 있는 방법을 제시하면 다음과 같다.

1) 가정방문

가정방문은 교사가 유아의 가정을 직접 방문하여 부모와의 대화를 통하여 부모의 유아교육에 관한 관심이나 유아교육기관에 대한 기대 수준 등을 파악함과 동시에 유아교육기관의 교육활동에 관한 학부모의 이해를 얻기 위하여 실시한다. 그리고 가정과 교사 간의 자녀교육을 위한 동료 관계를 형성하기 위한 방법이다. 이재연 등(1993)은 유아교육기관에서 가정 방문을 통하여 얻을 수 있는 교육적인 효과를 다음과 같이 제시하였다.

- 부모 및 다른 가족성원들과 래포(rapport)를 형성할 수 있다.
- 의사소통을 촉진시킨다.
- 부모참여를 격려하고 부모의 지원을 촉진한다.
- 유치원의 목적과 목표를 알릴 수 있다.
- 유아의 진전 상황을 이야기할 수 있다.
- 유아가 가진 문제를 의논할 수 있다.

- 교육기관에서 배운 것을 가정에서 확장시키는 방법을 부모에게 제시할 수 있다.
- 교육기관 방문을 꺼리거나 방문을 할 수 없는 부모와 접촉할 수 있다.
- 학기 중 특히 방학 동안에 가정 방문을 이용하여 떨어져 있던 유아 개개인에게 교사의 관심을 보여 줄 수 있다.
- 학기말을 이용한 교사의 가정 방문은 1년간의 교육을 총정리하고 평가하는 시간이 될 수 있다.

한편, 가정 방문 시 지켜야 할 사항은 다음과 같다(유안진 · 김연진, 1998).

- 방문시간과 날짜를 미리 정하여 연락하고 적당한지를 알아본다.
- 방문시간은 20~30분 정도가 바람직하고 너무 길지 않도록 유의한다(경우에 따라서 부모가 스스로 많은 문제를 토론하고자 할 때는 제한할 필요는 없다).
- 질문하고자 하는 사항을 미리 선정하여 그 영역에서 벗어나지 않도록 한다.
- 전문적인 용어보다는 보편적이고 일반적인 용어를 사용하여 딱딱한 인상을 주지 않도록 한다.
- 아동의 장점을 많이 이야기하고 따뜻한 대화로 진행하도록 한다.
- 지나친 농담이나 자녀교육 이외의 이야기는 되도록 삼가한다.
- 예의 있고 겸손하며 교양 있는 태도를 취한다.
- 가정 방문 시에는 방문하는 가정에 심리적 · 물질적으로 부담이 되지 않도록 해야 한다.

2) 가정통신문

가정통신은 유아교육의 효과를 높이기 위하여 유아교육기관과 학부모 간에 주고받는 정보교환 또는 의사소통의 한 형태이다. 가정통신은 학부모와 교사가 직접 대면을 하지 않은 상태에서 소책자, 쪽지 또는 다양한 형태의 문서를 통하여 이루어진다. 가정통신문은 유아교육기관을 소개하는 책자와 같이 연간으로 발간되는 것, 월간 · 주간 · 일일 교육계획 등을 알려 주기 위한 것, 필요에 따라 수시로 발간하는 것 등 다양하다. 최근에는 유치원 신문 형태, 또는 뉴스레터 형태 등 가정통신이 다양한 형태로 이루어지고 있다. 가정통신문은 견학, 현장체험학습, 관람, 간식, 교육비, 입학 초기 적응활동 상황, 유아의 건강 및 영양, 면담 요청, 버스 승·하차 시간 등을 안내할 때 활용된다.

가정통신문을 작성할 때에는 내용면에서는 짧고 간결하게 구성하는 것이 좋다. 부모가 참여해야 할 행사나 활동을 알리는 경우에는 적어도 1주일 전에 전달하여 일정을 조정할 수 있도록 해야 한다. 가정통신문은 유아에게 직접 배부하는 것이 좋으나 부모용 게시판에 게시하거나 부모들이 쉽게 가져갈 수 있는 곳에 비치해 두고 가져가도록 하는 방법도 있다. 다음은 가정통신문의 한 예이다.

〈가정통신문 제 10-0호〉

가정통신문

여러분의 가정에 행운이 충만하시기를 기원합니다.
풍성한 수확의 계절을 맞아 농촌 체험학습 활동을 계획하였습니다. 자라나는 우리 자녀들에게 소중한 추억을 만들어 줄 것으로 생각됩니다. 많은 유아가 참가하여 보람찬 하루가 되었으면 합니다.
여러분의 이해를 돕기 위하여 활동 장소 안내와 일정표를 동봉하여 보내드리오니 참고하시기 바랍니다.

— 다 음 —

1. 장소 : 청암농원(전라남도○○군□□면△△리)
2. 일시 : 년 월 일(금). 출발: 오전 9시, 도착 오후 5시
   *출발 및 도착 장소는 우리 유치원입니다.
3. 준비물 : 점심, 간단한 다과, 야외용 돗자리, 비옷 또는 우산
4. 복장 : 간편한 복장, 운동화
5. 기타 : 우천 시에는 본 행사를 취소합니다.

* 체험 활동 참가 신청서를 ( )월 ( )까지 담임선생님께 제출해 주시기 바랍니다.

20 년 월 일
○ ○ ○ 유치원장

-------------------------------- 체험활동 참가 신청서 --------------------------------

반 명 : 유아 이름 :

참가 여부 : 참가를 희망함( ), 참가를 희망하지 않음( )

학부모 이름 : 서명

○ ○ ○ 유치원장 귀하

그림 8-1 가정통신문의 예

3) 게시판의 활용

유아교육기관에서 게시판은 등·하원 시 부모들이 중요한 정보를 한눈에 볼 수 있는 곳이다. 게시판의 부착은 오고가면서 무심코 힐끗 볼 수 있는 장소보다는 잠시라도 걸음을 머물 수 있는 장소를 택하도록 한다. 눈에 잘 띄게 하고 요점을 쉽게 알 수 있도록 그림을 첨가하는 등 시각적 효과를 고려한다(전남보육정보센터, 2005). 게시판에 게시할 내용은 주로 교육행사나 특별행사, 자녀교육 정보, 부모 협조 사항, 일일 식단계획, 예방접종 알림 등이다.

4) 컴퓨터를 활용한 정보 교환

최근 컴퓨터를 활용한 정보 활용에 익숙한 학부모들은 유아교육기관의 홈페이지를 찾아 정보를 수집하고 궁금한 사항을 묻고 답을 듣기도 한다. 학부모들이 즐겨 찾는 유아교육기관의 홈페이지에는 대부분 기관의 소개, 교육프로그램, 주요행사, 게시판, 방명록, 원아 모집 요강, 유아들의 작품활동 내용, 유아교육기관의 약도 등으로 구성되어 있다. 홈페이지의 방명록에는 홈페이지를 방문한 사람들이 하고 싶은 말을 남긴다. 또한 홈페이지를 통해서 학부모와 교사 간의 대화가 이루어지게 된다.

홈페이지가 없는 경우에는 부모와 교사 간에 메일을 통해 대화를 진행한다. 이메일은 컴퓨터 통신망을 이용하여 컴퓨터 사용자 간에 편지나 여러 정보를 주고받는 개인 통신 방법으로 유아의 부모와 의사소통을 하기 위한 도구이다. 이메일을 이용한 의사소통은 상호 간 즉시 의견을 주고받을 수 있기 때문에 학부모의 의견을 빨리 파악하여 유아교육기관 운영에 반영할 수 있다. 그러나 이메일은 다수의 학부모에게 신속하게 정보를 제공할 수 있는 이점이 있지만 당사자 간에 민감한 정보를 공유하는 것은 지양해야 한다. 또한 이메일을 보내기 전에 부모로부터 사전 동의를 구하여야 하며, 이메일을 갖지 않는 부모가 의사소통에서 제외되는 일이 없어야 한다.

5) 전화대화

전화는 부모나 교사가 유아를 더 잘 이해할 수 있는 정보를 교환하기 위하여 활용한다. 교사는 유아의 하루 생활을 부모에게 직접 음성으로 전하면서 부모의 이해를 구하게 된다. 부모는 유아의 가정생활이나 지난 밤에 있었던 일, 즉 갑자기 아팠거나 가정에서 일어났던 일들을 교사에게 전달하여 교사의 협조를 구하게 된다.

6) 뉴스레터 활용하기

PC통신이나 인터넷이 활성화되기 이전에 새로운 소식이나 뉴스를 종이 매체의 정기간행물로 전달하기 위하여 활용되었다. 뉴스레터는 주간, 격주간, 월간 등 주기적 혹은 비주기적으로 발간된다. 대체로 판형은 편지지 크기이며, 1~2쪽으로 학급이나 기관의 활동에 대한 간단한 설명이나 공지사항, 부모교육, 교육과정 주제, 유아에게 유익한 책 및 놀이자료, 볼만한 TV 프로그램, 학부모에게 당부하는 글, 가정학습활동 내용, 행사계획, 교직원 활동 등이 실린다.

7) 부모-교사 면담

면담이란 교사와 부모가 서로 대면하여 유아의 생활과 행동에 대하여 여러 가지 의견을 교환함으로써 바람직한 유아지도 방안을 모색하는 활동이다. 면담은 유아교육기관에서 이루어지는 공식적인 만남이다. 면담은 교사와 학부모가 일대일로 만나는 개인면담과 20~30명 정도의 학부모와 함께하는 집단면담으로 구분할 수 있는데, 유아교육기관의 계획에 따라 정해진 시기에 이루어지는 정기적인 면담과 필요에 따라 이루어지는 비정기적인 면담으로 나눌 수 있다.

공식적인 면담은 부모와 교사 모두에게 편리한 장소와 시간으로 계획되어야 하며 가능하면 부모 모두가 참여하는 것이 좋다. 면담 중에는 자연스러운 분위기에서 교사는 부모로부터 유아에 관한 많은 정보를 얻을 수 있어야 하며, 교사는 사전에 준비한 해당 유아 관련 정보를 솔직하게 전달하여야 한다. 부모와의 면담을 통해서 교사는 유아의 문제 행동이나 장점 등을 진솔하게 밝힘으로써 부모들이 자신의 자녀에 대한 정확한 정보를 얻을 수 있게 해야 한다. 부모가 교사와 면담을 통해서 얻을 수 있는 장점은 다음과 같다(유효순 · 정원식, 1994).

- 부모와 교사 간 상호친밀감을 형성할 수 있다.
- 교사가 가정생활이나 가족관계에 대해 알 수 있어서 유아를 이해하는 데 도움을 준다.
- 유아의 문제 행동이 발생할 경우 해결방법을 같이 연구할 수 있다.
- 부모가 유아에 대한 새로운 인식을 하게 된다.
- 부모가 유치원의 교육목적이나 프로그램에 대해 알 수 있다.
- 유치원에서의 행사에 대해 의견을 교환할 수 있다.

교사는 면담을 위해 유아 개인별 관찰기록이나 검사결과 등을 참고자료로 준비해 두고, 면담의 결과를 기록하여 보관해 둔다. 면담기록을 위한 부모 면담지의 예는 다음과 같다.

<table>
<tr><th colspan="4">부모 면담지</th></tr>
<tr><td colspan="2">이 름</td><td></td><td>생년월일</td></tr>
<tr><td colspan="2">면담일시</td><td>년 월 일 요일 : ~ :</td><td>면담교사</td></tr>
<tr><td colspan="2">영 역</td><td>교사 의견</td><td>부모 의견</td></tr>
<tr><td rowspan="5">발달사항</td><td>건강생활</td><td></td><td></td></tr>
<tr><td>사회생활</td><td></td><td></td></tr>
<tr><td>표현생활</td><td></td><td></td></tr>
<tr><td>언어생활</td><td></td><td></td></tr>
<tr><td>탐구생활</td><td></td><td></td></tr>
<tr><td colspan="2">고려할 사항</td><td colspan="2"></td></tr>
<tr><td colspan="2">기 타</td><td colspan="2"></td></tr>
</table>

그림 8-2 부모 면담지의 예

5. 학부모 자원의 활용

다양한 경력과 특정 분야에 전문성을 갖춘 능력 있는 다수의 학부모가 있다. 이들의 경력과 전문성을 유아교육을 위해서 활용할 수 있다. 일반적으로 학부모들에게는 다음과 같은 역할을 기대할 수 있다.

1) 보조교사

부모가 보조교사로서 유아교육기관의 교육활동에 참여하는 것은 적극적인 부모참여의 형태이다. 교육활동이 보다 원활히 진행되기 위해서는 교사와 교사의 활동을 보조하는 보조교사를 확보하는 것이 바람직하다. 교사들은 교육활동 이외에 많은 잡무를 수행하고 있는 실정이다. 이러한 여건에서는 교사들이 본연의 임무를 수행하는 데 지장을 초래할 수도 있다. 따라서 이러한 문제점을 해결하기 위하여 학부모들에게 일정한 교육을 시켜 교사의 교육활동을 보조하게 할 필요가 있다. 이러한 보조교사로서의 활동을 통해서 부모는 유아교육에 대한 이해를 높일 수 있는가 하면 자신의 능력과 역할을 새롭게 인식할 수 있는 계기가 될 수 있다.

유아교유기관에서 부모가 보조교사로 참여할 수 있는 부문에는 다음과 같은 것들이 있다.

- 학습활동의 보조자의 역할을 수행할 수 있다.
- 운동회, 예능발표회, 현장학습 등 각종 행사진행의 보조자 역할을 수행할 수 있다.
- 각종 공문서나 장부 정리와 보관, 유아 평가자료의 정리, 각종 인쇄물의 준비와 발송 등의 업무에 참여할 수 있다.
- 급식이나 간식의 준비 및 제공, 그리고 관련 활동의 소집단활동 지도에 참여할 수 있다.
- 예방접종, 신체검사, 체력검사, 교실 청소, 귀가지도 등의 활동에 참여할 수 있다.
- 자유활동시간에 교사의 시선이 미치지 못하는 곳이나 손이 미치지 못하는 곳에 제한적으로 유아의 안전지도 및 유아의 요구에 응할 수 있다.
- 실내 · 외 환경 정리나 교재 · 교구 제작을 보조할 수 있다.

- 동화, 노래, 게임 등의 교육활동에 부분적으로 참여할 수 있다.
- 각종 실험, 특기적성 교육활동에 보조로 참여할 수 있다.

2) 행사 진행 보조자

(1) 어린이날 행사 참여

어린이날을 축하하기 위하여 진행되는 행사에 참여할 수 있다. 어린이날 행사에는 음식 만들기, 축하선물 만들기, 축하공연 등에 참여할 수 있다.

(2) 운동회 진행 보조자로 활용

운동회는 대개 1년에 한 번씩 개최되는 큰 행사이다. 운동회 때는 유아교육기관 전 가족이 참여하는 행사인 만큼 사전에 치밀한 계획의 수립이 요구된다. 운동회는 평일보다는 공휴일에 개최하는 것이 학부모의 참여율을 높일 수 있다.

제9장

유아교육기관 인사관리

제9장

유아교육기관 인사관리

유아교육기관에서 인적 · 물적 · 재정적 자원의 관리는 유아교육의 질적 수준을 가늠하는 중요한 요소이다. 여기서는 유아교육기관에서의 인사관리에 대해서 알아보고자 한다.

1. 유치원 인사관리

유아교육기관에서의 인사관리란 자격을 갖춘 교직원을 선발, 임용하여 배치하고 근무평정, 승진, 보수와 후생, 근무 부담, 신분 보장, 연수, 징계, 퇴직 등을 관리하는 것을 말한다.

1) 교직원의 종별 및 자격 기준

일반적으로 교직원이라 함은 각급 학교의 교원과 직원을 포괄하는 용어이다. 이 중에서 교원은 교육기관에서 원아 및 학생을 직접 지도할 수 있는 사람을 말하며, 직원은 교육기관에서 교육활동이 원활히 진행될 수 있도록 각종 행정업무, 시설관리, 경비업무 등을 맡고 있는 사람들을 말한다. 유치원에서 교원은 원장, 원감, 교사 등이 있으며, 직원에는 촉탁의사, 영양사, 간호사 또는 간호조무사, 행정(사무)직원, 운전원 등이 있다. 이밖에도 유치원에는 치과의사, 심리학자, 특수교육전문가, 사회사업가, 자원봉사자 등 외부 인사들도 있다.

유치원의 교원에 대해서는 일정한 자격요건을 갖추도록 법에서 명시하고 있다. 유치원 교원의 종별과 자격에 대해서는 〈유아교육법〉 제22조 1항의 [별표 1]과 동조 2항 [별표 2]에 명시되어 있다. 유치원 교원은 원장, 원감, 정교사 1급, 정교사 2급으로 구분되고, 그 자격은 [표 9-1]과 같다.

표 9-1 유치원 교원의 종별과 자격기준

구 분	자격기준
원 장	1. 유치원 원감의 자격증을 가지고 3년 이상의 교육경력과 소정의 재교육을 받은 자 2. 학식과 덕망이 높은 자로서 교원자격검정위원회의 추천에 의하여 교육과학기술부장관의 인가를 받은 자
원 감	1. 유치원 정교사(1급) 자격증을 가지고 3년 이상의 교육경력과 소정의 재교육을 받은 자 2. 유치원 정교사(2급) 자격증을 가지고 6년 이상의 교육경력과 소정의 재교육을 받은 자
정교사(1급)	1. 유치원 정교사(2급) 자격증을 가진 자로서 3년 이상의 교육경력을 가지고 소정의 재교육을 받은 자 2. 유치원 정교사(2급) 자격증을 소지하고 교육대학원 또는 교육과학기술부장관이 지정하는 대학원의 교육과에서 유치원 교육과정을 전공하여 석사학위를 받은 자로서 1년 이상의 교육경력이 있는 자
정교사(2급)	1. 대학에 설치된 유아교육과 졸업자 2. 대학(전문대학 및 이와 동등 이상의 각종학교를 포함한다) 졸업자로서 재학 중 소정의 보육과 교직학점을 취득한 자 3. 교육대학원 또는 교육과학기술부 장관이 지정하는 대학원의 교육학과에서 유치원 교육과정을 전공하고 석사학위를 받은 자 4. 유치원 준교사 자격증을 가진 자로서 2년 이상의 교육경력을 가지고 소정의 재교육을 받은 자
준교사	1. 유치원 준교사 자격 검정에 합격한 자

유치원 교원의 배치는 유치원의 특성, 규모, 운영 방침에 따라 다르지만, 〈유아교육법〉 제 20조 1항에는 '유치원에는 교원으로 원장, 원감 및 교사를 두되, 대통령이 정하는 일정 규모 이하의 유치원에는 원감을 두지 않을 수 있다'라고 명시되어 있다. 이에 따라 대부분의 2학급 이하 규모의 유치원에는 원감을 두지 않고 있으나 원감을 두고 있는 유치원에서도 2학급 이하인 경우에는 원감이 학급을 담당하여 유아를 직접 지도하는 경우가 많다.

유치원 교사의 배치는 학급당 1인을 원칙으로 하고 있으며, 학급당 인원 수에 대해서는 법적 규정은 없으나 대부분의 시 · 도에서는 최대 35명 이하를 권장하고 있다. 하지만 유아교육의 질적 수준을 높이기 위해서는 유아의 연령, 집단구성 방법, 교사의 능력, 물리적 환경 등을 고려하여 교사 1인당 담당 원아 수를 적게 하는 것이 바람직하다. 종일제를 운영하는 유치원의 경우 학급 담당 교사 이외에 자격을 갖춘 종일제 담당교사 1인 이상을 둘 수 있다. 교육과정 운영상 필요한 경우에는 교원 이외에 강사, 기간제 교사, 특기적성 교사, 또는 명예교사 등을 둘 수 있다. 유치원에는 간호사의 채용에 관한 규정이 없다. 초등학교 병설 유치원의 경우에는 대부분 초등학교 소속 보건교사가 병설 유치원 원아들까지 돌보고 있다.

이밖에도 유치원에는 영양사를 두고 있다. 반나절제로 운영되고 있는 유치원에는 영양사를 채용하고 있지 않지만 종일제로 운영하고 있는 유치원의 경우에는 자격 있는 영양사를 두고 있는 경우가 있다. 초등학교 병설 유치원의 경우에는 초등학교 학생들과 같이 급식을 실시하고 있기 때문에 별도의 영양사를 둘 필요는 없다.

2) 유치원 교원의 양성 및 교육

(1) 교사 양성

인간의 발달 단계에서 가장 중요한 영향을 미치는 유아기 교육을 담당할 유치원 교사의 양성은 교원양성제도의 중요한 영역으로 등장하고 있다. 현재 우리나라 유치원 교사의 양성은 전문대학 유아교육과와 아동보육과, 대학(교)의 유아교육학과와 아동학과, 교육대학원의 유아교육전공, 기타 각종 학교의 유아교육과 또는 보육과(교직과정 이수자에 한함)에서 양성되고 있다. 유아교사 양성기관의 다양함에도 불구하고 졸업 후의 취득자격은 다같이 유치원 2급 정교사라는 동일한 자격을 부여받는다. 다만 이들이 현직에 임용되었을 때 호봉상의 차이가 있을 뿐이다.

우리나라에서는 유치원 교사뿐만 아니라 초 · 중등 · 특수학교 교사가 되기 위해서는 〈유아교육법〉 제22조 제2항 및 〈초 · 중등교육법〉 제21조 제2항에 따른 유치원 및 초등 · 중등 · 특수학교 등의 교사자격 취득을 위한 '교원자격검정령'에 의거하여 전공과목과 교직과목 등을 이수하고 일정한 성적을 취득하여야 한다. 교사자격을 취득하기 위해서는 자격종별 소정의 전공과목과 교직과목을 이수하여야 하는 데 그 기준은 [표 9-2]와 같다.

표 9-2 주전공 및 복수전공에 의한 자격취득

자격종별	세부이수기준
유치원 정교사 (2급)	50학점 이상 • 기본이수과목 21학점(7과목) 이상 포함 • 교과교육영역 8학점(3과목) 이상 포함
초등학교 정교사 (2급)	50학점 이상 • 교과교육 및 교과내용영역 50학점 이상 • 기본이수과목 21학점(7과목) 이상 포함
중등학교 정교사 (2급)	50학점 이상 • 표시과목별 기본이수과목 21학점(7과목) 이상 포함 • 표시과목별 교과교육영역 8학점(3과목) 이상 포함
특수학교(유치원, 초등, 중등) 정교사(2급)	80학점 이상 • 특수교육 관련 42학점 이상: 기본이수과목 21학점(7과목) 이상 포함 • 유아교육(유치원), 초등교육(초등), 표시과목(중등) 관련 38학점 이상 : 기본이수과목 21학점(7과목) 이상 포함 • 교과교육영역 8학점(3과목) 이상 포함
보건교사/영양교사/사서교사/전문상담교사(2급)	50학점 이상 • 직무관련영역 50학점 이상 • 기본이수과목 21학점(7과목) 이상 포함 *보건교사의 경우 복수전공에 의한 자격취득 불가

표 9-2 (계속)

자격종별	세부이수기준
준교사	50학점 이상 • 교과교육영역 50학점 이상 • 기본이수과목 6학점(2과목) 이상 포함 * 복수전공 불가
실기교사	50학점 이상 • 교과교육영역 50학점 이상 * 복수전공 불가

표 9-3 교직과목의 최저 이수기준

구 분	정교사(2급) 및 교사(2급)	준교사	실기교사
교직 이론	14학점 이상 (7과목) • 교육학개론, 교육철학 및 교육사, 교육과정, 교육평가, 교육방법 및 교육공학, 교육심리, 교육사회, 교육행정 및 교육경영, 생활지도 및 상담, 그밖의 교직이론에 관한 과목	10학점 이상(5과목 이상) • 교육학개론, 교육철학 및 교육사, 교육과정, 교육평가, 교육방법 및 교육공학, 교육심리, 교육사회, 교육행정 및 교육경영, 생활지도 및 상담, 그밖의 교직이론에 관한 과목	4학점 이상 (2과목 이상) • 교육학개론 • 실기교육방법론
교직 소양	4학점 이상 • 특수교육학개론(2학점 이상, 영재교육포함) • 교직실무(2학점 이상)	–	–
교육 실습	4학점 이상 • 학교현장실습(2학점 이상) • 교육봉사활동(2학점 이내)	–	–
합계	총 22학점	총 10학점 이상	총 4학점

기본이수과목은 동일한 교사자격을 취득하기 위하여 모든 교원양성기관에서 필수적으로 이수해야 할 교육과정의 기본과목이다. 교직실무는 교사로서 학습지도 영역 이외의 직무수행에 필요한 영역을 포괄하여 주제별로 운영한다. 교육실습은 교사양성기관의 해당 과정을 이수하고 있는 자를 대상으로 실시하는 준비 단계로서 교사가 갖춰야 할 지식, 태도, 기술 등을 교육현장에서 직접 체험하게 하는 양성과정의 필수이다.

(2) 현직연수

현직연수는 모든 직업에 종사하는 사람들이 임용된 후에 자기 직업에 관한 새로운 지식이나 이론, 정보 등을 습득하고 교원으로서의 자질을 향상시키기 위하여 계획적인 교육이나 훈련 및 연구, 연수활동에 참여하는 것을 말한다. 교원으로서의 신분이 발생되기 전에 교원양성과정에서 받는 교육을 양성교육 또는 직전교육이라고 한다면, 현직교육은 교원으로서의 신분이 발생된 이후에 교직 관련 새로운 이론을 습득하거나 자신의 자질을 연마하기 위하여 받는 계획적인 교육을 말한다. 현직연수는 현직교육, 재교육, 보수교육 등의 용어를 혼용하여 쓰고 있다.

교원들이 실시하는 연수의 목적은 계속 교육의 차원에서 그리고 조직적 요구 및 개인적 요구의 차원에서 분석할 수 있다. OECD가 제시한 교원에 대한 현직연수의 목적은 다음과 같다(한국교육행정학회, 교육인사행정론, 1995).

- 학교 교직원 전체 또는 교직원 일부 집단의 직무수행능력을 개선시키려는 목적의 연수(예 : 학교 전체 교직원 대상의 연수프로그램)
- 개개인 교원의 직무수행능력을 개선시키려는 목적의 연수(예 : 신규 교원에 대한 연수프로그램)
- 승진 또는 승급을 위한 개개인 교원의 사전 경험을 확장시키려는 목적의 연수(예 : 지도성 훈련프로그램)
- 개개인 교원의 전문적 지식 및 이해를 증진시키려는 목적의 연수(예 : 교과 관련 전공 분야에서의 석사학위 과정)
- 교원의 개인적 욕구를 충족시키거나 일반교양을 증진시키려는 목적의 연수(예 : 교육과 관련이 없는 전공분야에서의 석사학위 과정)

각급 학교의 교원연수에 관해서는 '교원연수에 관한 규정'(대통령령 제15445호, 1997. 7. 29.)과 '교원연수에 관한 규정 시행규칙'(교육부령 제714호, 1998. 2. 28.)에 명시되어 있다. 이 규정에 의하면 교원연수는 교육의 이론 및 방법 등에 관한 일반적 교양을 높이기 위한 일반연수, 교원의 자격을 취득하기 위한 자격연수, 직무수행과 직장 적응에 필요한 능력과 자질 함양을 위한 직무연수로 구분한다. 자격 연수과정은 2급 정교사 과정, 1급 정교사 과정, 교도교사 과정, 사서교사 과정, 1급 보건교사 과정, 원감 과정, 원장 과정, 교감 과정 및 교장 과정으로 구분된다. 일반 연수의 연수기간은 10일 이상으로 하되 이수시간은 60시간 이상이어야 하고, 자격연수의 연수기간은 30일 이상으로 하되 이수시간은 180시간 이상이어야 하며, 직무연수의 기간은 당해 연수원장이 정하도록 되어 있다. 이밖에도 유치원 교사의 연수는 법적으로 규정된 연수이외에 연수 장소에 따라서 원내연수, 원외연수, 해외연수 등으로 나눌 수 있고 교사가 개별적으로 자신의 발전을 위하여 하는 개별연수 또는 집단연수 등이 있다. 연수의 주체도 교육청 단위(시 · 도, 시 · 군), 유아교육관련 학술단체, 대학, 교직단체 등에서 주관하는 연수교육 등이 있다.

현직연수는 주로 여름 방학이나 겨울 방학을 이용하여 실시되고 있는데 연수비용은 유치원 예산으로 지원되는 경우와 교사 개인이 부담하는 경우가 있다. 대개 자격연수는 공립 유치원일 경우에는 각 시 · 도 교육청 예산으로 지원되지만 일반연수 및 직무연수의 경우에는 교사 개인이 부담하는 경우가 많다.

표 9-4 유치원 교원 연수의 종류

종류	내용
자격연수	상위 교원 자격을 취득하기 위한 자격 연수 – 준교사→2급 정교사, 2급 정교사→1급 정교사, 1급 정교사→원감, 원감→원장 – 연수기간 30일 이상(180시간 이상), 교육대상, 교육내용, 교육방법은 교육과학기술부령으로 정함
일반연수	교육의 이론 및 방법 등에 관한 일반적 교양을 높이기 위한 연수 – 연수기간 10일 이상(60시간 이상). 교육대상, 교육내용, 교육방법은 일반 연수를 위탁받은 연수원의 장이 정함
직무연수	직무 수행과 직장 적응에 필요한 능력과 자질 함양을 위한 연수
특별연수	국내 교육기관 또는 연구기관에서 일정 기간 동안 연수
기타 연수	• 유아교육 단체 또는 현장 교사 중심의 자율연수 • 민간단체에 의한 연수

3) 교직원의 임용

임용이라 함은 특정 직위에 임명하는 것을 말하는데, 신규 채용 · 승진 임용 · 전직 · 전보 · 겸임 · 파견 · 강임 · 휴직 · 직위 해제 · 정직 · 복직 · 면직 · 해임 및 파면 등을 포함한다. 교원의 임용에서 가장 핵심적인 것은 선발과 임명인데 선발이란 자격을 갖춘 후보자 중에서 최적임자를 선정하는 것을 말하며, 임명이란 선발된 후보자에게 직위를 보하는 것을 말한다.

유치원 교원의 임용은 공립 유치원의 경우에 교육과학기술자원부 장관의 위임을 받아 시 · 도 교육감이 맡는다(교육공무원 임용령 제3조). 법인인 사립 유치원의 경우에는 〈사립학교법〉 제53조 2항에 의하여 당해 유치원장의 제청으로 이사회의 의결을 거쳐 법인 또는 경영자가 결정한다. 법인이 아닌 사인이 설치 · 경영하는 유치원 교원의 임용은 당해 유치원 원장의 제청으로 설립자의 의결을 거쳐 구비 서류를 관할 시 · 군 · 구 교육청 교육장에게 제출함으로써 임용이 최종 결정된다.

공립유치원 교원의 경우에는 〈교육공무원법〉 관계 규정에 의하여 보수, 복무 등에 있어서 교육공무원으로서의 처우와 대우를 받는다. 사립 유치원 교원의 경우에는 〈사립학교법〉 및 동법 시행령에 의하여 '교육공무원에 관한 규정'을 준용하도록 되어 있기 때문에 신분, 보수, 복무 등에 있어서 어떠한 차별도 받지 않는다(〈사립학교법〉 52조, 53조). 공립 유치원 원장의 임용은 원감에서 원장으로의 승진 임용 절차를 밟으면 되지만, 사립 유치원 원장 임용의 경우에는 다음과 같은 서류를 구비하여 당해 교육(구청)장에게 제출하여야 한다.

사립 유치원 원장의 승인 신청

- 교원 자격증 원본 및 사본 1부
- 교원 임용제청서 사본 1부
- 이사회 회의록사본 1부
- 민간인 신원진술서 5부
- 호적등본 2부
- 이력서 1부
- 취임승낙서 1부
- 경력증명서 1부
- 공무원 인사기록카드 1부

또한 유치원 교원 임용에 관한 구비서류는 다음과 같다.

표 9-5 인사 발령을 위한 구비서류

순 번	발령 구분	구비 서류	비 고
1	신규 채용	인사기록카드 2통 호적등본 2통 신원증명서 1통 병적 증명서 또는 주민등록등본 1통 최종학력증명서 1통 경력증명서 1통 채용신체검사서 1통 신원조사회보서 1통 민간인신원진술서 4통 자격증사본 또는 자격인정조서 1통 호봉 획정표 1통	국 · 공립종합병원장 발행
2	승 진	자격증 사본 또는 자격인정조서 1통 호봉 획정표 1 통	
3	전 직	자격증 사본 또는 자격인정조서 1통 호봉 획정표 1통	
4	강 임	강임 동의서 1통 호봉 획정표 1통	
5	의원면직	사직원서 원본 1통	자필
6	직권면직	직권면직 사유 설명서 1통	
7	당연퇴직	판결문 사본 또는 확정 판결증명서 1통	
8	정년퇴직	호적초본 1통	
9	징 계	징계의결서 사본 1통	
10	추 서	공적조사서 1통 사망진단서 1통 사망경위서 1통	
11	휴 직	휴직원 1통 진단서 1통	

표 9-5 (계속)

순 번	발령 구분	구비 서류	비 고
12	복 직	복직원 1통 휴직사유가 소멸된 증명서류 1 통	
13	직위 해제	직위해제 사유서 1통	
14	전 출 입	전출 · 입 동의서 1통	

4) 교직원의 역할 및 자질

(1) 교직원의 역할

유아교육기관에서의 모든 교직원은 유아의 건전한 성장 · 발달 촉진자로서 각자 주어진 역할을 수행하고 있다.

► **원장** 원장은 유치원을 대표하면서 유치원의 운영 및 관리에 관한 책임을 지고 있다. 유치원장의 임무에 대해서는 〈유아교육법〉 제21조 1항에서 '원장은 원무를 통할하고 소속 교직원을 지도 · 감독하며, 원아를 교육한다'고 명시하고 있다. 따라서 원장은 유아 발달에 대한 전반적인 이해는 물론 행정가로서의 자질도 갖춰야 한다. 원장은 전체적인 유치원 운영에 관한 기획, 교직원 인사관리, 사무관리, 시설관리, 회계관리, 대인관계, 지역사회관계, 유관기관과의 관계 등에 대한 전반적인 지식과 실무능력을 겸비하고 있어야 한다. 일반적으로 원장이 수행하고 있는 역할을 살펴보면 다음과 같다.

- 전반적인 유치원 운영계획 수립 및 운영관리
- 교육프로그램의 계획과 운영관리
- 교직원 인사관리 : 채용, 업무분장, 교직원 근무평정 등
- 원내장학 지도 및 교수 · 학습프로그램 계발
- 교직원의 역량 발휘를 위한 동기유발
- 원아 모집 및 관리 : 원아 모집, 학급편성, 영양 · 건강 · 안전관리 등
- 시설 · 설비관리

• 교재 · 교구 구입 및 관리
• 행정 및 회계 업무처리
• 부모교육 및 지역사회 관계 유지
• 유관기관과의 관계 유지

► **원감** 유치원 원감의 임무에 대해서는 〈유아교육법〉 제21조 2항에서 '원감은 원장을 보좌하여 원무를 관리하고 원아를 교육하며, 원장이 부득이한 사유로 직무를 수행할 수 없는 때에는 그 직무를 대행한다. 다만, 원감을 두지 않는 유치원의 경우에는 원장이 미리 지명한 교사가 그 직무를 대행한다'라고 규정하고 있다. 원감은 유치원의 중간관리자로서 유치원이 바람직한 방향으로 운영될 수 있도록 원장과 교사의 교량 역할을 수행한다. 일반적으로 원감에게 주어지는 역할을 살펴보면 다음과 같다.

• 연간, 월간, 주간 및 일일 교육프로그램 운영
• 유아교육활동에 대한 지도, 장학활동
• 영 · 유아의 영양, 건강 및 안전에 대한 대책 수립 및 관리
• 교재 · 교구 및 비품관리
• 각종 학습자료의 관리
• 부모교육 계획과 운영
• 기타 유아교육활동과 운영에 관한 사항

► **교사** 교사는 직접 아동들과 호흡을 같이 하면서 교육프로그램을 진행하는 임무를 맡고 있다. 아무리 우수한 프로그램일지라도 교사에 따라서 그 효과가 달라질 수 있기 때문에 교사 역할의 중요성은 새삼스럽게 강조할 필요가 없다.

유치원 교사의 역할에 대해서는 〈유아교육법〉 제21조 3항에 '교사는 법령이 정하는 바에 따라 원아를 교육한다'라고 명시하고 있다. 유아교사의 역할을 살펴보면 다음과 같다.

• 유아의 신체적 · 정신적 안정관리
• 교육과정의 계획 및 실행

- 비품, 교구, 학습자료의 구입, 제작, 활용
- 실내 · 외 교육환경의 조성 및 활용
- 학급 운영관리
- 유아에 대한 평가
- 부모 면담 및 상담

► **영양사 및 조리사** 종일제로 운영되는 유치원의 경우, 유아에 대한 급식관리는 매우 중요한 영역의 하나이다. 영양사가 하는 일은 영양가가 풍부하고 다양한 식사 메뉴와 간식 메뉴를 작성하고, 식품 구입, 취사 활동을 감독하고 유아의 식사 습관 형성 지도 등이다. 또한 교직원과 학부모의 식사지도와 식생활 개선 지도 업무도 맡는다. 이러한 영양사의 업무를 보조하기 위하여 주방 보조원들을 두고 있다. 주방 보조원은 우선 영양사나 조리사가 의도한 대로 유아 및 교직원들의 균형 잡힌 식사가 이루어지도록 음식을 조리하는 데 보조를 하고, 주방 · 식기 · 식료품 등의 위생적 보관과 시설의 청결 유지에 힘써야 한다. 또한 유아들의 식사습관 지도에 협조하여야 한다.

► **간호사 및 보건교사** 유아교육기관에서의 간호사나 보건교사는 영 · 유아의 건강, 안전, 위생 등에 관한 업무를 맡고 있다. 따라서 유아교육기관에서의 간호사나 보건교사는 영 · 유아의 신체적인 성장과 발달, 질병 등에 관하여 세심한 관심을 가져야 한다. 전염병 및 각종 질환의 발생이 우려될 때에는 사전에 철저한 예방활동과 교육으로 영 · 유아들이 감염되지 않도록 최선을 다해야 한다. 전염성 질환자의 발생 시 타 유아들에게로의 전염을 차단하기 위하여 신속한 격리 조치를 취해야 하며, 안전사고의 예방과 치료활동, 응급처치 및 응급처치 요령 교육 등의 역할을 수행하게 된다.

► **사무원** 유치원에는 직접 원아를 지도하는 교원이외에 교육활동이 원활히 이루어지도록 지원하는 사무직원이 있다. 사무직원은 유치원의 전반적인 행정 사무를 담당하게 되는데 각종 공문서의 처리, 교직원과 원아들에 관한 각종 기록의 관리, 금전관리 등의 행정 업무를 맡게 된다. 공립 유치원이나 규모가 큰 유치원에서는 별도의

사무직원을 두고 있지만 규모가 작은 경우에는 원장이나 시설장, 또는 원장이나 지명받은 교직원이 겸직하여 사무를 처리하는 경우가 있다.

► **관리인 및 운전기사** 각종 교육기관에는 시설의 유지 · 보수 · 관리 · 경비 등의 임무를 맡은 관리인을 두고 있다. 이들은 수도, 전기, 놀이시설, 실내 · 외 시설, 청소 등의 일을 처리한다. 운전기사는 유아의 등 · 하원을 돕는다. 운전기사는 유아가 차량을 이용할 때 안전사고 방지에 최선을 대해야 한다.

(2) 교원의 자질

유치원 교육의 질은 교원의 질에 달려 있다 해도 과언이 아니다. 여기서는 유치원 교원이 갖춰야 할 자질에 대하여 논의하고자 한다.

► **원장의 자질** 원장은 유치원의 경영자, 교육행정가, 재원 확보자, 대외 홍보자, 운영계획자, 유아교육자, 상담자의 역할을 수행해야 하기 때문에 유아에 대한 심리학적, 철학적인 이해와 유치원 경영 능력 및 자질을 요구하고 있다. 유치원 원장이 갖춰야 할 자질은 다음과 같다.

첫째, 원장은 유아교육에 대한 교육적인 안목과 확고한 교육철학을 갖고 있어야 한다. 유치원을 비롯한 대부분의 교육기관은 해당 기관 운영책임자의 철학적 관점에 따라서 서로 다른 특색을 나타내게 된다. 이것은 교육기관 운영책임자의 철학적인 방향에 따라서 교육프로그램의 선정 및 적용이 달라질 수 있음을 의미한다.

둘째, 원장은 유능한 행정가이어야 한다. 교육행정은 종합행정이다. 작은 기관이지만 유치원에서도 종합적인 행정이 요구된다. 인사관리, 원내장학, 관계 법령의 이해, 재정관리, 교육과정 운영관리, 학부모관리, 지역사회 관리 등에 대한 풍부한 지식과 능력을 갖추고 있어야 한다.

셋째, 원장은 원만한 인간관계 유지 능력이 있어야 한다. 어떤 조직이든지 그 조직을 움직여 나가는 것은 거기에 소속되어 있는 사람들이다. 그 조직을 구성하고 있는 구성원들의 인간관계가 바람직한가? 혹은 바람직하지 않는가는 조직의 목표 달성에 중요한 영향을 미치게 된다.

넷째, 원장은 민주적이고 합리적인 의사결정을 하여야 한다. 원장은 수많은 의사결정의 문제에 당면하게 된다. 순간순간의 의사결정은 유치원의 교육목표를 효과적으로 달성하기 위한 최적의 대안을 찾는 데 초점을 맞춰야 한다. 사소한 것이라도 교사, 학부모, 지역사회 인사 등의 유치원과 직·간접으로 연결되어 있는 구성원들과 상의함으로써 보다 더 합리적인 의사결정에 도달할 수 있게 되어 시행착오를 최소화할 수 있으며, 구성원들에게는 소속감과 참여의식을 갖게 한다.

► **원감의 자질** 원감은 원장과 교사의 중간자로서 원장의 역할과 교사의 역할을 동시에 수행하고 있고 따라서 원감은 원장으로서의 자질과 교사로서의 자질을 동시에 구비하고 있어야 할 것이다. 원감은 원장이 부득이한 사유로 인하여 그 직무를 수행할 수 없을 때에는 그 직무를 대행하여야 하기 때문에 원장으로서의 자질을 갖춰야 함은 당연하다.

► **유아교사** 유아교사로서 갖춰야 할 자질에 대해서는 학자들 별로 다양한 견해를 제시하고 있다. 리퍼와 스키퍼, 위더스푼(Leeper, Skipper & Witherspoon, 1979)은 유아교사가 갖춰야 할 자질을 ① 온화한 성격, ② 개방적인 성격, ③ 유머, ④ 외모, ⑤ 창의성, ⑥ 말씨, ⑦ 효율적인 직무수행능력, ⑧ 자신감, ⑨ 음성, ⑩ 의사소통능력 등의 열 가지를 제시하였다. 한편, 한국행동과학연구소에서는 유아교사의 자질로서 다음과 같이 13가지를 제안하였다.

- 유아를 한 인간으로 깊이 사랑하는 사람이어야 한다.
- 인간성이 풍부한 사람이어야 한다.
- 신체적으로 건강한 사람이어야 한다.
- 정서적으로 안정된 사람이어야 한다.
- 명랑한 성격의 소유자이어야 한다.

- 통찰력, 판단력, 주의력이 풍부한 사람이어야 한다.
- 교양이 풍부한 사람이어야 한다.
- 연구하는 태도를 가져야 한다.
- 강한 실천력을 가진 사람이어야 한다.
- 투철한 사명의식을 가진 사람이어야 한다.
- 창의력이 풍부해야 한다.
- 용모가 단정해야 한다.
- 음성이 부드럽고 차분하며 발음이 분명해야 한다.

이상에서 보듯이 유아교사에게는 다른 직업에 종사하는 사람들에 비해서 보다 완벽에 가까운 자질을 요구하고 있는데, 직업의 속성상 유아들과 함께 해야 하는 개인적인 자질과 전문적인 자질을 동시에 요구하고 있다. 인간의 성장과정에 지대한 영향을 미치는 교사의 자질에 대해서는 아무리 강조해도 지나치지 않을 것이다. 이상의 견해를 종합하여 유아교사가 갖춰야 할 자질을 다음과 같이 제시하고자 한다.

첫째, 유아교사는 유아를 사랑할 줄 알아야 한다. 교직을 선택하려는 사람들에게 가장 필요로 한 것은 사람을 사랑할 수 있어야 한다는 것이다. 유아는 부모나 교사의 도움을 필요로 하는 단계에 있다. 신체적 · 정신적으로 성숙단계에 있는 초등학교 이상의 학생들과는 다르다. 기본 생활습관 형성, 학습태도 형성, 사회성 형성 등에 있어서 성인들의 많은 도움을 필요로 한다. 유아들의 태도나 행동을 보고 즐거운 마음으로 지도하려는 의지가 약한 사람은 교사로서의 자질을 갖추지 못하였다 할 수 있다. 유아들이 어떠한 행동이나 태도를 보일지라도 그것을 당연한 것으로 수용하고 감싸 안으려는 교사의 자세가 필요하다.

둘째, 온정적인 성품의 소유자여야 한다. 유치원은 제2의 가정이라 할 수 있다. 부모의 품을 잠시 떠나 있는 유아들은 새로운 환경과의 접촉으로 인하여 정서적으로 불안해할 수 있다. 교사는 이러한 유아들의 정서적인 불안감을 해소시킬 수 있도록 온화하고 친절한 태도를 보여야 한다. 유아를 이해하고 유아들의 편에서 서서 생각하고 행동하려는 교사의 행동은 유아들에게 심리적인 안정감을 갖게 한다.

셋째, 최선을 다하려는 자세의 소유자여야 한다. 교육환경은 다양하다. 풍부한 인적 자원과 교재 · 교구, 그리고 훌륭한 시설을 갖추고 있는 유아교육기관이 있는가 하면 그렇지 못한 유아교육기관도 있다. 여건이 좋지 않다고 해서 유아들이 불이익을 받아서는 안 된다. 주어진 여건에서 교육이념을 실현하기 위해서 최선을 다하려는 교사의 자세가 필요하다. 교사가 최선을 다하여 지도할 때 유아들은 즐겁고 행복한 생활을 할 수 있다.

넷째, 매사 긍정적인 자세가 요구된다. 유아기는 교사의 영향을 가장 많이 받는 시기라 할 수 있다. 교사의 일거일동은 유아들의 본보기가 된다. 그 중에서도 교사가 어떠한 생각을 하고 있으며, 어떠한 태도를 취하는가? 사물을 어떠한 시각으로 바라보고 행동하는가 등은 바로 유아의 태도 및 가치관 형성에 영향을 미치게 된다. 따라서 교사들은 매사를 긍정적인 시각으로 바라보면서 적극적으로 자신의 일을 처리하려는 자세가 요구된다.

다섯째, 신체적으로 건강하고 정신적으로 건전하여야 한다. 유아교육기관의 교육과정은 놀이중심으로 이루어진다. 따라서 교사는 유아의 놀이를 관찰하고 유아와 같이 놀면서 그들의 요구를 들어 주어야 한다. 유아들은 잠시도 가만히 있지 않으며 교사가 요구한 대로만 움직여 주지 않는다. 언제, 어떤 행동을 할지 예측하기가 어렵다. 당연한 현상이다. 건강한 유아일수록 많이 움직인다. 이러한 유아의 활동에 동참하기 위해서는 교사 역시 기민하게 신체적인 활동을 하여야 한다. 따라서 교사에게 건강한 신체를 요구하는 것이다. 또한 유아들의 그러한 움직임을 정상적인 활동으로 보고 그것을 이해하고 같이 행동하려는 교사의 건전한 정신이 요구된다.

여섯째, 유아교육에 관한 풍부한 지식과 학구적인 태도를 가져야 한다. 유아교사는 유아교육에 관한 철학적 · 심리학적 · 사회학적인 지식이 풍부해야 한다. 유아교육의 본질은 무엇인가? 각 연령에 따른 행동 특성은 어떻게 다른가? 유아의 발달에 영향을 미치는 요인은 무엇인가? 등에 관한 지식과 정보를 갖고 있어야 한다.

일곱째, 유아교육프로그램을 계획하고 수행할 수 있는 능력이 있어야 한다. 유아교사는 직전 교육 및 현직 연수를 통하여 습득한 이론을 현장에서 활용할 수 있는 능력이 있어야 한다. 이미 습득한 이론을 활용하여 유아들이 흥미롭게 활동할 수 있도록 프로그램을 구성하고 실행할 수 있어야 한다.

5) 교직원의 보수

(1) 보수의 개념

보수란 개인의 정신적 · 육체적 수고에 대한 반대급부로 취득하는 금전적 보상이다. 일반적으로 보수는 임금 및 봉급으로 설명되는데, 임금은 비교적 짧은 기간의 수고에 대한 급여의 계산과 지급을 하는 일급 또는 시간급을 말하고, 봉급은 비교적 장기간을 기준으로 지급되는 주급 · 월급 · 연봉 등을 의미한다. 급여나 임금은 취업자의 정신적 · 육체적 노력에 대한 금전적인 급부만을 의미하는 경향이 있으나 보수는 이보다 넓은 의미로써 취업자의 정신적 · 육체적 노력에 대한 금전적 보상과 비금전적 보상을 포함한다.

공무원 보수규정에서는 보수를 봉급과 기타 각종 수당을 합산한 금액으로 규정하고 있다. 다만, 연봉제 적용 대상 공무원은 연봉과 기타 각종 수당을 합산한 금액을 말한다. 또한 봉급은 직무의 곤란성 및 책임의 정도에 따라 직책별로 지급되는 기본급여 또는 직무의 곤란성 및 책임의 정도와 재직기간 등에 따라 계급별 · 호봉별로 지급되는 기본급여를 말하며, 수당은 직무여건 및 생활여건 등에 따라 지급되는 부가급여로 규정하고 있다.

(2) 교원의 보수

유치원 교원의 보수에 관해서는 매년 초에 발표되는 '공무원 보수규정'과 '공무원 수당 규정'에 명시되어 있다. 사립유치원의 경우에도 〈사립학교법〉 제55조에 근거하여 국 · 공립학교의 교원에 관한 규정을 준용하기 때문에 국 · 공립 유치원 교원의 보수 · 수당과 동일하게 지급받아야 한다. 교육공무원의 보수 산정은 호봉, 초임 호봉의 획정, 경력의 산정, 호봉의 재획정, 승급, 각종 수당 등과 관련이 있다.

► 호봉의 획정 및 승급 현재 우리나라에서는 초 · 중등 교원 단일 호봉제를 실시하고 있다. 초 · 중등 교원의 신규채용 시의 초임 호봉은 '(학령−16)+가산연수+자격별 기산호봉'의 산정공식에 의하여 책정된다. 유치원 교사의 기산 호봉은 준교사일 경우에 5호봉, 2급 정교사일 경우에는 8호봉을, 1급 정교사일 경우에는 9호봉, 원감과 원장 9호봉으로 정하고 있다. 가산연수는 수학 연한이 2년 이상인 사범계 졸업자에게 1년의 가산 연수를 부과하고 있다. 이와 같은 산출방식에 의하면 2년제 전문대학 유아교육과를 졸업한 유치원 2급 정교사 자격증 소지자의 초임 호봉은 6호봉이 되고, 4년제 사범대학 유아교육과 졸업자의 초임호봉은 9호봉이 된다. 그 산출 근거는 다음과 같다.

전문대학 2년제 졸업자의 경우
(전문대학 학령 14 − 16) + 가산연수 0(가산연수 없음) + 8(기산호봉) = 6호봉

4년제 사범대학 유아교육과 졸업자의 경우
(4년제 학령 16 − 16) + 가산연수 1(사범계 1년 가산) + 8(기산호봉) = 9호봉

4년제 비사범계 일반대학 유아교육과 졸업자
(4년제 학령 16 − 16) + 가산연수 0(가산연수 없음) + 8(기산호봉) = 8호봉

교육공무원은 일정 기간을 근무하게 되면 현재의 호봉보다 높은 호봉을 부여받게 되는 '승급'을 하게 된다. 승급이란 일정한 재직기간의 경과, 기타 법령의 규정에 의하여 현재의 호봉보다 높은 호봉을 부여하는 것을 말한다(공무원 보수규정 제4조). 호봉 간의 승급에 필요한 기간, 즉 승급기간은 1년이다. 교육공무원의 승급은 현재 호봉의 재직기간이 1년이 되는 매년 1월 1일, 4월 1일, 7월 1일, 10월 1일에 이루어진다. 유치원 교원의 호봉은 최고 40호봉까지 승급할 수 있다.

► 경력 인정 유치원 교원의 경력 인정은 동일 유치원은 물론 타 유치원 및 보육시설의 근무경력, 대학 및 연구기관에서의 연구경력, 국가공무원 또는 지방공무원 경력, 군복무경력(무관후보생 경력 제외) 모두에 대해서 10할 인정한다. 뿐만 아니라 다른 직업에 종사한 경력을 최소한 3할에서 8할까지 경력으로 인정해 주고 있다.

► **수당 지급** 공무원에게는 직무여건 및 생활여건 등에 따라 봉급 이외의 수당을 지급하고 있다. 유치원 교원에게 지급되는 수당은 '공무원 수당 규정'에 근거하고 있다.

6) 교직원의 근무조건

(1) 신분보장

어느 직업을 막론하고 직업의 안정과 보장이 필요하지만, 교직은 다른 어느 직종보다도 직업의 안정이 요구된다. 교원들의 신분 불안정은 결국 유아교육의 부실을 초래할 우려가 있기 때문이다. 따라서 교원의 직업 안정은 법으로부터 보호를 받고 있다. 이와 관련하여 〈교육공무원법〉 제43조는 다음과 같이 규정하고 있다.

- 교권은 존중되어야 하며, 교원은 그 전문적 지위나 신분에 영향을 미치는 부당한 간섭을 받지 아니한다.
- 교육공무원은 형의 선고 · 징계 처분 또는 이 법에서 정하는 사유에 의하지 아니하고는 그 의사에 반하여 휴직 · 강임 또는 면직을 당하지 아니한다.
- 교육공무원은 권고에 의하여 사직을 당하지 아니한다.

(2) 휴가와 휴직

► **휴가** 교육공무원은 '공무원 복무규정'과 〈근로기준법〉에 의하여 휴가와 휴직의 기회를 가질 수 있다. 공무원이 얻을 수 있는 휴가의 종류에는 연가, 병가, 공가 및 특별 휴가가 있다. 연가는 근무연수 및 종사자 근속연수에 따라 차이가 있는데, 결근 · 휴직 · 정직일수는 연가일수에 산입한다. 근속 기간별 연가일수는 [표 9-6]과 같다. 병가는 질병 · 부상 등으로 직무 수행이 곤란한 경우에 한하여 60일의 범위 내에서 가능한데, 병가일이 7일 이상일 경우에는 의사의 진단서를 첨부하여야 한다. 공가는 천재지변이나 공무 등의 사유로 출근이 어려울 때 필요한 기간을 허가한다. 구체적인 공가 사유는 다음과 같다.

표 9-6 근속기간별 연가일수

근속기간	연가일수	근속기간	연가일수
3월 이상 6월 미만	4일	3년 이상 4년 미만	16일
6월 이상 1년 미만	7일	4년 이상 5년 미만	19일
1년 이상 2년 미만	10일	5년 이상 6년 미만	22일
2년 이상 3년 미만	13일	6년 이상	23일

- 병역법 및 기타, 다른 법령에 의한 징병검사 · 소집 · 검열점호 등에 응하거나 동원 또는 훈련에 참가할 때
- 공무에 관하여 국회 · 법원 · 검찰 기타 국가기관에 소환된 때
- 법률의 규정에 의하여 투표에 참가할 때
- 승진 · 전직시험에 응시할 때
- 원격지 간의 전보발령을 받고 부임할 때
- 국민의료보험법 시행령 제20조의 규정에 의한 건강진단을 할 때
- 공무원교육훈련법 시행령 제32조의 규정에 의한 외국어능력시험에 응시할 때
- 올림픽 · 전국체전 등 국가적인 행사에 참가하는 때

특별휴가는 공무원이나 시설 종사자가 다음과 같은 사유가 발생했을 때에 얻을 수 있다.

- 임신 중의 여자공무원에 대하여는 그 출산의 전 · 후를 통하여 90일의 출산휴가를 허가하여야 한다.
- 여자공무원은 매 생리기와 임신한 경우 검진을 위하여 매월 1일의 여성보건휴가를 얻을 수 있다.
- 생후 1년 미만의 유아를 가진 여자공무원은 1일 1시간의 육아시간을 얻을 수 있다.
- 한국방송통신대학교에 재학 중인 공무원은 한국방송통신대학교 설치령에 의한 출석수업에 참석하기 위하여 연가일수를 초과하는 출석수업 기간에 대한 수업휴가를 얻을 수 있다.

한편, [표 9-7]과 같은 경조사가 있을 때에는 특별 휴가를 얻을 수 있다.

표 9-7 경조사별 휴가일수

구분	대상	일수
결 혼	본인	7
	자녀	1
	본인 및 배우자의 형제자매	1
회 갑	본인 및 배우자	5
	본인 및 배우자의 직계존속	1
출 산	배우자(처)	1
사 망	배우자, 본인 및 배우자 부모	7
	본인 및 배우자의 증조부모 · 조부모 · 외증조부모 · 외조부모	5
	자녀와 그 자녀의 배우자	3
	본인 및 배우자의 형제자매와 그 형제자매의 배우자	3
	본인 및 배우자의 부모의 형제자매와 그 형제자매의 배우자	3
탈 상	배우자, 본인 및 배우자의 부모	2
	본인 및 배우자의 증조부모 · 조부모 · 외증조부모 · 외조부모	1
	본인 및 배우자의 형제자매와 그 형제자매의 배우자	1

비고 : 휴가를 실시함에 있어서 원격지일 경우에는 실제 필요한 왕복소요일수를 가산할 수 있다.

► **휴직** 교육공무원이 다음에 해당하는 사유로 휴직을 원하는 경우에는 임용권자는 휴직을 명할 수 있다. 다만, 제 1호 내지 제 4호, 제 11호의 경우에는 본인의 의사에 불구하고 휴직을 명하여야 한다. 다만 제7호의 경우에는 본인이 원한 경우에 한한다.

1. 신체 · 정신상의 장애로 장기요양을 요할 때
2. 병역법에 의한 병역의 복무를 위하여 징집 또는 소집된 때
3. 천재 · 지변 또는 전시 · 사변이나 기타의 사유로 인하여 생사 또는 소재가 불명하게 된 때
4. 기타 법률의 규정에 의한 의무를 수행하기 위하여 직무를 이탈하게 된 때
5. 학위 취득을 목적으로 해외 유학을 하거나 외국에서 1년 이상 연구 또는 연수하게 된 때
6. 국제기구 · 외국기관 또는 재외국민교육기관에 임시로 고용된 때

7. 자녀(휴직 신청 당시 1세 미만인 자녀에 한한다)를 양육하기 위하여 필요하거나 여 교원이 임신 또는 출산하게 된 때
8. 교육부장관이 지정하는 국내의 연구기관이나 교육기관 등에서 연수하게 된 때
9. 사고 또는 질병 등으로 장기간의 요양을 요하는 부모, 배우자, 자녀 또는 배우자의 부모의 간호를 위하여 필요한 때
10. 배우자가 국외근무를 하게 되거나 제5호에 해당하게 된 때
11. 교원의 노동조합 설립 및 운영 등에 관한 법률 제5호의 규정에 의하여 노동조합 전임자로 종사하게 된 때

► **징계** 징계란 유아교육기관 종사자들이 업무에 대해 과실을 범했을 경우 이에 대해 상응한 처분을 내리는 것을 말하는 데, 징계의 종류에는 파면, 해임, 정직, 감봉, 견책이 있다. 파면, 해임, 정직은 중징계에 해당하고 감봉, 견책은 경징계에 해당한다. 파면은 공무원 관계로부터 배제되며 5년간 공무원에 임용될 수 없을 뿐만 아니라 재직기간 5년 미만 자의 경우 퇴직급여액의 1/4, 5년 이상인자는 퇴직급여액의 1/2만 지급받게 된다. 해임은 대상 종사자가 맡고 있는 직을 면하게 되며 3년간 공무원에 임용될 수 없으나 퇴직급여는 전액 지급받을 수 있다. 정직은 해당 종사자가 신분은 보유하나 직무에 종사하지 못하게 하는 것으로서 그 기간은 1월 이상 3월 이하이며 정직기간 이외에 18개월간 승진 및 승급이 제한을 받게 되며, 이 기간 중에는 기본급의 2/3를 감한다. 감봉은 1월 이상 3월 이하이며 감봉 처분 기간 이외에 12개월간 승진 및 승급의 제한을 받게 되고 이 기간 중 기본급의 1/3을 감하게 된다. 견책은 해당자의 전과에 대하여 훈계하고 회계하게 하는 것인데 6개월간 승진 및 승급이 제한받게 된다.

2. 보육시설의 인사관리

1) 보육시설 종사자의 종류

보육시설에는 시설장, 보육교사 등의 보육시설 종사자를 두고 있다. 보육시설 종사자의 종류 및 배치기준을 표로 나타내면 [표 9-8]과 같다(〈영유아보육법〉 시행규칙 제10조 [별표 2]).

표 9-8 보육시설 종사자의 종류 및 배치기준

종 류	배치기준
시설장(원장)	1인(영 · 유아 20인 미만 보육시설은 보육시설의 장이 보육교사를 겸임할 수 있음)
간호사 또는 간호조무사	1인(영 · 유아 100인 이상 보육시설, 시설장이 간호사자격이 있는 경우 겸직 가능)
영 양 사	1인(영 · 유아 100인 이상 보육시설, 시설장이 유자격자인 경우 겸직 가능. 동일 시 · 군 · 구의 5개 이내 보육시설이 공동으로 영양사를 둘 수 있음)
보육교사	•만 1세 미만의 영아 3인당 1인 •만 1세 이상 만 2세 미만의 영아 5인당 1인 •만 2세 이상 만 3세 미만의 영아 7인당 1인 •만 3세 이상 만 4세 미만의 유아 15인당 1인 •만 4세 이상 미취학 유아 20인당 1인(유아 40인당 1인 보육교사 1급 자격을 가진 자) •취학아동 20인당 1인 •장애아 3인당 1인(장애아 9인당 교사 1인은 특수교사 자격소지자)
취 사 부	1인(영 · 유아 40인 이상 80인 이하를 보육하는 시설의 경우에 한하되, 영 · 유아 80인을 초과할 때마다 1인씩 증원)
기 타	시설의 규모와 특성에 따라 의사(또는 촉탁의사), 사회복지사, 사무원, 관리인, 위생원, 운전기사, 치료사 등의 종사자를 둘 수 있음

2) 보육시설 종사자의 자격기준

보육시설 종사자의 자격기준은 [표 9-9]와 같다.

표 9-9 보육시설 종사자의 자격기준

직종별	자격기준
시설장	**일반기준** •보육교사 1급 자격을 취득한 후 2년 이상의 보육 등 아동복지업무 경력이 있는 자 •〈유아교육법〉에 의한 유치원 정교사 2급 자격을 취득한 후 5년 이상의 보육 등 아동복지업무 경력이 있는 자 •유치원 원장의 자격을 가진 자 •〈초·중등교육법〉에 의한 초등학교 정교사 자격을 취득한 후 5년 이상의 보육 등 아동복지업무 경력이 있는 자 •〈사회복지사업법〉에 의한 사회복지사 1급 자격을 취득한 후 5년 이상의 보육 등 아동복지업무 경력이 있는 자 •〈의료법〉에 의한 간호사 자격을 취득한 후 7년 이상의 보육 등 아동복지업무 경력이 있는 자 •국가 또는 지방자치단체에서 7급 이상의 공무원으로 보육 등 아동복지업무에 5년 이상 근무한 경력이 있는 자
시설장	**가정 보육시설** •일반기준에서 정한 자격을 갖춘 자 •보육교사 2급 이상의 자격을 취득한 후 2년 이상의 보육업무 경력이 있는 자 **영아전담 보육시설** 만 3세 미만의 영아만을 20인 이상 보육하는 시설 •일반기준에서 정한 자격을 갖춘 자 •간호사 자격증을 취득한 후 5년 이상의 아동간호업무 경력이 있는 자 **장애아전담 보육시설** 〈장애인복지법〉에 의하여 장애인으로 등록된 영·유아만을 20인 이상 보육하는 시설(29조). 일반기준에서 정한 자격을 갖춘 자로서 다음 각호의 어느 하나에 해당하는 자 •대학(전문대학을 포함한다)에서 장애인복지 및 재활관련학과를 전공한 자 •장애아보육시설에서 2년 이상의 보육업무 경력이 있는 자 •보건복지가족부령이 정하는 장애아보육 직무교육을 받은 자 •〈고등교육법〉에 의한 대학(전문대학을 포함한다) 또는 법 제21조 제2항 제2호의 규정에 의한 교육훈련시설이 운영(위탁 또는 부설 운영을 말한다)하는 보육시설 •보육시설을 운영하는 대학의 전임강사 또는 교육훈련시설의 전임교수 이상으로서 보육관련 교과목에 대하여 3년 이상의 교육경력이 있는 자
보육교사 1급	•보육교사 2급 자격을 취득한 이후 3년 이상의 보육업무 경력과 보건복지가족부장관이 정하는 승급교육을 받은 자 •보육교사 2급 자격과 보육관련 대학원에서 석사학위를 취득한 자로서 1년 이상 보육업무 경력과 보건복지가족부장관이 정하는 승급교육을 받은 자
보육교사 2급	•전문대학 또는 이와 동등 이상의 학교에서 보건복지가족부령이 정하는 보육관련 교과목 및 학점을 이수하고 졸업한 자 •보육교사 3급 자격을 취득한 이후 1년 이상의 보육업무 경력과 보건복지가족부 장관이 정하는 승급교육을 받은 자
보육교사 3급	고등학교 또는 이와 동등 이상의 학교를 졸업한 자로서 보건복지가족부령이 정하는 교육훈련시설에서 소정의 교육과정을 수료한 자

3) 보육교사의 양성 및 자격관리

보육교사는 전문대학 및 4년제 대학, 대학원 등의 사회복지학과, 보육관련 유사학과인 유아교육(학)과, 아동(복지)학과 등에서 양성되고 있다. 이들 학과에서는 보건복지가족부령이 정하는 12과목(35학점) 이상의 보육관련 교과목 및 학점을 이수하여야 한다. 이수교과목 및 학점은 [표 9-10]과 같다.

〈영유아보육법〉 제21조에서는 '보육교사는 보건복지가족부장관이 검정 · 수여하는 자격증을 발급받은 자여야 한다'고 규정하고 있다. 이에 따라 보건복지가족부에서는 보육교사자격관리사무국(www.ctcm.or.kr)을 설치하여 운영하고 있다. 현직 보육교사나 보육교사 자격을 소지하고 있는 자는 구비서류를 갖추어 보육교사 자격증을 신청하여 교부받아야 한다. 보육교사 자격증 신청 방법은 인터넷 신청, 우편 신청, 방문 신청 등의

표 9-10 대학 등에서 이수하여야 할 교과목 및 학점 일반

영 역	교 과 목	이수과목(학점)
보육기초	아동복지(론), 보육학개론, 아동발달(론), 보육과정	4과목(12학점) 필수
발달 및 지도	인간행동과 사회환경, 아동관찰 및 행동연구, 아동생활지도, 아동상담(론), 특수아동지도	1과목(3학점) 이상 선택
영 · 유아교육	놀이지도, 언어지도, 아동문학, 아동음악과 동작, 아동미술, 아동 수 · 과학지도, 영 · 유아프로그램 개발과 평가, 영 · 유아교수방법(론)	3과목(9학점) 이상 선택
건강 · 영양 및 안전	아동건강교육, 아동간호학, 아동안전관리, 아동영양학, 정신건강(론)	2과목(6학점) 이상 선택
가족 및 지역사회협력 등	부모교육(론), 가족복지(론), 가족관계(론), 지역사회복지(론), 자원봉사(론), 보육정책(론), 보육교사(론), 보육시설운영과 관리	1과목(3학점) 이상 선택
보육실습	보육실습	1과목(2학점) 필수
전 체	12과목(35학점) 이상	

※ 비고 : 1) 교과목명이 상이하더라도 교과목의 내용이 유사하면 동일 교과목으로 인정하고, 보육실습의 경우 명칭과 무관하게 실습기관과 실습기간의 조건을 만족하는 경우 보육실습으로 인정한다.
2) 각 과목은 3학점을 기준으로 하며 최소 2학점 이상이어야 한다.

방법이 있다. 자격증 시청자의 공통으로 갖춰야 할 서류는 자격증교부신청서(우편신청자와 방문신청자에 한함), 최종학교 졸업증명서, 반명함판 사진 2매 등이다. 추가 서류는 자격인정 연도에 따라 달라진다.

4) 종사자의 임면 및 복무

(1) 종사자 임면

시설장의 임면은 국 · 공립 보육시설의 경우에 시장 · 군수 또는 구청장이 임면하되, 시설 설치자가 종사자 임면권을 수탁자에게 위임한 경우에는 수탁자가 임면한다. 법인 · 직장 · 가정 · 민간 보육시설 등은 시설 설치자가 임면하고, 부모 협동 보육시설의 경우에는 조합을 결성하여 설치 · 운영하는 대표자가 종사자를 임면한다. 보육교사 등 기타 종사자는 시설장의 제청으로 법인 · 단체의 대표자 또는 시설 설치자(종사자 임면권을 위임받은 수탁자 포함)가 임면한다. 보육시설 종사자는 반드시 전임이어야 하는데, 유자격자인 경우라도 상근이 어려운 경우 채용대상에서 제외하여야 한다. 특히, 보육시설의 장은 전임하여야 하며, 다른 시설의 업무를 겸직할 수 없다. 다만, 행정기관, 민간단체 등에서 명예직 복수신분을 갖고 있는 자는 제외한다.

보육시설 종사자의 채용은 공개경쟁 채용을 원칙으로 하고, 종사자 채용 시 임금, 계약기간 등 근로조건을 명시한 근로계약을 체결하여야 하되, 이 경우 근로조건과 관련한 부당한 내용(서면 또는 구두계약으로 결혼, 출산, 육아휴직 등으로 인한 퇴직요구 등 부당계약 체결 금지)이 포함되어서는 아니 되며, 관할 행정기관은 이를 적극 지도 · 감독하여야 한다. 한편, 종사자의 결원이 발생했을 때에는 임면권자는 1월 이내에 신규 종사자를 채용하여야 한다. 대학(전문대학 포함) 졸업예정자는 졸업예정 증명서를 제출 받아 보육교사로 채용할 수 있다(시설장 제외). 단, 2개월 이내에 졸업증명서를 제출하여야 한다. 또한, 보육시설 종사자는 정신적 · 신체적으로 건강하여야 한다. 전염성 질환 및 인격결함 등 신체적 · 정신적으로 영 · 유아보육에 지장이 있는 자를 종사자로 채용해서는 안 된다. 또한 다음과 같은 사람은 보육시설을 설치 · 운영할 수 없다(〈영유아보육법〉 제16조).

- 미성년자, 금치산자 또는 한정치산자
- 정신질환자
- 마약 · 대마 또는 향정신성의약품중독자
- 파산자로서 복권되지 아니한 자
- 금고이상의 실형을 선고받고 그 집행이 종료(집행이 종료된 것으로 보는 경우를 포함한다)되거나 집행이 면제된 날부터 3년이 경과하지 아니한 자
- 금고 이상의 형의 집행유예 선고를 받고 그 유예기간 중에 있는 자
- 법 제45조의 규정에 의하여 보육시설의 폐쇄명령을 받고 1년이 경과되지 아니한 자

(2) 종사자 임면(채용) 시 구비서류

채용을 위한 면접 합격자는 종합병원이나 지정 병원에서 발급한 채용신체검사 결과서와 채용에 필요한 서류를 구비하여 제출하여야 한다. 채용을 위한 구비서류는 다음과 같다.

표 9-11 보육시설 채용에 필요한 구비서류

<table>
<tr><th>구 분</th><th>구 비 서 류</th><th>비 고</th></tr>
<tr><td>공통서류</td><td>인사기록카드(규칙 별지 제7호 서식), 가족관계증명원, 채용신체검사서(공무원채용기준 신체검사서 양식 준용)</td><td></td></tr>
<tr><td>시 설 장</td><td>•졸업증명서, 성적증명서, 자격증 사본, 경력증명서 등
•기타 보육시설의 장의 자격을 증명할 수 있는 서류 일체</td><td rowspan="2">2005. 1. 29. 당시 전문대학 또는 이와 동등 이상의 학교에서 유아교육 또는 아동복지 관련학과를 전공중이거나, 교육훈련시설(보육교사교육원)에서 소정의 과정을 이수중인 자는 별도의 서류가 필요함</td></tr>
<tr><td>보육교사</td><td>•필요적 첨부 서류 : 보육교사 자격증 사본
•자격증을 발급 받지 아니한 경우
–대학 졸업자 : 졸업증명서, 성적증명서, 경력증명서, 유사교과목확인서(해당자에 한함), 보육실습확인서
–양성교육과정 수료자 : 최종학교 졸업증명서, 수료증 사본
•기타 보육교사의 자격을 증명할 수 있는 서류 일체</td></tr>
<tr><td>간호사, 영양사 등 자격을 요하는 종사자</td><td>자격증 사본</td><td></td></tr>
</table>

(3) 종사자 복무

보육시설 종사자는 다음과 같은 복무지침을 준수하여야 한다.

- 보육시설의 운영시간은 1일(평일) 12시간(07 : 30~19 : 30)을 원칙으로 한다.
- 보육시설의 종사자(시설장, 보육교사 등)는 전임하여야 한다. 다만, 임시로 채용된 자의 경우는 그러하지 아니한다.
- 보육교사 등 기타 종사자는 평일 8시간 근무를 원칙으로 한다.
- 보육시설 종사자의 휴가는 보육공백을 최소화할 수 있도록 순번제로 실시하고, 보수교육, 출산휴가 등으로 공백이 생기는 경우에는 대체교사를 배치하여야 한다.
- 보육시설 종사자의 휴가 등에 관하여서는 〈근로기준법〉 등 노동관련 법령에 의한다.
- 보육시설의 장은 전임하여야 하며, 다른 시설의 업무를 겸임할 수 없다.
- 휴가, 휴일, 휴식 등 근로시간과 관련이 있는 사항에 대하여서는 〈근로기준법〉의 규정을 준용한다.
- 고용, 산전후휴가, 육아휴직 등과 관련이 있는 사항에 대하여서는 〈남녀고용평등법〉의 규정을 준용한다.
- 보육시설 종사자의 최저임금 보장 등과 관련이 있는 사항에 대하여서는 〈최저임금법〉의 규정을 준용한다.
- 기타 보육시설 종사자의 복무, 근로 등과 관련하여서는 각 개별법을 준용토록 한다.

ADMINISTRATION & MANAGEMENT FOR EARLY CHILDHOOD SETTING

제10장

사무 및 재정관리

제10장

사무 및 재정관리

1. 사무관리

1) 사무관리의 의의

사무관리란 각종 장부와 기록의 작성, 보관, 공문서의 보존 및 처리, 사무의 분장, 사무실의 관리, 관리정보의 수집 · 정리 · 보관 · 활용 등을 포함하는 개념이다(정태범, 1998). 유아교육기관에서의 사무관리는 유아교육 활동에 직접 관계되기보다는 유아교육기관에서의 교육활동이 원활히 진행되도록 도와주는 봉사활동이라 할 수 있다. 따라서 유아교육기간에서의 사무관리는 유치원이나 보육시설의 교육활동 수행과정에서 수반되는 각종 기록과 장부 및 공문서를 작성하고 보관하며, 수발하는 활동이라 할 수 있다.

유아교육기관에서의 사무관리 활동은 크게 ① 영 · 유아의 보호 · 교육활동, ② 각종 공문서의 수신 · 발송에 관한 활동 등으로 구분된다. 이 두 가지 활동 중에서 전자는 생활기록부, 유아의 신체 발달 상황과 신체검사표, 행동관찰기록부, 교육일지, 교육계획안(연간 교육계획안, 월간 교육계획안, 주간 교육계획안, 일일 교육계획안 등), 출석부의 기록과 정리 · 보관활동에 관한 것이다. 후자는 각종 행사계획, 비품 및 소모품 대장의 작성 및 보관, 교직원 인사서류, 각종 회계 관계 장부의 기록과 보관 등이 해당된다. 따라서 유아교육기관에서는 이 두 활동 중에서 어느 활동도 소홀히 할 수 없다. 유아교육기관의 사무 관리에 있어서 유아교사가 유의해야 할 점은 다음과 같다(이영석 외, 1996).

- 유아교육기관의 행정 사무는 교육 효과를 위하여 그때그때 처리되어야 한다.
- 모든 기록은 정확하게 하고 계속적으로 누가 기록되어야 한다.
- 모든 기록은 간단 · 명료하게 하여 다른 사람이 잘 이해할 수 있도록 해야 한다.
- 모든 사무는 간단 · 명료 · 능률적으로 처리해야 한다.
- 사무분담은 개인의 적성에 맞게 전 교직원에게 고루 분담시켜야 한다.
- 사무처리 때문에 수업이 소홀히 취급되어서는 안 된다.

2) 사무분담

유아교육기관의 사무처리는 그 종류와 양에 따라 조직적이고 능률적으로 추진되어야 하는데, 효율적인 업무처리를 위해서는 구성원들이 서로 업무를 분장하여 처리하는 것이 바람직하다. 사무분담은 교직원의 자질, 능력, 희망, 업무의 성격 등을 고려하여 적재적소에 배치함으로써 어느 특정 직원이나 부서에 업무가 집중되는 것을 지양해야 한다. 사무분장이 체계적으로 이루어질 때 자신들이 맡은 업무를 분명히 알고 책임감을 갖고 처리할 수 있다. 또한 업무를 공평하게 분장하여야 구성원 간의 갈등이 발생하지 않고 업무협조가 원활하게 이루어질 수 있다. 유아교육기관에서의 업무분담은 일반적으로 학년 초에 이루어지게 되는데 교직원 개인의 특기, 적성, 흥미, 관심도 등을 고려하여 결정하는 것이 바람직하다. 일반적으로 유치원에서의 업무분담 내용은 다음과 같이 이루어진다.

표 10-1 유아교육기관의 직급별 업무내용

구 분		업무내용
원 장		원무통활, 지도감독, 원아교육 등
원 감		원장보좌, 원무 관리, 원아교육, 원장이 직무를 수행할 수 없을 때 직무대행, 시설 · 설비, 도서의 목록 작성, 교사 결근 시 보강계획 작성, 공문서 발송, 교육법규의 정리 · 보관, 일지작성, 방문자 접견, 회계 · 사무처리 등
교 사	유아관리사무	출석부 기입, 입 · 퇴원절차, 학급관리 및 실내 환경 구성, 아동연락망 작성, 가정조사표 작성, 사고처리, 졸업증서 대장 기록, 중요문서 작성 등
	유아지도사무	교육과정 편성, 프로그램작성, 학급경영계획, 평가기록, 가정연락 · 방문, 행사계획 · 실시, 보건 · 안전관리, 환경구성 등
	사 무 처 리	서무 관계(회의록, 우편물, 공문서 수발, 증명서 발행) 경리관계(수업료, 기타 비용징수), 관리대장 작성(시청각교재, 소모품관리, 시설 · 설비관리), 보건관계(문서접수 · 보고 · 통계기록, 청소계획, 화장실관리), 섭외업무(학부모회, 부모참관), 교직원 연수(원내 · 외) 등

3) 공문서 관리

(1) 공문서의 정의 및 종류

공문서란 행정기관 내부 또는 상호 간이나 대외적으로 공무상 작성 또는 시행되는 문서(도면 · 사진 · 디스크 · 테이프 · 필름 · 슬라이드 · 전자문서 등의 특수매체기록) 및 행정기관이 접수한 모든 문서를 말한다. 공문서는 문자 또는 문자를 대신하는 부호를 사용하여 담당자의 의사 또는 사물의 상태, 관계, 현상 등을 특정 물체 위에 영속적인 상태로 표시하는 것을 의미한다. 종래의 문서는 주로 종이에 문자로 기록하는 것만을 지칭하였으나 최근에는 마이크로필름, 디스켓, 테이프, 광디스크 등도 문자로 인정하고 있다.

공문서는 법규문서 · 지시문서 · 공고문서 · 비치문서 · 민원문서 및 일반문서로 나눈다(사무관리 규정, 제7조). 법규문서는 헌법 · 법률 · 대통령령 · 총리령 · 부령 · 조례 및 규칙 등에 관한 문서를 말하며, 지시문서는 훈령 · 지시 · 예규 및 일일명령 등 행정기관이 그 하급기관 또는 소속공무원에 대하여 일정한 사항을 지시하는 문서를 말한다. 공고문서는 고시 · 공고 등 행정기관이 일정한 사항을 일반에게 알리기 위한 문서이며, 비치문서는 비치대장 · 비치카드 등 행정기관이 일정한 사항을 기록하여 행정기관 내부에 비치하면서 업무에 활용하는 문서를 말한다. 민원문서는 민원인이 행정기관에 대하여 허가 · 인가 · 기타 처분 등 특정한 행위를 요구하는 문서 및 그에 대한 처리문서를 말하며, 일반문서는 위에 속하지 아니하는 모든 문서를 말한다. 일반적으로 유치원에서 비치해야 할 대장 및 문서, 기록철은 [표 10-2]와 같다.

한편, 보육시설에서는 다음과 같은 장부 및 서류를 비치하여야 한다. 다만, 상시 영 · 유아 20인 이하의 시설로 보육시설의 장이 보육교사를 겸임하는 시설의 경우에는 ④, ⑥, ⑪ 및 ⑬ 외의 장부 및 서류는 비치하지 아니할 수 있다.

보육시설에서 비치해야 할 문서

① 시설의 연혁에 관한 기록부
② 재산목록과 그 소유를 증명하는 서류(부동산을 임차하는 경우에는 임대차계약서를 포함함
③ 시설운영일지
④ 보육시설종사자의 인사기록카드(채용구비서류, 이력서 및 사진을 포함한다)
⑤ 예산서 및 결산서
⑥ 총 계정원장 및 수입 · 지출보조부
⑦ 금전 및 물품출납부와 그 증빙서류
⑧ 보고서철 및 관계행정기관과의 문서철
⑨ 소속 법인의 정관 및 관계서류
⑩ 보육시설 이용신청자명부 및 이용아동연명부
⑪ 생활기록부 · 영 · 유아 보육일지 및 건강진단카드
⑫ 보육시설종사자의 인사 · 복무 및 시설운영에 관한 규정 등
⑬ 안전점검표
⑭ 그 밖에 보육시설 운영에 필요한 서류

표 10-2 유치원에서 비치해야 할 문서

번호	분야	대장·문서·기록철
1	법령, 공문서	유치원 관계법령집, 영달문서, 공고문서
2	규정	유치원 내부 규정집
3	아동관련	생활기록부, 졸업대장, 가정환경조사서, 아동비상연락망, 가정통신문
4	교육활동계획	유치원 운영계획서(연간, 주간, 일일 교육계획 · 실천기록)
5	교육활동계획	행사계획철(소풍, 운동회, 학부모참관일, 할아버지 · 할머니날, 현장견학 등의 계획 및 실행결과 기록)
6	원아출석	출석부, 출석상황일람철, 장기결석자조사철
7	인사관리	인사발령대장, 직원명부, 직원이력서철, 학급담임일람표, 증명서교부대장, 직원비상연락망
		직원조직일람철, 직원임용대장, 구직원이력서철, 인사관계철
8	일지	유치원일지, 학급일지, 직원회의록
		유치원 방문자 명부, 유치원자원봉사자 명부
9	조사통계	교육통계철, 출석통계철, 표준화 검사철, 유치원 연혁
10	경영관리	사무분담기록부, 근무상황부, 출장명령부, 출장복명서, 연가 · 연수원
		원비수납부, 도서대장, 시설 · 설비점검부, 관련 기관연락부
		문서발송대장, 문서접수대장, 전화 · 팩스 송 · 수신대장, 증명서교부대장
		우표수불부, 원장회의 기록부
		장학 협의록, 학급 경영록
11	시설 · 설비 · 비품관련대장	재산대장, 예산계획철, 결산서철, 경리부, 영수증철
		물품구입대장, 계약서철, 비품대장, 소모품대장
		교재 · 교구목록철, 물품인수부, 봉급대장
12	학부모회관계	회의록철, 규약철, 사무처리부, 간부일람표, 금전출납부

(2) 공문서의 작성

공문서는 행정기관 내부 또는 상호 간이나 대외적으로 공무상 작성 또는 시행되는 문서이기 때문에 문서의 작성은 일정한 형식에 맞추어 작성해야 한다. 사무관리 규정(대통령령 제17811호, 2002. 12. 26.) 및 사무관리 시행규칙(행정자치부령 제203호, 2003. 7. 14.)에 따라 문서작성 요령을 제시하면 다음과 같다.

► **공문서 작성의 일반사항**

- 문서는 〈문화예술진흥법〉 제7조의 규정에 의한 어문 규범에 맞게 한글로 작성하되, 쉽고 간명하게 표현하고, 뜻을 정확하게 전달하기 위하여 필요한 경우에는 괄호 안에 한자 또는 외국어를 넣어 쓸 수 있으며, 특별한 사유가 있는 경우를 제외하고는 가로로 쓴다.
- 문서에 쓰는 숫자는 특별한 사유가 있는 경우를 제외하고는 아라비아숫자로 한다.
- 문서에 쓰는 날짜의 표기는 숫자로 하되, 연 · 월 · 일의 글자는 생략하고 그 자리에 온점(.)을 찍어 표시하며, 시 · 분의 표기는 24시각제에 따라 숫자로 하되, 시 · 분의 글자는 생략하고 그 사이에 쌍점(:)을 찍어 구분한다. 다만, 특별한 사유로 인하여 다른 방법으로 표시할 필요가 있는 경우에는 그러하지 아니하다.
- 문서의 작성에 쓰이는 용지의 크기는 특별한 사유가 있는 경우를 제외하고는 가로 210mm, 세로 297mm로 한다.

► **글의 색채** 도표를 제외한 문서에 기입하는 문자의 색채는 푸른색, 또는 검은색으로 한다. 다만, 수정 또는 주의 환기 등 특별한 표시가 필요할 때에는 붉은색을 사용할 수 있다.

► **문서의 수정** 문서의 일부분을 삭제하거나 수정할 때에는 원안의 글자를 알 수 있도록 당해 글자의 중앙에 가로로 두 선을 그어 삭제 또는 수정하고 삭제자 또는 수정한 자가 삭제하거나 수정한 곳에 서명 또는 날인하여야 하며 문서의 중요한 내용을 삭제 또는 수정한 때에는 문서의 여백에 삭제 또는 수정한 자수를 표시하고, 서명 또는 날인하여야 한다. 다만, 시행문을 정정한 때에는 문서의 여백에 정정한 자수

를 표시하고 관인을 찍어야 한다. 또한 전자문서를 본문의 규정에 따라 수정할 수 없을 경우에는 수정한 내용대로 재작성하여 결재를 받아 시행하되, 수정 전의 전자문서는 기안자 · 검토자 또는 결재권자가 보존할 필요가 있다고 인정하는 경우에는 이를 보존하여야 한다.

► **면의 표시** 전후관계를 명백히 할 필요가 있는 중요한 문서가 2장 이상으로 이루어진 때에는 문서의 아래 중앙에 전체 면의 수와 그 면의 일련번호를 붙임표(—)로 이어 기입하여야 한다. 첨부물의 면 표시는 각 첨부물별로 따로 하되, 전체 면의 수는 생략할 수 있다.

► **문서의 구성**

- 시행문은 두문 · 본문 및 결문으로 구성한다.
- 두문은 행정기관명 및 수신자로 한다. 수신자가 2인 이상인 때에는 '수신처 참조'라 쓰고 발신명의 왼쪽 아래에 수신처란을 설정하여 수신기관명 또는 수신처 기호를 표시한다.
- 본문은 제목 · 내용 및 붙임으로 한다. 다만, 전자문서인 경우에는 제목 및 내용으로 할 수 있다. 제목은 그 문서의 내용을 쉽게 알 수 있도록 간단하고 명확하게 표시하고, 내용은 표현하고자 하는 뜻을 쉬운 말로 간략하게 작성한다.
- 결문은 발신명의, 기안자 · 검토자 · 협조자 · 결재권자의 직위 또는 직급 및 서명, 생산등록번호와 시행일자, 접수등록번호와 접수일자, 행정기관의 우편번호 · 주소 · 홈페이지 주소 · 전화번호 · 팩스, 담당자의 공식 전자우편 주소 및 공개 구분으로 한다.
- 끝 표시 : 문서의 본문이 끝나면 한 자 띄우고 '끝' 표시를 하며, 붙임물이 있는 때에는 붙임의 표시문 끝에 한 자 띄우고 '끝' 표시를 하여야 한다.

○○ 유 치 원

수신자 내부결재
(경유)
제 목 현장학습 계획

2010학년도 유치원 교육과정 운영계획에 의거하여 다음과 같이 현장학습을 실시하고자 합니다.

— 다 음 —

1. 일시 : 2010. 4. 10 (금) 10:00~14:00
2. 장소 : ◯◯ 생태학습장
3. 대상 : 5세반 28명(남14, 여 14)
4. 인솔교사 : 홍길동
5. 교통수단 : ◯◯ 유치원 버스 1대.
6. 원아 준비물 : 간식, 점심, 물 등. *우천시 4.17(금)로 연기.

붙임 : 1. 참가예정 원아 명단 1부.
  2. 사전답사 보고서 1부. 끝.

담당자 부장교사 원감 원장
협조자
시 행 교무-○○(2010. 3. 25) 접수 (. .)
우 540-○○○ 전라남도 순천시 덕월동 ○○○번지 / www.scjc.ac.kr
전화 (061) 740-○○○ 전송 (061) 740-○○○/e-mail: / 공개(○, ×)

그림 10-1 공문서 작성의 예(내부결재용)

○○ 유 치 원

수신자 전라남도 순천교육청 교육장
(경유)
제 목 2010학년도 유치원 원아 수 보고

2010학년도 본 유치원에 재원 중인 원아 수를 다음과 같이 보고합니다.

다음

연령별	원아 수	계
3세반	24명(남 12, 여 12)	82명(남 43, 여 39)
4세반	30명(남 15, 여 15)	
5세반	28명(남 16, 여 12)	

붙임 : 연령별 원아 명단 1부. 끝.

(　　　) 유 치 원 장 (관인)

담당자　　부장교사　　원감　　원장
협조자
시 행 교무－ㅇㅇ(2010. 4. 2)　접수 (　.　.　)
우 540－ㅇㅇㅇ 전라남도 순천시 덕월동 ㅇㅇㅇ번지 / www.scjc.ac.kr
전화 (061) 740－ㅇㅇㅇ　전송 (061) 740－ㅇㅇㅇ/e-mail:　/ 공개(ㅇ, ×)

그림 10-2 공문서 작성의 예(외부발송용)

(3) 문서의 접수 및 발송

► **문서의 접수**

- 문서는 문서에 관한 사무를 담당하는 부서에서 접수한다. 문서를 담당하는 부서 이외의 부서, 즉 처리과에서 직접 받은 문서(전신, 전화, 팩스 등 포함)는 지체 없이 문서 담당 부서로 이를 인계하여 접수하게 하여야 한다.
- 당직 근무자가 문서를 받은 때에는 다음 근무시간 시작 후 지체 없이 이를 문서 담당 부서로 인계하여야 한다.
- 결재권자로부터 문서의 처리 지시를 받은 자는 지시 내용에 따라 기일 내에 문서를 처리한다.

► **기안문 및 시행문의 작성** 기관의 의사를 공식적으로 밝히기 위해 담당자는 결재권자(원장)로부터 지시 받은 사항을 문서로 작성하게 되는데 이러한 행위를 기안문 작성이라고 한다. 기안문은 시행문과 겸용으로 활용하며 별도의 시행문을 작성할 필요가 없다.

► **결재** 기안한 문서는 결재권자의 결재를 받아야 한다. 기관의 장은 사무 내용에 따라 그의 소속 직원으로 하여금 위임 전결하게 할 수 있다. 결재권자가 휴가 · 출장 기타의 사유로 상당기간 부재중이거나 긴급한 문서의 경우에 결재권자의 사정에 의하여 결재를 받을 수 없는 때에는 그 직무를 대리하는 자가 대결할 수 있되, 내용이 중요한 문서에 대하여는 결재권자의 후결을 받아야 한다. 다만, 개인 또는 단체의 권리나 의무에 관계되는 문서는 예외로 한다.

► **문서의 발송** 기안문에 대한 결재가 끝나고 기관 외부로 보내야 할 문서에 대해서는 발송의 절차가 남아 있다. 시행문은 처리과에서 발송하되, 종이 문서인 경우에는 이를 복사하여 발송하고, 전자문서인 경우에는 전자문서 시스템상에서 발송하여야 한다. 다만, 업무의 성격, 기타 특별한 사정이 있는 경우에는 인편 · 우편 · 모사전송 · 전화 등의 방법으로 발신할 수 있으며, 내용이 중요한 문서는 인편 · 등기우편, 기타 발송 사실을 증명할 수 있는 특수한 방법으로 발송하여야 한다.

► **문서의 성립 및 효력 발생**

- 문서는 다른 법령에 특별한 규정이 있는 경우를 제외하고는 당해 문서에 대한 결재(전자서명에 의한 결재를 포함)가 있음으로써 성립한다.
- 문서(전자문서 제외)는 다른 법령에 특별한 규정이 있는 경우를 제외하고는 수신자에게 도달됨으로써 그 효력을 발생한다. 다만, 공고 문서의 경우에는 다른 법령 및 공고 문서에 특별한 규정이 있는 경우를 제외하고는 그 고시 또는 공고가 있은 후 5일이 경과한 날부터 효력을 발생한다.
- 전자문서는 다른 법령에 특별한 규정이 있는 경우를 제외하고는 수신자의 컴퓨터 파일에 등록된 때에 그 효력을 발생한다.

► **문서의 보존** 모든 공문서는 대통령령으로 된 공문서 분류 및 보존에 관한 규칙 제4조에 따라 '영구보존'에서부터 '1년 보존'으로 구분하고 있다. 따라서 유아교육기관에서는 이 규정에 따라 문서를 보존하여야 하는데, 보존하는 방법에는 여러 가지가 있을 수 있다. 최근에는 전산화하여 플로피디스켓, CD 등으로 보관하는 방법이 있다. 유아교육기관에서 각종 문서 및 대장을 보관할 때에는 종류 또는 영역별, 또는 사업별로 분류하여 보관하는 것이 차후에 찾아보기가 편리하다. 이때 문서를 찾아보기 쉽게 하기 위해서 색인목록을 작성하여 두는 것이 좋다. 색인목록은 다음 〈그림 10-3〉과 같이 하는 것이 편리하다.

문서철 제목 :

쪽 수	문서번호	제 목	월 일	수 신	발 신

그림 10-3 색인목록(예시)

2. 유아교육기관의 재정관리

1) 교육재정의 의의와 성격

(1) 교육재정의 의의

일반적으로 교육재정이란 국가나 지방공공단체가 교육활동의 운영을 지원하기 위하여 공권력에 의하여 필요한 경비를 조달하고 그것을 관리 · 지출하는 경제활동을 말한다. 따라서 교육재정은 국 · 공립학교의 교육활동뿐만 아니라 사립학교의 교육활동, 사회교육 활동을 지원하는 일 등을 포함한다. 결국 교육재정은 '교육을 위한 것'이며 '교육을 위해 필요한 것'으로서 다음과 같은 성격을 가지고 있다(남정걸, 2004).

첫째, 높은 공공성이다. 교육은 국민 전체의 이익을 위한 사업이다. 교육은 교육을 받는 사람만의 이익을 증진시키는 것이 아니라 그 가족과 이웃, 나아가 국가 사회 전체에 그 이익이 확대된다.

둘째, 비긴급성과 장기효과성이다. 교육의 효과는 단시일 내에 나타나지 않으며 투자를 늦춘다고 하더라도 국민의 생명과 재산에 당장 큰 영향을 미치지 않는다. 그러나 교육에 대한 투자의 효과는 학생들이 졸업하고 성인이 되어 사회에 진출한 다음에 나타나게 된다.

셋째, 교육재정 투자의 효과를 측정하기 어렵다. 교육에의 투자 결과는 유형재로 나타나는 것이 아니라 무형재로 나타난다. 교육활동은 그 자체가 양적으로 측정되는 것이 아니라 질적으로 평가된다. 따라서 교육재정 투자의 효과는 학생의 지적 · 정의적 · 심리적 성장 등의 결과로 확인되는데 그 결과는 양적으로 판단하기 어렵다.

(2) 교육비의 구분

교육을 위해 필요한 수입과 지출을 총괄하여 교육예산이라 한다(남정걸, 2004). 이는 교육재정 또는 교육비와 같은 의미로 쓰인다. 교육비는 교육활동에 직접 지출되는 직접교육비와 교육활동의 여건을 조성하거나 지원하는 데 지출되는 간접교육비로 구분할 수 있다. 직접교육비에는 교원의 인건비, 실험실습비, 수업용품비, 책 · 걸상 보수비, 교실내 연료비 등이 포함되며, 간접교육비에는 행정비, 공공요금, 시설유지비, 직원실 연료비, 하숙비, 교통비, 피복비 등이 포함된다. 또한 교육재원을 누가 부담하느냐에 따라 공교육비와 사교육비로 구분된다. 즉, 공교육비는 합법적인 공적 예산회계 절차를 거쳐 교육활동에 투입되는 비용을 의미하며, 국가나 공공단체 및 학교법인이 부담하는 공부담 교육비와 입학금, 수업료, 기성회비(육성회비), 학생 자율적 경비와 같은 사부담 교육비로 구분할 수 있다. 사교육비는 합법적인 예산회계 절차 없이 학부모와 학생이 자의적으로 지출하는 교육비를 말한다(조평호 · 김기태, 2004). 또 교육비의 지출목적과 기능 또는 성질에 따라서 크게 인건비, 운영비, 시설비로 구분된다.

인건비는 교육기관의 교직원의 기본급, 정액수당, 복리후생비, 부담금 등으로 소요된다. 운영비는 교육활동 경비와 공통운영 경비로 구분된다. 교육활동 경비는 교육활동을 위하여 소요되는 시설 · 설비 경비 및 교구비와 재료비 등을 의미한다. 즉, 직접 교육활동을 위하여 소요되는 비용을 말한다. 공통 운영경비는 교육활동을 지원하기 위하여 소요되는 경비를 말한다. 이러한 경비에는 공공요금, 연료비, 인쇄비, 판공비, 사무용품비, 학습 자료구입비, 견학비, 행사비, 차량유지비, 재산관리비, 연구비, 보건체육비 등이 포함된다(김재규 · 공은배 · 이원영 · 백성준, 1994). 시설비는 유아교육기관의 설립 시 시설설비 기준령의 적용을 받아 어느 정도 기본적인 시설을 갖추고 있다. 다만 시설 · 설비의 수리 및 보완, 그리고 설비의 확보를 위한 경비의 지출이 있을 수 있다.

2) 재정관리

유아교육기관에서 교육계획의 실천을 위해서 필수적인 것 중의 하나는 안정적인 재정 확보라 할 수 있다. 국공립 유아교육기관은 재정 확보의 어려움이 없지만, 사립 유아교육기관의 경우에는 정부 및 지방자치단체의 재정 지원이 거의 없다보니 재정 확보에 어려움이 있다. 재정 확보가 되었다하더라도 적절한 재정 관리를 통해 목적에 맞는 예산 집행이 되게 하여야 한다. 유아교육기관의 재정은 다음과 같은 성격을 띠고 있다.(김수향 외, 2008).

- 교육비의 확보 및 지출이라는 공경제의 성격을 띠며, 수입, 보관, 지출이 합법적인 절차를 거치게 된다.
- 교육목표 달성을 위한 유아교육기관 경영관리 활동의 수단적인 성격을 띠고 있다.
- 유아교육비에 대한 산출 효과는 장기적이다. 유아기에 투입되는 장기적이고 계속적인 교육비의 효과는 장래에 더 큰 생산에 기여할 수 있는 인력을 개발하는데 이바지하게 된다.

(1) 유치원의 재정관리

현행 〈유아교육법〉에서는 유아교육에서의 재정 관련 조항을 다음과 같이 두고 있다.

제24조 (무상교육) ① 초등학교 취학직전 1년의 유아교육은 무상으로 하되, 대통령령이 정하는 바에 따라 순차적으로 실시한다.
② 제1항의 규정에 따른 무상교육에 필요한 비용은 국가 및 지방자치단체가 이를 부담하되, 유아의 보호자에게 지원하는 것을 원칙으로 한다.
제25조 (교육비용 등) 유치원의 설립·경영자는 교육과학기술부령이 정하는 바에 따라 수업료 등 교육비용 그 밖의 납부금을 받을 수 있다.
제26조 (비용의 부담 등) ① 국가 및 지방자치단체는 제24조제1항의 규정에 따른 무상교육 대상이 아닌 유아 중에서 국민기초생활보장법의 규정에 따른 수급권자와 대통령령이 정하는 저소득층 자녀의 유아교육에 필요한 비용의 전부 또는 일부를 예산의 범위 안에서 부담하되, 유아의 보호자에게 지원하는 것을 원칙으로 한다.
② 제 1항의 규정에 따른 지원방법 등에 관하여 필요한 사항은 교육과학기술부령으로 정한다.
③ 국가 및 지방자치단체는 대통령령이 정하는 바에 따라 사립유치원의 설립 및 유치원교사의 인건중에서 운영에 소요되는 경비의 전부 또는 일부를 보조한다.
제27조 (종일제 운영 등에 대한 지원) 국가 및 지방자치단체는 종일제를 운영하거나 제12조제3항의 규정에 따라 대통령령이 정하는 수업일수를 초과하여 운영하는 유치원에 대하여는 대통령령이 정하는 바에 따라 운영에 소요되는 경비를 보조할 수 있다.

공립 유치원의 재정 관리는 지방자치단체의 재정 및 회계에 관한 법령인 〈지방재정법〉(법률 제5647호, 1999. 1. 21.) 제54조 '관서의 일상경비 등의 지급에 관한 규정'과 제56조 '도급경비에 관한 규정', 〈지방재정법 시행령〉(대통령령 제15836호, 1998. 7. 16.) 제60조 '일상경비 등의 범위에 관한 규정', 그리고 〈도급경비 사무처리 규칙〉(재무부령 제1971호, 1994. 4. 18.)에 의거하여 관할교육청으로부터 전도자금 형식으로 도급경비를 지급받아 집행하고, 그 결과를 분기별 또는 연말에 관할교육청에 보고하는 형식을 띠고 있다. 여기서 도급경비라 함은 지출관이나 지출업무를 담당하는 출납공무원을 두기 곤란한 관서 또는 재외 관서의 경비를 그 관서의 장의 책임하에 사용하도록 도급으로 지급되는 공금을 말한다.

사립 유치원은 공립 유치원과는 달리 유치원의 운영경비는 수혜자 부담 원칙에 의하여 학부모들이 부담하는 수업료나 입학금 및 기타 비용으로 충당하고 있다. 사립유치원에 대한 재정관리는 〈사립학교법〉, 〈사립학교법 시행령〉, 〈사학기관재무회계규칙〉(교육부령 제553호, 87. 2. 6.) 등에 명시된 규정에 따라야 한다. 2004. 1. 제정된 〈유아교육법〉 제26조에서는 사립 유치원의 설립 및 유치원 교사의 인건비 등 운영에 소요되는 경비의 전부 또는 일부를 보조할 수 있게 하였다. 따라서 사립 유치원에서의 교육재정관리는 과거에 비해 한결 나아졌다.

각 유아교육기관에서는 회계연도 내에 다음 해에 운영할 예산을 편성하게 된다. 예산이란 어떤 조직이나 국가기관이 일정한 기간에 계획한 활동을 전개하는 데 필요한 경비의 수입과 지출을 추정하여 화폐액으로 환산해 놓은 계획서를 말한다. 유치원에서의 교육예산이란 해당 유치원의 교육활동을 지원하기 위하여 예상되는 수입과 지출을 종합적으로 계획해 놓은 것을 말한다. 일반적으로 유치원에서의 예산 운용은 다음과 같이 이루어진다.

► **세입 · 세출의 균형 유지** 예산안은 세입과 세출로 나누는데 세입과 세출이 건전하고 균형을 유지하도록 편성되어야 한다. 유치원의 수입은 유치원 입학금, 교육비가 주된 수입원이며, 국공립기관의 경우 보조금이 일부 포함된다. 유아교육기관의 세입관리는 보통 [표 10-3]과 같이 정리된다(이대균 · 송정원, 2004).

표 10-3 세입관리

구 분	편 성 기 준
사용료 및 수수료	•입학금 및 수업료: 징수금액 계상 •수수료 : 제증명 수수료 또는 입학요강교부금 등 수입 예상액 계상
전입금	•설립자가 부담하는 경비 - 교직원 연금부담금, 재해보상부담금 및 건강보험부담금 - 학교운영비 부족분
원조보조금	•교육청에서 지원하는 금액 •외부 단체에서 원조하는 금액, 기부금
이월금	•전년도 예산을 가결하여 이월 예상액 계상 *이월사업비는 전년도 사업 중 불가피한 사유로 완료치 못한 사업으로 예산에 계상하지 않고 예산현액으로 별도 관리
과년도 수입	과년도에 징수결정은 하였으나 미수입된 수업료, 전입금, 보조금, 원조금 등을 계상
적립금	관할청에 보고되어 적립 여부가 결정된 금액만 계상
차입금	관할청으로부터 사전 장기차입 승인을 얻은 차입금 계상
학부모부담 수입	학부모가 부담하는 경비로 현장학습, 학생수련, 급식비, 특기적성교육활동비 등 계상
잡수입	물품매각대, 예금이자 등 계상

또한 유아교육기관에서 지출되는 세출관리 기준은 다음 [표 10-4]와 같다.

표 10-4 세출관리

구분	편 성 기 준
인건비	① 교원인건비 • 교원인원은 교육청에 임명 보고된 인원 • 봉급의 책정기준은 당해 유치원 보수규정에 의함 • 수당은 당해 유치원의 보수규정에 의거 계상 ② 사무직 및 기타직원 인건비 • 보수 및 수당은 당해 유치원 보수규정에 의거 계상 ※ (참고) 2004년 일용인부임 단가(1일 27,716원)

표 10-4 (계속)

구분	편 성 기 준
인건비	③ 복리후생비 과목에 정액급식비, 교통보조비, 명절휴가비, 가계지원비, 직급보조비 계상 ④ 연금부담금, 건강보험부담금 및 재해보상부담금 계상 ⑤ 퇴직금 : 비정규직 등이 퇴직하는 경우에는 근로기준법 제 34조에 의하여 근로 년수가 1년 이상인 경우에는 퇴직금을 지급하여야 하며 퇴직금 지급사유 발생시에 재원이 부족하지 않도록 매 회계연도마다 퇴직금 산정공식에 의한 추가 소요액을 세출 예산에 계상하여야 한다. • 퇴직적립금추가소요액 = 퇴직금총소요액 − 전회계년도까지 적립금 • 퇴직금소요액 = 월평균임금(30일분)×(근무년수+1년 미만 근무일수/365일) • 월평균임금 = (퇴직전 3월 간의 지급임금총액×1/퇴직전 3월 간의 총일수)×30 • 퇴직전 3월간의 지급임금총액 : 퇴직전 3월간의 월정임금총액+(퇴직전 1년 간의 비월정임금총액×3/12) • 월정임금 : 본봉, 초과근무수당 정액분, 직급보조비, 정액급식비, 교통비 등 매월 월정액으로 지급되는 금액 • 비월정임금 : 기말수당, 정근수당, 가계지원비, 명절휴가비 등 단, 자녀학비보조수당, 연가보상비, 초과근무수당초과분은 제외 • 전 회계연도까지 누적된 퇴직적립금은 지출원 명의 (00유치원 000)로 이율이 높은 금융기관이나 체신관서에 별도 관리 • 당해 회계년도의 세출예산에 계상된 퇴직적립금은 회계연도 말에 지출하여 동일한 방식으로 관리 ⑥ 부담금 : 설립자가 부담하여야 할 부담금 계상

종 류	대 상	개인부담금	학교(법인)부담금	비 고
연금 부담금	교원 및 사무직원	보수월액의 85/1000	•교원(개인부담금의 50/85)→보수월액의 50/1000 •사무직원(개임부담금과 동액)→보수월액의 85/1000	보수월액=봉급+기말수당+정근수당+정근수당가산금(추가분제외)
재해보상부담금	교원 및 사무직원		개인부담금의 2.5/55(보수월액의 85/1000)×2.5/55	
건강보험 부담금	교원 및 사무직원	표준봉금월액의 19.7/1000	개인부담금의 60/100(표준봉금월액의 19.7/1000)×60/100	표준봉금월액=(연간총급여액 − 비과세소득)×12
	임시직	〃	개인부담금과 동액	〃
고용보험금	임시직	임금총액의 5/1000	임금총액의 9/1000	임금총액=매년 근로자에게 지급할 총액
산재보험 부담금	임시직		임금총액의 1.6/1000	임금총액 매년 근로자에게 지급할 총액
국민연금	임시직	표준소득월액×연금보험료율(45/1000)	표준소득월액×연금보험료율(45×1000)	표준소득월액=근로자에게 지급되는 금품 중 비과세근로소득을 제외한 소득월액

표 10-4 (계속)

구분	편 성 기 준
관리운영비	① 관리운영비는 유치원 실정에 맞도록 합리적으로 편성하되, 원아 수업에 필요한 경비를 우선하여 계상하고 필수 경비를 과소하게 책정하거나 특정경비를 과다하게 책정함으로써 교과 운영에 지장을 주는 일이 없도록 한다. ② 원아복리비 : 원아복리 증진을 위한 복지비, 자치활동비, 장학금 등 계상 ③ 교수 · 학습활동비 • 교수 · 학습활동비 : 학사관리, 학습준비물 구입, 학급행사, 학교행사 등 각종 교육행사비, 기타 교육과정운영 및 교수 · 학습활동에 필요한 경비 계상 • 교육기자재 구입 및 실험실습비 : 교수 · 학습에 필요한 교육기자재 및 실험실습재료구입비 계상 ④ 공통운영비 : 공공요금, 일반수용비, 출장여비, 연료비, 사무용품, 기타물품비, 물품수선비 및 유지보수비, 비품구입비 등 학교의 기본 운영에 필요한 제 경비를 계상 ⑤ 업무추진비 : 교직원 간담회, 교과협의회, 학부모회 운영, 접대용품 및 기타 학교운영에 필요한 최소한의 경비를 계상 ⑥ 시설관리비 : 유치원의 교육활동에 필요한 시설물의 유지 · 보수에 필요한 제 경비 계상

► **회계연도** 국 · 공립 교육기관의 회계연도 기간은 1월 1일부터 12월 31일까지이지만 사학기관의 회계연도는 매년 3월 1일에 시작하여 다음해 2월 말일에 종료된다.

► **교육비의 징수** 공 · 사립 유치원의 수업료 및 입학금은 유치원의 실정과 경제적 사정을 고려하여 시 · 도 교육청이 정하되, 수업료는 연 4기로 나누어 균등하게 징수하도록 한다. 이때 입학금 및 교육비 등은 서면으로 보호자에게 통지하여 체신관서 또는 금융기관을 통하여 수납 · 계리하여야 한다. 납입금 징수기일은 납부고지서 발부일로부터 10일 이내로 정할 수 없다.

► **수입의 직접 사용금지** 법인과 학교의 모든 수입은 각각 세입 · 세출 예산에 편입하여야 하며, 이를 직접 사용하지 못한다.

► **예산의 목적 외 사용금지**

- 법인의 업무에 속하는 회계의 세출예산은 목적 외에 이를 사용하지 못한다.
- 학교에 속하는 회계의 세출예산은 이를 목적 외에 사용하지 못하며 교비회계에서는 다른 회계에 전출하지 못한다.

한편, 유치원에서의 예산집행은 다음과 같은 절차를 밟아 운영하여야 한다.

- 회계집행은 사전에 품의가 있어야 한다.
- 자금은 금융기관에 예치한다.
- 자금 수납을 판단하여 분기별 집행 계획을 수립하여야 한다.
- 회계연도 말(2월 말)에 사용 잔액은 다음 연도에 이월하여 사용한다.
- 재산 물품의 취득은 재산대장, 물품대장, 비품대장 등에 등재 관리한다.
- 지출증빙서는 과목별로 구분하여 편철 · 보관하여야 한다.

(2) 보육시설의 재정관리

보육시설의 재정관리는 '보육시설의 예산편성 및 관리요령'에 근거하고 있다.

► **예산편성** 보육시설의 예산 편성 원칙은 다음과 같다.

- 회계연도는 정부의 회계연도와 같이 한다.
- 1회계연도의 모든 수입은 세입으로, 모든 지출은 세출로 하고 예산 내용과 산출 기초는 명백하게 표기하여야 한다.
- 수입과 지출은 모두 예산에 편입하여야 한다.
- 세입과 세출 예산은 건전한 내용으로 균형을 유지하도록 한다.
- 법인의 대표이사는 매 회계연도 개시 5일 전까지 법인회계와 시설회계의 예산을 시장 · 군수 · 구청장에게 제출하여야 한다.
- 법인회계와 시설회계의 예산은 세출 예산이 정한 목적 이외에 이를 사용하지 못한다.
- 연간 예산 내용은 필요에 따라 수정(변경)할 수 있다.
- 법인의 대표이사는 법인회계와 시설회계의 세입 · 세출 결산 보고서를 작성 다음연도 3월 31일까지 시장 · 군수 · 구청장에게 제출하여야 한다.

- 지출 예산에 편성되지 않은 경비는 지출할 수 없으며 연중 돌발적이고 시급하여 지출이 불가피한 경우에는 우선 지출하고 사후에 예산을 조정한다.
- 당해 법인의 업무 전반에 관한 법인회계, 당해 법인이 설치 · 운영하는 시설회계와 법인이 수행하는 수익사업에 관한 수익사업회계로 구분한다(*보육료 수입은 시설회계에 편입).
- 회계는 단식부기에 의한다. 다만, 법인회계는 복식부기가 필요한 경우 복식부기 사용이 가능하다.

► **집행** 운영비를 집행함에 있어서 지켜야 할 몇 가지 원칙을 제시하면 다음과 같다.

- 운영경비의 집행은 예산운영 계획에 의하여 이루어져야 하며, 연중 현금액은 출납대장과 일치하도록 관리하여야 한다.
- 모든 운영경비는 금융기관 등에 예치함을 원칙으로 한다. 단, 상용의 경비 또는 소액의 경비지출을 위하여 100만 원 이하의 현금을 보관할 수 있다.
- 지출의 상용경비 또는 소액의 경비 지출을 제외하고는 금융기관의 수표로 행하거나 예금통장에 의하여 행하여야 한다.

예산을 집행함에 있어서는 일정한 기준을 정하여 집행하는 것이 효율적이다. 일반적으로 운영비를 관리하기 위한 기준은 다음과 같다.

- 운영비의 유효적절한 관리와 정확한 예산 집행을 위하여 지정 서식을 활용하고 필요한 대장을 비치 관리한다.
- 운영비 관리를 위한 각종 대장과 경상경비의 지출 증빙서는 5년 이상 보존해야 한다.
- 시설 신축 · 확장 · 보수 등에 관한 서류는 10년 이상 필요에 따라 영구 보존한다.

► **결산** 모든 교육비의 운용 주체는 반드시 교육비의 세입 · 세출 결산의 의무를 지고 있다. 결산은 매 회계연도 말에 결산을 의무적으로 실시하여야 하는데 결산은 분기별 결산과 연말결산으로 나뉜다. 세입 · 세출 결산은 예산의 과목별로 세분하여 실시하며 분기별 결산은 분기 종료 10일 이내에 시장, 군수, 구청장에게 제출하여야 하고,

연말결산은 법인회계와 시설회계의 세입 · 세출결산 보고서를 작성하여 이사회의 의결을 거친 후 다음 연도 3월 31일까지 시장 · 군수 · 구청장에게 제출하여야 한다.

► **감사** 법인의 감사는 당해 법인과 시설에 대하여 매년 1회 이상 실시하여야 한다. 감사를 할 때에는 결산 보고서를 작성하여 당해 법인의 이사회에 보고하여야 하며, 재산사항 또는 업무집행에 관하여 부정 또는 불미한 점이 발견될 때에는 시장 · 군수 · 구청장에게 보고하여야 한다.

제11장

유아교육기관의 질 및 갈등관리

제11장

유아교육기관의 질 및 갈등관리

광복 이후 우리나라는 유아교육에서 대학교육에 이르기까지 양적인 성장을 거듭해 왔다. 그러나 양적 성장이 곧 질적인 성장을 가져왔다고 보기는 어렵다. 그동안 유치원 교육의 질적 향상을 위한 법적 · 제도적인 장치를 마련하여 왔지만 초 · 중등교육 및 고등교육에 비하여 비중 있게 다루어지지 않았던 것이 사실이다. 이제 유아교육은 '해도 그만, 안 해도 그만'이 아닌 '반드시 필요한 교육, 기초가 되는 교육'이 되었다. 전반적인 교육의 패러다임 변화와 더불어 유아교육 조직은 전통적인 관리체제에서 탈피하여 교육의 질적 수준 향상을 위한 혁신적인 관리방식이 요구된다.

1. 유아교육기관의 질 관리

1) 유아교육기관 질 관리의 필요성

질(quality)에 대한 개념 정의는 다양하다. '질이 좋다', '잘 구성되어 있다', '1등급이다' 등의 표현은 질에 대한 이미지를 전달하고 있다. 과거 질에 대한 인식은 제품이 지니는 외형적인 가시적 속성에 기초를 두었지만 시장 중심(market-based) 혹은 수요자 중심(customer-based)의 상품 및 서비스를 생산하는 오늘날의 상황에서는 질의 개념이 재정립되고 있다(권동택, 2003). 유아교육기관의 질 관리는 유아교육기관 운영자의 헌신적인 지도성에 바탕을 두고 조직구성원 간의 상호작용을 통하여 유아 및 학부모, 지역사회 인사의 유아교육 욕구를 충족시키는 활동에 조직구성원 전원이 참여하는 활동이라고 할 수 있다(류윤석, 2005). '교육의 질이 우수함'은 교육의 여러 요소들이 고객의 욕구를 충족시키고 있다는 것으로 해석할 수 있다. 학교조직의 총체적 질 관리에 관련된 구성요소를 머가트로이드와 모건(Murgatroyd & Morgan, 1993)은 비전과 전략, 정책개발, 측정 가능한 목표, 질적 구조 및 지원, 팀에의 권한 부여, 자료에 근거한 의사결정, 관리자의 헌신과 의사소통, 보상과 인정, 주요 고객의 욕구 이해와 연수를 제시하였다.

유아교육기관의 총체적 질 관리를 위한 구성요소는 변혁적 리더십, 비전과 전략, 조직에의 참여 및 헌신, 유아중심의 교육과정 운영, 지속적인 질 개선 노력 등이라 할 수 있다. 변혁적 리더십은 교환적인 관계가 아닌 신뢰와 자긍심, 그리고 합리적 문제해결, 목표의 공유, 구성원 개인에 대한 관심 등의 리더십을 말하며, 비전과 전략은 유치원의 발전 방향을 분명히 제시하고, 구성원들과 함께 발전 전략을 수립하는 것을 말한다. 조직에의 참여 및 헌신은 조직구성원, 학부모, 지역사회 인사 등이 유아교육 활동에 직접 참여하거나 다양한 의견의 제시로 의사결정 과정에 참여하는 것을 말하며, 유아중심의 교육과정 운영은 고객인 유아의 흥미, 욕구, 학부모 의견, 유아 개인의 특성 등을 고려한 교육과정 운영을 말한다. 또한 지속적인 질 개선 노력은 사회 변화, 교육과정의 변화 경향, 교직원의 의견, 학부모의 의사 등을 반영하여 지속적인 변화를 시도하는 것을 말한다.

2) 유아교육기관에서의 변혁적 지도성

지도자와 구성원 간의 사회적인 관계를 기초로 하는 교환적 지도성은 지도자와 구성원들이 독립적인 목표를 달성하기 위하여 서로간의 욕구와 서비스가 교환되는 전통적인 지도성이다. 즉, 부하가 지도자의 뜻에 순종함으로써 지도자는 구성원에 대한 인정, 보수 인상, 승진 등의 욕구를 충족시켜 주게 된다. 그러나 변혁적 지도성은 특별한 이익과 목표에 관계없이 지도자와 구성원은 조직의 목표 달성을 위해 한 덩어리가 되는 지도성이다. 변혁적 지도성은 높은 수준의 도덕적 가치와 이상에 호소하여 구성원들의 의식을 한 차원 끌어 올리면서, 인격적으로 대우하고 동기화시키며 구성원들의 행동을 지속적으로 변화시켜 기대 이상의 성취를 가능케 한다(Burns, 1978). 변혁적 지도성을 통하여 구성원들은 조직의 목적이나 비전을 인식하여 공유하고, 구성원의 능력과 잠재력을 높은 수준으로 발휘할 수 있도록 동기를 유발하여 기대 이상의 조직 목표를 달성할 수 있도록 역량을 극대화하는 것이다(권동택, 2003). 바스(Bass, 1990)는 변혁적 리더십과 교환적 리더십의 차이를 [표 11-1]과 같이 비교하여 제시하였다.

표 11-1 교환적 리더십과 변혁적 리더십의 차이

교환적 리더십	변혁적 리더십
•하급자의 노력과 업적에 따른 보상과 칭찬 •높은 성과에 따른 보상의 약속 •하급자의 행동에 대한 감독, 관찰 및 시정 •책임의 전가, 중요 의사결정의 회피	•비전과 임무 제시, 신뢰와 자긍심 유발 •하급자들의 지혜, 합리성, 문제 해결력 등을 일깨움 •개별 하급자에 대한 존중과 개별적 관심 •목표의 이해, 동기 부여를 통한 높은 기대, 영감

출처 : Bass, B. M.(1990), From Transactional to Transformational Leadership : Learning to share the Vision. *Organizational Dynamics*, Winter. p.22.

유아교육 조직에서의 변혁적 지도자들은 조직의 목적을 성공적으로 달성하기 위하여 새로운 조직 문화를 창출하고 내면화하며 질적 수준의 제고에 기여함을 전제로 한다. 유아교육기관에서 변혁적 지도자들은 다음과 같은 행동 특성을 나타낸다.

(1) 유아교육 발전을 위한 비전을 제시한다

유아교육기관의 지도자는 바람직하고 실현 가능한 미래에 대한 조직의 비전을 제시한

다. 유치원 운영에 관한 장 · 단기 비전의 제시를 통해서 유아교육기관의 교육목표, 교육내용, 활동중점 등을 구성원들과 공유하며, 구성원들이 자긍심을 갖고 유아교육에 전념하게 한다. 비전은 지도자에 의해 단독으로 설정되는 것이 아니라, 구성원들의 아이디어와 의견을 충분히 반영하여 설정된다.

(2) 유아교육기관의 발전을 위해 헌신한다

조직에 대한 헌신은 조직의 가치와 목표에 대한 구성원의 노력과 조직 내에서 지속하려는 욕구를 말한다(Stremmel, 1991). 따라서 헌신은 교사들의 조직에 대한 애착을 강조하며 조직의 유지 · 발전에 기여하게 된다. 유아교육기관에 대한 헌신도가 높은 교사의 경우 현재의 성과에 만족하지 않고 계속적으로 더 많은 성과를 올리려는 의지를 보이고 노력한다(서지영 · 서영숙, 2002). 따라서 유아교육기관의 지도자는 먼저 자신이 소속된 유치원의 발전을 위해 헌신하는 모습을 보임과 동시에 구성원들의 교육활동에 대한 배려를 통하여 구성원들의 유아교육에 헌신도를 높일 수 있는 지도성을 발휘한다.

(3) 새로운 조직문화를 창조한다

조직문화는 조직의 목적을 달성하기 위한 집단활동의 과정에서 구성원들이 집단 경험을 통하여 공유하게 되어 나타나는 사고방식 및 생활방식이다(류윤석, 1995). 유아교육기관에서의 지도자는 비전과 전략을 명확히 제시하고 수월성을 추구하면서 구성원들이 공유할 수 있는 새로운 조직문화를 창조하게 된다.

(4) 구성원을 배려하는 지도성을 발휘한다

조직의 혁신을 위한 변혁적 지도자들은 구성원들의 발전과 욕구에 관심을 보이는 것이다(Bass & Avolio, 1990). 구성원들에게 개인적인 배려를 하는 지도자는 조직구성원 각자에게 관심을 보이며, 하급자의 관점에서 사물을 바라본다. 특히 구성원의 복지에 관심을 가지며 구성원 각자에게 부모와 같은 애정을 표시한다. 이와 같은 변혁적 지도자는 각 교사들을 개별적으로 대우함으로써 교사들의 반응을 촉진할 수 있고 교사들의 노력을 유도하여 기대 이상의 성과를 가져올 수 있다. 개인적인 배려는 교사에 대한 개별적 조언 및 고충에 대한 관심, 교사들의 입장 고려, 교사들과 함께하는 시간 갖기, 교사들의 능력발휘에 대한 도움 주기 등을 들 수 있다.

(5) 구성원의 지적 사고를 자극한다

지적 자극은 지도자가 창의적인 관점에서 구성원들의 관행에 대해 문제를 제기하고 고정관념에서 벗어나게 하며 진취적인 사고를 하도록 자극한다. 또한 구성원들에게 자기 자신에 대해서 생각하고, 도전을 받아들이며, 자기개발을 위한 창조적인 방법을 생각하도록 도움을 준다(Bass & Avolio. 1990). 지적 자극의 변인에는 사려 깊은 생각, 지적 능력의 활용, 새로운 아이디어의 획득을 요구하며, 새로운 방식의 업무처리, 다양한 관점의 제시 등이 있다.

(6) 평생학습 활동에 참여한다

시대는 빠르게 변하고 있다. 유아교육과 관련된 이론 및 교육 수요자들의 요구는 변화를 계속하고 있다. 유아교육 조직의 구성원들은 계속적인 자기학습과 자기개발에 의욕적으로 참여하고 자기혁신과 자기변혁을 위한 높은 내재적인 동기를 갖는다. 지도자 자신이 자기주도적 학습에 참여함은 물론 교사들에게도 평생학습에 참여할 것을 권장한다. 평생학습에의 참여 형태로는 대학원 진학, 세미나 참석, 각종 연수 참여, 원내 자체 연수 참여 등을 들 수 있다.

2. 유아교육기관에서의 갈등관리

1) 갈등관의 변천

인간은 혼자 살아갈 수 없는 사회적 존재로서, 좋든 싫든 사회조직 속에서 정신적 · 육체적 · 물질적 삶을 영위하게 된다. 날로 복잡해지는 현대사회에서 인간은 학교, 병원, 군대, 회사, 관청, 연구기관, 종교단체 등의 수많은 조직과 관련을 맺고 있으며, 또한 그 조직의 일원으로 활동하기도 하다. 이들 조직들은 각기 독특한 기능과 성격을 지니고 있으며, 그 목적을 달성하기 위한 활동 과정에서 개인 상호 간, 조직과 개인 간, 조직 내 부서 간, 조직 상호 간 크고 작은 갈등을 겪기 마련이다. 갈등은 개인이나 집단 또는 조직과 같은 사회적 실체 내부나 그들 사이에서 모순, 의견의 불일치나 상이에서 나타나는 상호작용적인 상태로(Rahim, 1986), 조직에 순기능으로 또는 역기능으로 작용할 수 있다.

전통적 갈등관에서는 조직에서의 갈등이 바람직하지 않기 때문에 반드시 해소되어야 하는 것으로 간주되었다. 그러나 상호작용론적 관점에서는 갈등이 새로운 아이디어를 촉진하여 집단 내의 응집성을 향상시키고 다양한 의견 투입을 통하여 보다 나은 의사결정을 가져오며, 욕구 불만의 탈출구를 제공하는 것으로 본다. 따라서 갈등은 개인과 사회의 원동력으로 보고 있다(박남기, www.classmi.net). 조직에서의 갈등 수준이 너무 낮으면 환경 변화에 대한 적응력이 부족하다. 또한 진취적이고 창의적인 노력이 부족하여 조직의 효과성이 떨어지게 된다. 반면에 갈등 수준이 너무 높으면 구성원 간 협력을 구하기가 어렵고, 조직의 분열과 파괴를 가져와 조직의 효과성은 낮아지게 된다. 따라서 조직이 환경 변화에 능동적으로 적응하고 혁신적이며, 구성원들의 창의적인 활동을 기대하려면 적정 수준의 갈등을 유지하는 갈등관리가 요구된다.

조직에서의 갈등관리는 단순히 갈등을 해소시키는 것만을 의미하는 것이 아니라 갈등의 역기능을 제거하고 순기능적 갈등을 조장하여 조직의 발전에 이바지하게 하는 것을 뜻한다(조태영, 2004). 이러한 의미에서 갈등관리는 조직구성원의 개인적인 문제일 뿐만 아니라 조직의 측면에서도 매우 중요한 문제가 아닐 수 없다. 조직화된 사회 속에서 개인 내적으로나 개인 외적, 또는 집단 간의 갈등은 보편적인 현상으로 학교조직 사회에서도 갈등은 예외일 수가 없다(이윤경, 1999). 특히 교육의 민주화, 자율화 과정에서 교육현상에 대한 인식의 차이는 교사들로 하여금 많은 갈등을 겪게 한다.

2) 유아교육기관에서의 갈등 발생원인

갈등이란 서로 상대방에게 좌절을 느끼게 할 목적으로 취해지는 의도적인 방해 행동의 과정(Robins, 1989), 또는 개인과 집단 및 조직 운영과정에 구성원의 가치와 행동의 차이에서 나타나는 대립적인 상호작용(서정화, 1993) 등으로 정의된다. 비록 유아교육조직에서의 프로그램들이 다른 조직들과는 다르다 하더라도 조직에서의 갈등이 불가피하다는 것은 어느 조직과도 유사하다(Sciarra & Dorsey, 2002).

조직에서 갈등의 존재가 필연적이라면 그 갈등이 조직 운영에 순기능으로 작용할 수 있도록 효율적인 관리가 필요할 것이다. 일반적으로 갈등은 단일 요인에 의해서 발생하기보다는 요소들의 복합적인 상호작용에 의하여 발생한다. 개인의 심리적인 특성과 사회적인 특성에 따라서 동일한 갈등 상황에서도 그 요인이 상이할 수 있기 때문이다.

박남기(2004)는 교육조직에서 발생하는 갈등의 요인을 크게 교육계 내의 갈등과 교육관련 조직 간의 갈등, 교육계와 환경 간의 갈등으로 구분하고 교육계 내에서의 갈등의 원인을 조직을 만든 인간의 한계 그리고 불완전한 인간이 만든 조직체의 한계에 뿌리를 내리고 있는 근본 요인과 조직체 갈등 정도와 표출 정도를 변화시키는 상황요인, 그리고 교육조직의 특성에 기인하는 요인으로 구분하고, 교육조직의 특성에 기인하는 갈등의 원인을 전문적 관료조직의 성격에서 기인하는 전문성과 관료성의 충돌, 그리고 느슨한 조직의 특성에 기인하는 갈등의 요인으로는 구성원의 이질성, 교육목표 해석의 다양성, 목표 달성을 위한 다양한 교수법, 성과 측정의 곤란성, 느슨한 의사소통체계 등과 같은 요인들이 작용하는 것으로 보았다. 한편, 이영자 · 권영례(2000)는 유아교육조직에서의 갈등의 원인을 집단구조, 유아교육기관의 목표와 정책, 가치, 지도성 유형, 직업에 대한 교직원들의 권위에 대한 불신, 수행한 일에 대한 피드백과 비판을 제대로 못할 때, 정보와 오보, 인성적 알력, 경직된 편견과 고정관념, 변화에의 저항 등으로 보았다. 이와 같은 견해를 종합하여 유아교육조직에서 발생하는 갈등의 원인을 다음과 같이 제시하고자 한다.

(1) 전문적 · 관료제적인 성격에 기인하는 갈등

유아교육조직에서 행정가는 〈유아교육법〉 및 〈영유아보육법〉에서 정한 법적 권한을 근거로 영향력을 행사하려 한다. 즉, 〈유아교육법〉 제18조(지도 · 감독)에서 국립 유치원은 교육과학기술부장관의 지도 · 감독을 받으며, 공 · 사립 유치원은 교육감의 지도 · 감독을 받도록 명시하고 있다. 유치원 규칙에는 교육연한 · 학기 및 휴업일, 학급편제 및 원아정원, 교육내용, 수업일수 및 수업운영 방법, 입학 · 재입학 · 편입학 · 전학 · 휴학 · 퇴학/· 수료 및 졸업, 수업료 · 입학금 그 밖의 비용징수, 유치원 규칙의 개정절차 등을 기재하도록 되어 있다(〈유아교육법〉 시행령 제10조). 또한 〈유아교육법〉 제21조(교직원의 임무)에서는 ① 원장은 원무를 통할하고 소속 교직원을 지도 · 감독하며 원아를 교육한다. ② 원감은 원장을 보좌하여 원무를 관리하고 원아를 교육하며, 원장이 부득이한 사유로 직무를 수행할 수 없는 때에는 그 직무를 대행한다. ③ 교사는 법령이 정하는 바에 따라 원아를 교육하며, ④ 행정직원 등 직원은 원장의 명을 받아 유치원의 행정사무와 그 밖의 사무를 담당하도록 규정하고 있다.

유아들을 직접 지도하고 있는 교원들은 관료제적인 엄격한 규정의 적용보다는 전문직 종사자로서의 자율성을 지향하게 된다. 그렇지만 유아교육조직에서는 관료제적인 성격을 무시할 수 없다. 이 과정에서 관료제적인 성격과 전문직 성격은 갈등을 빚을 수 있다. 유아교육 조직에서는 조직활동의 핵심인 교육과정 운영, 유아생활 지도, 교수 · 학습 지도, 특기 · 적성 지도, 학부모 상담 등에 대해서는 전문가로 불리는 교사들의 고유의 영역으로 보고 있다. 그러나 현실적으로 유아교육기관에서는 상급자인 원감이나 원장의 승낙, 규정과 규칙(원칙)에 근거하여 교육행위의 정당성이 보장된다. 예를 들면, 주간 교육계획의 수립 및 운영, 일일 교육계획 운영, 특기적성 지도 등은 원감, 원장의 결재를 받은 후에 실시할 수 있는 활동들이다. 이러한 순수한 교육활동에 대한 전문성의 주장과 관리 감독자로서의 입장이 맞설 때 갈등이 발생할 수 있다. 그러나 이러한 갈등이 항상 심각한 것이 아니고 기존의 평형 관계를 흐트러뜨리는 상황이 발생하거나 양자의 힘이 팽팽히 맞설 때 발생한다(박남기, 2004).

(2) 조직 규모의 확대에 따른 관료적 통제

최근 들어 대부분의 유아교육조직은 그 규모가 점차 커지고 있는 실정이다. 유아교육조직 규모의 확대 추세와 더불어 효과적인 관리를 위해 점차 관료제화되고 있다. 즉, 원장－원감－교사로 이어지는 수직적인 관리체제와 문서, 규정과 규칙 중시, 교육계획안의 사전 결재 등의 행정행위는 전문직적 성향을 지니고 있는 교사와 갈등을 빚을 수 있다.

(3) 유아교육에 대한 행정가와 교사 간의 가치 인식의 차이

유아교육조직에서 관료제적인 성격과 전문직적인 성격 간의 갈등은 유아교육에 대한 가치 인식의 차이에서도 찾을 수 있다. 유아교육 분야에서 교육목표, 정책, 실행의 대부분은 가치에 기초를 두고 있는데(이영자 · 권영례, 2000), 가치 체계는 개별적이고 어떤 가치가 다른 사람과 공통성이 있다 할지라도 각자는 의사결정이나 행동의 지침의 기준으로 사용될 독특한 가치체계를 개발한다. 예를 들면, 원장은 일부 학부모들의 요구에 따라 유아영어 · 한자 지도 등을 위한 유아용 학습지 활용을 지시하지만 유아교육은 학습지를 통한 교육보다는 다양한 놀이를 통한 교육, 체험을 통한 교육이 더 중요하다고 생각하는 유아교사가 학습지 활용을 거부했을 때 갈등을 빚을 수 있다.

(4) 사회체제적인 성격에 기인한 갈등

호이와 미스켈(Hoy & Miskel, 1996)은 체제의 모든 차원에서 이론적으로는 갈등이 발생할 소지가 있다고 보고, 역할, 성격, 규범, 목표에 초점을 맞추어 역할 갈등, 규범 갈등, 성격 갈등, 목표 갈등이 존재하는 것으로 보았다. 역할 갈등은 조직에서 둘 이상의 역할을 수행하거나 상반되는 기대를 동시에 수행하는 과정에서 발생한다. 예를 들면, 표현활동 분야에 소질이 없다고 생각하는 교사에게 학급 담임교사의 역할과 재롱잔치 준비 책임을 맡겼다면 그 교사는 역할 갈등을 느낄 수 있다. 성격 갈등은 개인의 성격에 의한 갈등이다. 즉, 개인의 욕구 구조의 차이에 의해서 발생되는 갈등이다. 원장이나 교사의 안정을 추구하려는 욕구와 강력한 변화를 추구하려는 교사의 욕구가 있을 때에는 적절한 행동을 취하기가 어렵다. 규범 갈등은 비공식 조직의 규범 간의 불일치에서 나온다. 목표 갈등은 조직이 여러 가지의 목표를 가지고 있을 때 이들 목표 간의 불일치에 의해서 갈등이 발생한다. 정상적인 교육과정 운영과 예능발표회에 참가하기 위하여 수업결손을 감수하면서까지 연습을 해야 할 때 구성원들은 어디에 목표를 두어야 할지 갈등을 일으킬 수 있다.

유아교육에 있어서 투입과 산출의 관계는 명확하지 않음에도 교육활동에 대한 성급한 기대는 구성원 간에 갈등을 야기할 수 있다. 또한 유아교육에서의 원장이 조직 내적인 교육활동보다는 상급기관 또는 관련기관을 지나치게 의식한 교육활동을 요구할 때 행정가와 교사 사이에 갈등이 야기될 수 있다.

기본적인 갈등 이외에 체제 요소 간에 발생하는 갈등이 있다. 즉, 공식적 조직에서의 역할과 비공식조직에서의 규범 간의 불일치로 발생하는 역할－규범 갈등, 공식조직에서의 역할과 비공식조직의 규범의 불일치에 의한 규범－목표 간의 갈등, 공식조직에서 수행해야 할 역할이 개인의 성격과 맞지 않을 때 나타나는 역할－성격 갈등, 비공식조직의 규범과 개인의 성격이 맞지 않을 때 발생하는 규범-성격 갈등, 비공식조직의 규범과 조직 목표의 불일치에 의한 규범－목표 갈등, 조직의 목표와 개인의 성격상의 불일치에 의한 목표－성격 간의 갈등 등이 나타날 수 있다.

(5) 느슨한 연결 조직의 성격에 기인한 갈등

1970년대 중반 이후 교육조직은 긴밀하게 연결된 조직이라기보다는 느슨하게 연결된 조직이라는 주장이 고전적 조직이론의 대안으로 제기되었다. 교육조직의 느슨한 연결체제는 곧 교육조직이 하나의 조직이면서도 ① 다양한 과업과 교육활동 등이 약하게 연결되어 있어 각각의 단위 활동들이 독자적인 영역과 기능 및 주체성을 확보하고 있다는 것이며, ② 분명한 감독 및 평가방법이 없어 업무 수행의 자유재량 폭이 넓고, ③ 조직에서의 권위 체계가 미약하고 복합적이며, ④ 조직이 이질적인 개인과 집단으로 구성되어 있으며, ⑤ 과업의식이 분명하지 못하고 결과 예측이 어렵다는 것이다.

이와 같은 느슨한 연결체제로서의 교육조직의 특성으로 인하여 유아교육조직에서 발생하는 갈등의 원인을 분석하면 다음과 같다.

첫째, 조직의 각 단위들이 느슨하게 연결되어 있기 때문에 의사소통의 장애로 인한 갈등이 야기될 수 있다. 유아교육조직은 특성상 소집단 구성원들끼리 의사소통이 쉽게 이루어질 수 있는 별개의 하위집단으로 나뉘어 업무를 수행하기 때문에 전체 교직원의 팀 정신이 감소될 수밖에 없다(이영자 · 권영례, 2000). 이와 같은 소집단 위주의 활동은 구성원 간의 원활한 의사소통을 저해하는 요인으로 작용하여 조직에서의 갈등을 유발하게 할 수 있다.

둘째, 조직 변화에 대한 인식의 차이를 가져올 수 있다. 어떠한 조직이든지 지속적으로 크고 작은 변화를 인식하게 되는데 각 단위별로 그 변화에 대한 인식을 달리할 수 있다. 유아교육조직에서의 변화는 원장, 교사, 학부모 또는 지역사회가 주도할 수 있다. 그러나 변화를 누가 주도하든 변화에 대한 인식의 차이를 가져와 그것이 갈등의 원인으로 작용할 수 있다.

셋째, 불분명한 목표, 불분명한 지도기술, 결과 예측 가능성의 곤란 등의 속성은 유아교육 과업수행 과정에서 갈등의 원인으로 작용할 수 있다. 예를 들면, 동일 연령의 유아일지라도 학급 담임에 따라서 유아지도 목표와 방법, 평가기준 등이 다를 수 있다. 이와 같이 서로 다른 가치와 견해, 기술을 가진 구성원 간에는 갈등이 발생할 수 있다.

(6) 조직화된 무질서 조직의 성격에 기인한 갈등

► **교육목표 해석의 다양성과 다양한 교수방법의 활용** 성공적인 조직 운영을 위해서는 조직의 목표가 구성원들에 의해서 성취가 가능하도록 설정되어야 하고, 구성원들이 조직의 목표를 공유하여야 한다. 또한 이를 달성하기 위하여 구성원 각자에게 적절한 책임과 역할이 주어져야 한다. 그러나 유아교육조직은 일반 조직과는 달리 구체적이고 명확한 목표를 제시하지 못하고 추상적인 용어로 진술되는 경우가 많다. 따라서 교직원 개개인은 교육목표 해석에 있어서 차이를 보일 수 있다. 해석의 차이가 클 때 교육방법의 적용 과정에서 갈등이 발생할 수 있다. 교사 개인의 교육철학과 심리적 특성, 사회적 배경 등에 따라서 서로 다른 교수 · 학습 방법을 적용할 수 있음에도 특정 방법을 일률적

으로 적용하려고 할 때 갈등을 일으킬 수 있다.

► **구성원의 이질성** 유아교육조직에서의 인적 구성은 다양하다. 유아교육조직의 구성원은 행정가(원장), 교사, 유아, 행정직원(사무직원, 영양사, 버스 기사, 시설관리인 등) 등으로 구성되어 있다. 이 중에서 원장과 교사, 행정직원들은 성, 학력, 경력, 연령, 출신계열(유아교육전공 혹은 비전공, 2년제 대학 또는 4년제 대학 졸업 등) 등에 따라서 조직목표, 교수-학습방법, 규범, 의사소통 등에 대한 해석과 활용 방식이 다를 수 있다. 유아들 역시 가정교육 및 선행학습의 정도 등에 따라서 상이한 특성을 보일 수 있다. 유아교육 조직에서 구성원의 이질성에 기인하는 갈등은 다음과 같이 몇 가지 형태로 분류할 수 있다.

첫째, 원장의 지도성 유형에 따른 갈등이다. 사립 유아교육기관일 경우에는 인사 이동이 많지 않지만 공립인 초등학교 병설 유치원 또는 단설 유치원의 직원들은 주기적으로 전근을 하게 된다. 인사 이동이 이루어질 때마다 원장의 경영스타일이 이전의 원장과 비교하여 차이가 있을 때 갈등이 빚어질 수 있다.

둘째, 교원과 행정실 직원 간의 갈등이다. 유아교육기관에는 직접적으로 유아를 지도하는 교원과 각종 사무관리, 시설관리 등을 담당하는 행정실 직원들로 구성되어 있다. 이들은 각자 맡은 업무가 다르기 때문에 자신에게 주어진 역할에 충실하려고 한다. 교원들은 교육목적 달성과 자신들의 전문성을 중시하지만 행정직원들은 행정법규와 규칙 등을 중시한다. 물론 이들이 하는 일은 모두 유아교육을 위한 일이지만 조직 내에서의 다른 부서의 입장보다는 자신의 부서의 입장에서 업무를 추진하려 하기 때문에 구성원 간 갈등이 존재할 수 있다.

셋째, 교사와 학부모 간의 갈등이다. 교사와 학부모 간의 갈등은 심리적인 문제로서 자녀교육에 대한 지나친 관심이 문제가 된다. 즉, 유아교사가 자신의 자녀에게 더 많은 관심을 가져 주기를 바라는 데 그 원인이 있다. 교사와 학부모 간의 갈등에 관한 김희태(2004)의 연구에 의하면, ① 유아교사의 역할에 대한 부모의 요구가 일차적으로 원인이 되어 나타나게 된다. 예를 들면, 학부모는 문자 지도를 원하지만 교사는 자신의 소신에 의해서 그것을 수용할 수 없을 때 갈등이 나타날 수 있으며, 가끔 유아교사의 교육적 신념이 흔들리는 상황으로 나아가기도 한다, ② 부모가 교사를 무시하는 것을 아이를 통해 들었을 때 심한 좌절과 스트레스를 느끼며 심지어 교육을 포기하고 싶은 갈등을 느낀다, ③ 자기 아이만 중요하게 생각하고 남의 아이는 중요하게 생각하지 않을 때 유아교사로서 갈등을 느낀다.

3) 유아교육조직에서의 갈등관리 방안

조직에서의 갈등은 완전히 해소될 수 없을 뿐만 아니라 갈등이 존재하지 않는 상황이 반드시 바람직한 것만은 아니다. 전통적 조직이론에서는 조직에서의 갈등은 바람직하지 못한 현상으로서 반드시 제거해야 할 것으로 간주하였으며, 행동주의적 갈등관에서 갈등은 조직에서 자연적으로 발생하는 현상이기 때문에 제거될 수 없어 갈등을 감소시키는 데 역점을 두었다. 그러나 상호 작용주의적 관점에서는 조직에서의 갈등은 조직 발전의 원동력으로 보고 있다. 즉, 갈등이 너무 높을 때에는 조직에 역기능으로 작용하기 때문에 조직의 효과를 저하시키지만, 반대로 너무 낮을 때에는 조직이 안정적이긴 하지만 진취적인 변화와 개혁이 없기 때문에 조직의 효과성이 저하되어 조직 발전을 기대할 수 없다는 것이다. 따라서 조직의 발전을 위해서는 어느 정도의 갈등이 필요하다는 것이다.

여기서는 조직 갈등에 관한 상호 작용주의적 관점에 근거하여 유아교육조직에서도 갈등이 필요한 것으로 보고 조직에서의 갈등 해소 방안과 갈등 조장을 통한 갈등관리 방안을 제시하고자 한다.

(1) 갈등 해소 방안

조직에서의 갈등 해소 방안은 갈등을 완전히 제거하는 것이 아니고 갈등의 순기능을 살리면서 갈등의 부정적인 측면을 최소화하여 구성원 상호간 이해를 도모하여 조직의 목표 달성에 헌신하도록 하는 것이다. 유아교육조직에서 행정가의 일방적인 권위에 의한 갈등의 해소는 일시적으로 갈등을 잠재시킬 수 있을지는 몰라도 갈등을 해소시키는 것은 아니다. 따라서 보다 적극적인 갈등 해소를 위해서는 구성원들의 참여를 통한 상호작용론적 갈등해소 방안이 효과적이다. 상호작용론적 관점에서 갈등 해소는 구성원들이 문제를 확인하고 함께 문제 해결 방법을 모색하게 함으로써 구성원 간의 이해를 도모할 뿐만 아니라 조직의 목표 달성을 위해 협동적으로 헌신하도록 한다(류영국, 1992). 유아교육 조직에서 갈등 해소 방안으로는 의사소통체계 개선, 참여적 의사 결정, 행정가의 효과적인 지도성 발휘 등이 요구된다.

► **자율성 확보를 위한 의사소통 체계 개선** 의사소통은 전달자와 수신자 사이에 이해의 정도를 높이기 위한 전언, 아이디어, 태도 등으로서(Lewis, 1975; 한국교육행정학회. 1995 재인용), 조직에서 핵심적 요소의 하나이다. 의사소통은 조직에서 협동의 전제조건이며 조정의 수단, 정보의 제공과 합리적 의사 결정의 수단, 갈등 해소의 수단, 통솔과 사기 앙양의 수단이 된다(Scott et al, 1976; 한국교육행정학회. 1995 재인용). 그러나 이러한 의사소통은 전달자와 피전달자에 관련된 장애요인, 의사소통 과정 및 수단에 관련된 장애요인, 의사소통의 변질[1](왕기항, 1997) 등으로 인하여 상호간의 의사가 제대로 전달되지 않아 갈등을 야기할 수 있다. 따라서 조직에서 원활한 의사소통을 위해서는 구성원 간의 상호작용을 통한 이해의 폭을 넓혀야 한다. 조해리 창에 의하면 조직에서의 구성원은 자기 자신과 타인에 대해 알고 상호작용 할 때는 대개 개방적이며, 방어적이지 않는 개방적인 자아의 형태에서는 갈등이 거의 없지만, 자기 자신에 대해서는 알지만 타인에 대해서는 모르는 잠재적 자아에서는 그리고, 타인에 대해서는 알면서도 자신에 대해서는 모르는 맹목적 자아에서도 갈등의 가능성이 있다. 또한 자신에 대해서도 모르고 남에 대해서도 모르는 미지적 자아에서는 갈등이 일어날 가능성이 높다(한국교육행정학회, 1995). 따라서 유아교육조직에서 갈등관리를 위한 효과적인 의사소통을 위해서는 개방적인 자아 영역을 확대하여야 한다.

---

1) ① 전달자와 피전달자에 관련된 장애요인 : 사고 기준의 차이, 직위상의 차이, 교육 정도의 차이, 의사전달자의 의식적 제한, 전달자의 방어 ② 의사소통 과정 및 수단에 관련된 장애요인 : 언어, 지리적 거리, 타 업무의 압박 ③ 의사소통의 변질: 생략, 왜곡, 증폭과 확산

유아교육조직에서 행정가는 자칫 잘못하면 의사소통의 장애로 인해서 구성원이나 학부모, 원아들의 이야기를 듣지 못할 수 있다. 상의하달식 의사전달이나 일부 구성원들의 의견만을 수용하는 방식에서 탈피하여 직원회의, 학부모회의, 각종 위원회활동 등을 통해서 갈등이 야기된 원인을 분석하고 관계자들의 의견을 다양한 통로를 통해서 수렴함으로써 조직에의 참여의식을 높이고 구성원 간의 갈등을 해소할 수 있는 방안을 모색하여야 할 것이다.

► **참여적 의사 결정을 통한 갈등 해소** 의사 결정은 행정의 핵심적인 과정으로서 조직의 문제 해결을 위한 여러 행동 대안 중에서 최선의 대안을 선택하여 결정하는 행위로서 행정가의 중요한 과업 중의 하나이다. 교육조직이 거대화, 복잡화, 전문화가 되면서 행정가는 단독으로 의사결정 하는 데 어려움을 느낀다. 교육조직에서 합리적인 의사 결정을 하기 위해서 전문적인 지도 · 조언, 다양한 정보와 자료의 분석 및 종합을 통해 몇 개의 대안을 마련하고 그 대안들의 장 · 단점을 분석한 후 최적의 안을 선택하여야 한다.

► **변혁적 지도성의 발휘를 통한 갈등 해소** 지도성은 조직의 생존과 성공을 결정하는 요인이다(주삼환 외, 2005). 따라서 지도자는 조직의 목적을 달성하기 위하여 구성원의 협력적 행위를 유발시키도록 노력해야 한다. 그러한 노력 중의 하나는 조직 내부의 집단과 개인의 갈등, 집단 간의 갈등, 개인과 개인의 갈등, 목표 간의 갈등 등을 조정하는 기능이 있다. 행정가는 조직에서의 갈등은 불필요한 것이 아니라 조직의 발전을 위해서는 바람직한 현상으로 이해하고 갈등을 조직 발전의 계기로 삼아야 한다. 유아교육에서의 지도자는 조직 내에서의 갈등은 불가피한 것이며, 조직 내에서 갈등이 존재한다는 것은 그만큼 조직이 건강하다는 표시임을 인식하고(Sciarra & Dorsey, 2002), 권위에 의존하기보다는 갈등을 해결하기 위해서 구성원들을 지도하고 격려하여야 한다.

유아교육조직에서 행정가는 구성원의 신념, 가치관, 목적을 변혁시켜 기대 이상의 직무수행을 하도록 동기를 유발시켜야 한다. 즉, 구성원들에게 유아교육조직의 발전을 위한 비전을 제시하고, 유아교육의 중요성과 가치를 인식시키며, 구성원의 과업 달성에 대한 유인가를 높이고, 조직문화를 변혁시켜 구성원들의 동기수준을 높여야 한다. 또한 구성원 각자에게는 개인적인 배려를 아끼지 않는 변혁적 지도성을 발휘함으로써 조직에서의 갈등을 해소시킬 수 있다.

(2) 갈등 조장을 통한 갈등관리 방안

갈등에 관한 상호 작용론적 관점에 따르면, 변화란 불만에서, 개선하려는 욕구에서, 그리고 창의적 대안의 개발에서 온다. 즉, 갈등에서 변화가 일어나는 것이지 우연히 일어나는 것이 아니라는 것이다(한국교육행정학회, 1995). 조직에서 갈등이 너무 높을 때에는 조직의 효과를 저하시키고, 반대로 너무 낮을 때에는 안정적이긴 하지만 진취적인 변화와 개혁이 없어 조직 발전을 기대할 수 없다. 따라서 조직에서의 갈등의 적절한 조장을 통해서 새로운 아이디어를 창출하도록 자극하고 부서 간 응집력을 높이며, 상반된 의견의 조율을 통해서 의사 결정에 이르게 하고, 욕구불만의 발산을 통해서 갈등을 오히려 조직 발전에 이용하려는 방안도 있다.

이와 같은 관점에서 유아교육조직에서 갈등 조장을 통한 갈등관리 방법을 제시하면 다음과 같다.

첫째, 의사 전달의 통로를 변경한다(오석홍, 1988). 공식 또는 비공식적으로 활용되던 의사 전달의 통로를 의도적으로 변경하여 갈등을 조장한다. 지금껏 의사 전달의 통로로 활용했던 구성원을 의식적으로 제외시키거나 새로운 사람을 통해서 의사를 전달함으로써 조직 내 갈등을 조장할 수 있다. 이러한 방법을 통해서 구성원들의 무관심을 감소시키고, 그동안 소외되었던 구성원에게 참여의 기회를 제공하며, 문제 해결을 위한 새로운 시각을 의식적으로 제시하는 것이다.

둘째, 조직구성원을 다양화한다. 학급별로 출신학교, 연령, 교직 경력, 가치관 등이 다른 교사를 배치하여 상호 선의의 경쟁을 유도하고 학급 경영 및 교육활동의 전개를 기존의 판에 박힌 틀에서 벗어나게 할 수 있다.

셋째, 학급 간 경쟁체제를 도입한다. 학급 경영에 대한 원장의 간섭을 최대한 배제하여 담임교사가 자율적으로 학급을 경영할 수 있는 기회를 제공한다. 이 결과에 대해서는 주기적으로 학급 경영 평가를 통해 표창하는 제도를 도입할 수 있다. 예를 들면, 기본생활습관 우수학급 표창, 무결석 학급 표창, 재활용 우수학급 표창 등을 통해서 학급 간 선의의 경쟁을 유도하는 것이다.

이와 같은 갈등 조장 전략은 자칫 관리를 잘못하게 되면 원래의 의도와는 달리 오히려 역기능으로 작용하여 조직 발전의 저해 요인으로 작용할 수 있기 때문에 조직의 상황, 구성원의 특성 등을 고려하여야 한다.

제12장

유아교육기관의 장학

제12장

유아교육기관의 장학

장학은 교육행정과 더불어 교육의 질을 고양시키는 중요한 요소 중의 하나라 할 수 있다. 최근 유아교육의 양적 팽창과 더불어 유아교육의 질 보장에 대한 요구가 강해짐에 따라 장학의 필요성은 더욱더 강조되어야 할 사항이다.

1. 장학의 개념

장학을 영어로는 슈퍼비전(supervision)이라고 한다. 이 말은 '위에서 바라보다, 감시하다'라는 뜻이 담겨져 있다. 김종철(1982)은 장학의 개념을 법규면, 기능면, 이념면의 세 가지 측면에서 정의하였다. 법규 면에서의 장학은 현행 교육과학기술부 직제에 의한 교육활동의 제반 영역에 걸쳐 계선(係線, line) 조직의 행정활동에 대한 전문적 · 기술적 조언을 통한 참모활동으로 정의하였다. 기능 면에서의 장학은 장학의 실제 기능이 무엇이냐를 분석, 검토하여 귀납적으로 장학의 개념을 파악하려는 입장이다. 결국, 장학에 대한 기능적인 면에서의 접근은 교사의 전문성 신장, 교육운영의 합리화 및 학생의 학습 환경 개선을 위한 전문적 · 기술적 보조활동이라 할 수 있다. 이념면에서의 개념은 학습 지도의 개선을 위하여 제공되는 지도 조언을 장학으로 보고 있다. 한편, 해리스(Ben N. Harris, 1985)는 '장학이란 학생들의 학습을 돕고자 동원하는 수업과정에 직접적으로 영향을 주는 방식으로 학교 경영의 변혁을 가져오도록 인적 · 물적 요소를 다루는 일이다'라고 정의함으로써 장학을 수업활동에 직접적으로 영향을 주는 학교의 주요 기능으로 보았다.

장학에 대한 이와 같은 정의에는 세 가지 중요한 요소가 포함되어 있다. 첫째, 제공되는 행위가 '공식적으로 지정한 행위'라는 점이다. 임의적 · 일시적 · 비공식적으로 결정된 행위가 아니라 조직의 요청과 공식적 권위의 상징으로 나타난 행위를 의미한다. 둘째, 장학이 '교사의 행위에 직접적으로 영향을 주는 활동'이라는 점이다. 즉, 장학이란 교사 행위 체제에 직접적으로 영향을 주려는 의도적이고 계획적인 장학 담당자의 행위라는 것이다. 따라서 장학 담당자의 모든 활동을 다 장학이라고 할 수 없으며, 장학 담당자의 행위가 의도적이고 공식적이어야 한다는 것이다. 또한 그러한 행위가 교사의 행위에 확실히 영향을 미쳐야 한다는 것이다. 셋째, 장학은 학교의 존재 이유라고 할 수 있는 '학습의 촉진'이라는 궁극적 결과를 구체화시키는 활동이라는 점이다. 이는 장학이 학습 개선을 위하여 교사의 행위에 불투명한 변화가 아닌 의도적이고 유목적적 변화를 시키려는 데 초점을 맞추고 있다는 것을 알 수 있다.

2. 장학의 기능

장학은 교수 · 학습 방법을 개선하고 교사의 전문성을 신장시키며, 아동의 성장 · 발달에 도움을 주는 활동이다. 따라서 장학의 기능도 장학의 본질적인 면과 불가분의 관계에 있다 할 것이다. 김종철(1982)은 장학의 기능을 ① 교사들의 전문적 성장을 돕고, ② 교육행정가들의 교육운영의 기획과 평가를 도우며, ③ 학습 환경의 개선을 돕는 활동으로 보았다. 한편, 해리스(Harris)는 장학의 주요 기능을 ① 교육과정의 개발, ② 수업을 위한 조직, ③ 인사배치, ④ 시설의 제공, ⑤ 교재의 제공, ⑥ 현직 교육의 준비, ⑦ 신임교사 오리엔테이션, ⑧ 특별 봉사활동을 수업에 관련시키는 일, ⑨ 홍보, ⑩ 수업평가 등으로 구분하였다(남정걸, 2004, 재인용). 이상의 견해를 종합하여 유아교육에서의 장학의 교육적 기능은 교육의 질적 개선, 장학사—교사 상호 성장, 평가의 세 가지 측면으로 나누어 설명할 수 있다.

1) 교육의 질적 개선

어떤 교육기관이든 교육의 질은 교과 내용과 교직원 자질에 의해 결정되기 때문에 교사의 자질 계발은 장학의 중추적인 활동이 되어야 한다.

(1) 프로그램 개발

장학 담당자들은 유아교육기관이 방향을 설정하는 데 도움이 되도록 지도 · 조언을 해야 한다. 우선 새로운 아이디어를 개발하고, 시범기관 또는 시범교사를 선정하여 실행해 본 다음, 가장 합리적이고 타당하다고 생각되는 방안을 제시해야 한다. 프로그램이 결정되면 장학 담당자들은 교사들이 새로운 기술과 지식을 습득하여 발전할 수 있도록 전문적인 도움을 제공해야 한다.

(2) 교사개발

새로운 프로그램이 개발되었을 때 그 프로그램이 성공하려면 시행 과정에서 모든 교사들이 정책적인 도움과 지원을 받아야 한다. 특히, 장학은 일반 교사를 위한 교사 개발 촉진 방안도 중요하지만, 교직에 부적합하고 실패하는 교사를 정상적인 위치로 끌어올리는 시도를 게을리해서는 안 된다. 교사 개발은 교육의 질적 개선에 꼭 필요하기 때문이다.

2) 장학 담당자 · 교사 상호 성장

어떤 프로그램을 개발하여 시행하는 과정에서 문제점이 발생했을 때 그 문제를 합리적으로 해결함으로써 교육의 질을 개선할 뿐만 아니라 장학 담당자와 교사가 상호 성장하게 된다. 장학 담당자라고 해서 모든 것을 아는 권위자가 아니고 교사 또한 백지 상태는 아니라는 것을 누구나 인정할 것이다. 그러므로 자질 개선, 학습방법 개선, 아이디어 개발 등을 위해 공동 노력하는 관계가 조성되어야 한다(Decker & Decker, 1992; 이영자 · 권영례, 2000 재인용).

3) 평 가

현대 교육에서 장학의 중요한 기능 중의 하나는 평가의 기능이다. 과거처럼 장학이 일방적으로 지시 · 감독하고 결과에 대한 비판을 하고 판정하는 형태의 평가가 아니라 교육현장의 우수사례를 발굴하고 일반화하려는 방향으로 전환되고 있다. 장학활동에서의 평가는 교사가 자신의 재능을 계발하여 전문적으로 성장할 수 있도록 격려하고 수업의 질을 향상시킬 수 있도록 도와주는 활동으로써 학생의 학업성취도의 극대화와 유아교육기관 운영의 효율화를 기할 수 있다.

3. 유아교육에서의 장학 형태

1) 원내 자율장학

원내 자율장학은 유아교육기관 자체적으로 교육활동의 개선을 위하여 원장, 원감을 중심으로 전체 교직원들의 상호 이해와 협력을 기초로 하여 상호 지도 · 조언하는 장학활동이다(이윤식, 1999). 원내 자율장학에서는 교직원의 의식 개혁 및 교직관 확립, 교수 · 학습방법의 개선을 통한 교육력 제고, 유아생활지도 방법 개선, 교원 복무 자세,

학부모 상담 등에 관한 내용들을 주로 다룬다. 원내 자율장학은 다시 수업장학, 동료장학, 자기장학, 자체연수 등의 형태로 이루어진다.

(1) 수업장학

수업장학은 연구수업, 수업연구, 시범수업 등의 용어와 같은 의미로 쓰이고 있다. 주삼환(1997)은 수업장학을 교육과정, 학습 환경, 교사의 교수 행위에 직접적으로 영향을 주는 교육활동으로 보고 있으며, 정태범(1998)은 학교의 교육과정에 터한 교수·학습방법의 개선에 초점을 두고 있는 장학으로 보았다. 결국, 수업장학은 교사들의 수업기술 향상을 목적으로 원장, 원감에 의해 주도적으로 이루어지는 개별적이고 체계적인 지도·조언 활동이라 할 수 있다.

(2) 동료장학

동료장학은 교사들이 자신들의 교육활동 개선을 목적으로 하는 장학으로 수업 개선은 물론 협동적인 인간관계의 수립으로 상호 경험이나 아이디어를 공유하고 자신감과 동료의식을 고취하며 성취감을 높일 수 있는 장학이다. 교육현장에서는 교사 동아리 모임, 스터디그룹 등을 통해 공동으로 협의하고 연구활동을 전개해 갈 수 있다. 사립 유치원이나 단설 유치원의 경우에는 교사 수가 많기 때문에 동료장학을 하는 데 큰 어려움은 없을 것이다. 하지만 초등학교 병설 유치원의 경우에는 교사 수가 적어서 동료장학을 하기가 어렵다. 이런 경우에는 초등학교 1~2학년 교사들과 연계교육활동을 전개하면서 동료장학을 할 수 있다. 또한 동료장학의 범위를 확대하여 소속교사뿐만 아니라 타 유치원에 근무하고 있는 친구들과도 동료장학을 할 수 있다. 동료장학의 주요 특징은 다음과 같다(이윤식, 1999).

- 교사들의 자율성과 협동성을 기초로 한다.
- 교사들 간의 동료적인 관계 속에서 서로 가르치고 배우는 활동이다.
- 학교의 형편과 교사들의 필요와 요구에 기초하여 다양하고 융통성 있게 운영된다.
- 교사들의 전문적 발달뿐만 아니라 개인적인 발달 그리고 학교의 조직적 발달까지 도모할

수 있다.

(3) 자기장학

자기주도적 장학이라고도 하는 자기장학은 교사가 외적 자극에 의한 타율적인 장학이 아니라, 스스로 자신을 개발하려는 내적 동기에 의해 이행되는 자율적 장학이다. 즉, 교사 각자가 자율적 사명의식을 가지고 교직 성장을 위하여 스스로 관리하고 반성하며, 연구를 통하여 자기연수를 함으로써 교직의 전문성을 고양해 나가는 형태이다(조부경 · 백은주 · 서소영, 2001). 이윤식(1999)은 자기장학을 교사 개인이 자신의 전문적 발달을 위하여 스스로 체계적인 계획을 세우고 이를 실천하는 활동으로 정의하면서, 유아교육 현장에서 활용될 수 있는 자기장학의 주요 방법을 다음과 같이 제시하였다.

- 스스로 자신의 수업을 녹음 또는 녹화하고 이를 분석하여 자기반성, 자기발전의 자료로 삼는다.
- 스스로 교사 체크리스트를 이용하여 자신의 교육활동을 평가 · 분석하여 자기반성 · 자기발전의 자료로 삼는다.
- 자신의 수업이나 특별활동지도, 생활지도, 그리고 학급 경영 등에 관련하여 유아들과의 면담이나 유아를 대상으로 한 의견조사를 통하여 자기반성, 자기발전의 자료를 수집한다.
- 1인 1과제 혹은 개인(현장)연구 등을 통하여 자기발전을 도모한다.
- 교직활동 전반에 관련된 전문서적이나 전문자료를 탐독 · 활용하여 자기발전의 자료로 삼는다.
- 전공교과 영역, 교육학 영역 또는 관련 영역에서의 대학원 과정(4년제 과정, 방통대 과정 등) 수강을 통하여 자기발전을 도모한다.
- 교직전문단체, 연구기관, 학술단체, 대학 또는 관련 사회기관이나 단체 등 전문기관을 방문하거나 전문가와의 면담을 통하여 자기발전의 자료를 수집할 수 있다.
- 교육활동과 관련된 교육현장의 방문이나 견학 등을 통하여 자기발전의 자료를 수집할 수 있다.
- 각종 연수회, 교과연구회, 학술발표회, 강연회, 시범수업 공개회 등에 참석하거나 유아교육기관 상호 방문 프로그램에 참가하여 자기발전을 도모할 수 있다.
- TV와 라디오 등의 방송매체가 제공하는 교원연수프로그램이나 교원연수와 관련된 비디오테이프 등의 시청을 통하여 자기발전을 도모할 수 있다.

2) 임상장학

임상장학이란 의사가 병상에서 환자를 치료하는 것과 같이 교사가 원아를 지도하는 현장에서 부딪히는 문제를 분석하여 해결 및 개선의 방안을 찾는 데 도움을 주고자 하는 현장 문제 중심의 장학 형태이다. 교수 · 학습과정을 분석함에 있어서 장학 담당자와 교사 간의 대면적 상호작용과 수업 개선을 위한 활동이 전개된다. 임상장학은 장학 담당자와 교사 간에는 동료관계로 볼 수 있는 인간관계 형성이 중요하다. 따라서 장학 담당자와 교사는 사전에 충분한 협의를 거쳐 교수 · 학습과정에 대한 관찰과 분석이 이루어지고 그 자료를 통한 피드백이 주기적으로 이루어진다. 임상장학을 효과적으로 실시하기 위하여 고려할 사항을 제시하면 다음과 같다(조부경, 1989).

첫째, 교수개선이란 단기간에 이루어지는 것이 아니라 계속되어야 하는 어려운 과업으로서 교사의 실제 행동에 초점을 두어야 한다.

둘째, 임상장학의 초점은 형성평가에 두어야 한다. 장학 담당자는 무엇보다도 교수 개선과 교사의 개인적인 발달을 이루도록 하는 데에 관심을 기울여야 한다. 장학 담당자가 일방적으로 교사를 평가하고 변화시키고자 하는 것이 아니라 교사가 장학 과정에 참여하여 계속해서 자신의 교수법을 향상시켜가는 과정을 중요시해야 한다.

셋째, 장학이 효과적이기 위해서는 장학 담당자와 교사의 관점이 일치되어야 한다. 따라서 장학 담당자는 교사가 가치를 두고 있는 교육목표와 절차, 그리고 교사의 요구에 대하여 이해하고 있어야 하며 이를 기초로 객관적으로 관찰해야 한다.

넷째, 장학 담당자와 교사는 상호적이며 동료와 같은 관계를 이루어 함께 계획 · 협의하고 활동해야 임상장학의 효과를 거둘 수 있다.

다섯째, 임상장학 모형의 여러 단계는 독립적으로 작용하는 것이 아니며 상호 연결되고 의존할 때 효과를 거둘 수 있다.

한편, 데커와 데커(Decker & Decker, 1992)는 유아교육에서의 임상장학의 단계를 다음과 같이 제시하고 있다(이영자 · 권영례, 2000. 재인용).

- 장학담당자와 교사는 수업에 앞서 계획을 세워야 한다.

- 교사가 미리 계획한 수업목적, 내용, 방법을 다시 생각해 본다.
- 개선방안을 제시하고 유아의 수업반응에 대해 예견한다.
- 충분히 협의한 후 최종적으로 교수방법을 선택한다.

• 장학담당자는 교사의 실제 수업과 유아의 반응을 관찰 · 기록한다.

• 강평회에 앞서 유아의 반응에 대해 세부적으로 검토해 본다.
  - 유아들이 수업목적에 어떻게 반응해야 하는가?
  - 수업분위기는 비구조적이고 부드러운가?
  - 교사—유아 간의 정서적 관계는 어떠한가?

• 강평회는 회상하면서 수업 상황에 초점을 맞추어야 한다.
  - 장학담당자는 문제점을 증명하기 위해 광범위한 증거를 가지고 있어야 한다.
  - 모호하거나 횡설수설하지 말고 분명한 언어로 문제를 요약할 수 있어야 한다.

• 강평회에서는 각각의 문제를 해결하기 위한 합리적이고 타당한 아이디어를 제시하고 마음 속 깊이 간직해야 한다.
  - 장학담당자는 교사로 하여금 새로운 아이디어를 끌어내도록 고무하고 그 아이디어를 수용하고 긍정적으로 강화한다.
  - 몇 개의 대안 중에서 최종적인 결정은 교사 자신이 하도록 허용되어야 한다.

• 강평회 결과를 기초로 다음 수업을 계획한다.

• 마지막으로 꼭 실천해야 할 사항은 다음과 같다.
  - 한 번의 강평회에서 4~5 주제만 토의한다.
  - 교수기술을 언급할 때 '좋은 방법', '나쁜 방법'으로 표현하기보다는 유아를 위해 '적절한', '부적절한'으로 표현하는 것이 좋다.
  - 성공적인 교수기술에 대해서는 칭찬을 아끼지 말아야 한다. 무비판이 칭찬은 아니다.

3) 지구별 자율장학

지구별 자율장학은 유치원 간 협동적 교육활동의 전개와 특색사업 추진을 위하여 동일 지역 내 유치원 간, 또는 교원 간 교육활동의 개선을 위하여 일정 지역 내 교원들의 지율적인 참여와 협력으로 독창적인 계획을 수립하여 자율적으로 운영하는 장학활동이다. 즉, 특정 지역 교육청의 관할 구역을 동부, 서부, 중부 등으로 구분하여 각 지구별 유치원을 중심으로 지역 실정에 맞는 장학활동을 자율적으로 실시하는 장학이다. 지구별 자율장학의 특징을 요약하면 다음과 같다(이윤식, 1999).

- 유치원 중심의 장학이다. 지구별 자율장학은 이웃하고 있는 몇 개의 유치원이 주체가 되어 보다 능동적이고 적극적으로 상호 필요한 정보를 교환하고 공동으로 사업이나 교육활동을 전개함으로써 교육청 장학이나 교내 자율장학에서 이루기 어려운 장학활동의 효과를 올릴 수 있다.
- 자율성이다. 지구별 자율장학은 외부로부터 통제를 받지 않고 회원 유치원과 교원들의 의견을 수렴하여 활동계획을 수립하고 이를 자율적으로 실천한다.
- 협력적이다. 지구별 자율장학은 여러 유치원 간의 공동체가 추진하는 활동이다. 따라서 회원 유치원, 또는 교원 간 상호 협력과 참여가 협력적이다.
- 다양성이다. 지구별 자율장학은 회원 유치원들의 조건, 그리고 회원 교원들 간의 필요와 요구에 기초하여 다양한 형태로 운영된다.
- 계속성이다. 지구별 자율장학 활동은 일시적이고 단기적인 활동이 아니라 최소한 1년간을 단위로 추진되는 활동이다.
- 자기발전성이다. 지구별 자율장학은 회원 유치원들과 교원들 간의 자기발전을 도모하는 활동이다.

4) 종합장학

종합장학은 교육과학기술부 또는 시 · 도 교육청에서 추진하고 있는 교육시책 추진상황, 교육과정 운영, 유치원 경영 전반에 걸쳐 종합적으로 실시하는 장학활동이다. 종합장학이 이루어지는 형태를 보면, 일반적으로 학교현황 파악, 수업참관, 협의, 확인, 평가 등의 방법으로 진행된다. 시 · 도 교육청이나 지역교육청별로 다르긴 하지만 종합장학은 2~3명의 장학사로 종합장학 팀을 구성한다.

5) 담임장학

담임장학은 유치원별로 담임 장학사를 지정하고, 담당 장학사는 해당 유치원의 교육활동 전반에 걸쳐 수시로 장학을 실시한다. 담임장학은 교육활동 전반에 걸쳐 전문적 · 지속적 협의 및 지원으로 자율장학 기능을 강화하고 교육시책의 효율적 구현을 목적으로 한다. 담임장학의 내용은 교육계획의 추진상황, 교육과정의 편성 및 운영, 교수학습 및 평가방법, 특별활동 및 생활지도, 유치원 자체평가, 기타 유치원의 현안문제 등을 다룬다. 담임 장학사는 유아교육에 대한 새로운 교육정보의 안내와 타 유치원의 우수교육활동 사례를 소개하는 등 유익한 교육정보 제공자여야 한다.

6) 요청장학

요청장학은 유치원의 필요에 의하여 장학사를 초청하여 실시하는 장학활동으로 취약점이 드러난 영역이나 전문가의 도움이 필요할 때 교육청에 요청하여 전문적인 장학요원의 지도를 받는 장학이다.

ADMINISTRATION & MANAGEMENT FOR EARLY CHILDHOOD SETTING

제13장
유아교육기관의 평가

제13장

유아교육기관의 평가

최근 들어 교육의 질적 수준 제고에 관한 관심이 높아지면서 교육기관의 평가에 대한 관심이 높아지고 있다. 보다 수준 높은 유아교육을 위해서는 유아교육기관에 대한 평가가 다양한 형태로 이루어져야 할 것이다. 여기서는 유치원과 보육시설 평가에 대해서 알아보고자 한다.

1. 유치원 평가

1) 유치원 평가의 중요성

1997년 초 · 중등학교에 대한 국가수준의 평가를 위한 기준이 마련된 이후 유아교육기관 평가에 대한 관심이 높아지고 있다. 1980년대 이후 여성의 사회 진출 증가, 급격한 핵가족화 현상 등의 증가는 유아교육기관의 양적 팽창을 가져왔다. 그러나 양적 팽창 못지않게 유아교육에서의 질적 성장이 요구된다. 따라서 유아교육의 질적 수준의 제고를 위해서는 유아교육기관에 대한 평가체제를 구축하는 것은 시급한 과제가 아닐 수 없다.

유치원 평가의 개념은 정보 제공을 강조하는 입장과 가치판단을 강조하는 입장으로 나눌 수 있다. 정보제공을 강조하는 입장에서는 '유치원의 기능과 성과에 대한 전반적인 검토'라고 정의할 수 있고, 가치 판단을 강조하는 입장에서는 '유치원의 가치와 장점을 유치원 교육 목표의 실현 정도나 수요자의 만족도 등에 비추어 판단하는 일'이라고 정의할 수 있다(장명림, 2000). 유현숙과 박영숙(1997)은 유치원 평가를 '기관으로서의 유치원의 제반 구조와 요인이 유치원 교육 목표의 달성 및 새로운 교육적 가치의 창출을 위해 구체적으로 어떻게 기능하고 있는지에 대한 점검을 통하여, 그 결과를 토대로 유치원 교육의 질을 제고하고 유치원의 개선을 위한 정보를 제공하기 위한 것'이라고 하였다. 따라서 유치원 평가는 '유아교육기관으로서 유치원의 운영실태를 총체적으로 점검하고, 이를 토대로 유치원의 강 · 약점을 파악하여 유아교육의 질 개선을 위한 일련의 정보제공 과정'이라 할 수 있다.

유아교육의 질 제고라는 측면에서 유치원 평가의 중요성을 제시하면 다음과 같다.

- 유치원의 평가는 운영관리의 성취도를 확인해 준다.
- 유치원의 평가는 유치원 운영의 문제점을 진단할 수 있다.
- 유치원의 평가는 교사를 포함하여 유치원 구성원의 동기를 유발한다.
- 유치원의 평가는 유치원 운영 개선을 위한 정보를 제공한다.
- 유치원의 평가는 운영관리의 책무성을 확인시켜 준다.
- 유치원의 평가는 운영관리에 대한 제반 의사 결정을 하는 데 도움을 준다.

유치원에 대한 평가는 〈유아교육법〉 제19조 및 동법 시행령 20조에서 유아교육의 효율적 수행을 위하여 필요한 경우 유치원 운영 실태 등에 대해 국 · 공 · 사립 유치원을 대상으로 평가를 실시하도록 규정하고 있다. 평가의 기준은 ① 예산의 편성 및 운용, ② 유치원의 시설 · 설비, ③ 교육과정의 편성 · 운영 및 교수 · 학습방법, ④ 교직원의 인사관리 및 복지후생, ⑤ 그밖에 교육과학기술부장관이 필요하다고 인정하는 사항으로 하고 있다. 또한 교육과학기술부장관은 매 학년도 개시 전까지 유치원 평가에 관한 기본계획을 수립하여 이를 평가대상 유치원에 통보하게 하였다. 유치원에 대한 평가는 서면

평가 · 현장평가 및 종합평가에 의하되, 설문조사 · 관계자면담 등 다양한 방법을 사용하여 평가대상 유치원에 대한 교직원, 원아 및 학부모 등의 반응을 조사하고 그 결과를 평가에 반영하게 하였으며, 평가의 결과를 공개하고, 평가의 효율적 실시를 위하여 평가위원회를 구성 · 운영할 수 있게 하였다(〈유아교육법〉 시행령 제20, 21, 22조).

2) 유치원 평가척도

유아교육기관 간 교육 내용 및 여건의 질적인 균형을 이루고, 유아교육의 공교육화를 촉진하기 위해서는 국가수준의 유치원 평가를 통해 유치원 교육의 질을 총체적으로 점검하고, 이에 따른 행정적 · 재정적 지원책을 마련하기 위하여 한국교육개발원을 중심으로 유치원 평가척도가 개발되었다(장명림 외, 2000).

유치원 평가지표는 물리적 환경, 교육과정, 운영관리, 유아의 영양 · 건강 · 안전, 교직원 관리, 가정 및 지역사회와의 연계 등 총 6개 영역하의 18개 소영역, 37개 항목, 총 82개 지표로 구성되었다.

(1) 유치원 평가절차 및 시행 시기

구 분		내 용	시행시기
방문평가 실시 전 활동	평가대상 유치원 및 평가위원 선정	•평가 대상 유치원 선정 •해당 유치원과 방문평가 날짜 협의 •유치원 평가 평가위원 선정 •평가 대상유치원 및 평가위원에 평가 의뢰 •협조공문 및 유치원 평가 편람, 안내문 발송	방문평가 3개월 전
	평가위원 1차 연수	유치원 평가 편람 검토 및 연수	방문평가 2개월 전
	유치원의 평가 자료 회송	유치원 평가 편람, 유치원 현황표, 작성자료, 제출자료 회송	방문평가 1개월 전
	평가위원 2차 연수	•평가 영역별 분담 •회송된 자료 검토를 통한 1차 평가 실시 •미비된 자료 및 재검토 사항 점검	방문평가 1개월~15일 전

<table>
<tr><th colspan="2">구 분</th><th>내 용</th><th>시행시기</th></tr>
<tr><td>방문평가 실시 전 활동</td><td>방문평가에 대한 안내문 발송 및 평가 준비</td><td>•각 유치원별 방문평가 실시 당일 일정표 및 안내문 발송
•방문평가에 대한 준비</td><td>방문평가 1주일 전</td></tr>
<tr><td>방문평가 실시 시 활동</td><td>유치원 평가 실시</td><td>•각 유치원별 방문평가 실시
–시설 · 설비관찰
–각종 서류검토
–수업참관
–관계자 면담(원장, 교사, 학부모)</td><td>평가 당일</td></tr>
<tr><td rowspan="3">방문평가 실시 후 활동</td><td rowspan="2">평가결과 협의</td><td>•방문평가 결과에 대한 협의
•평가보고서 작성 요령에 대한 안내</td><td>방문평가 후 3일 이내</td></tr>
<tr><td>•평가보고서 작성 및 검토
•평가시행기관에 평가보고서 제출
•오류 및 보완사항 발견 시 평가보고서 수정 (수정에 대한 근거자료 제출)</td><td rowspan="2">방문평가 후 2주일 이내</td></tr>
<tr><td>평가 종료</td><td>•해당 유치원에 요약된 평가보고서 우송
•유치원 평가 종료</td></tr>
</table>

(2) 유치원 평가영역 및 항목

<table>
<tr><th>영 역</th><th>소 영 역</th><th>항 목</th></tr>
<tr><td rowspan="4">Ⅰ. 물리적 환경</td><td>1. 건물 형태 및 주변 환경</td><td>1–가. 유치원 주변 환경의 안전성 및 건물 형태의 적합성</td></tr>
<tr><td>2. 시설 · 설비</td><td>2–가. 유아교육활동에 적합한 시설 · 설비
나. 유아발달수준에 적합한 시설 · 설비</td></tr>
<tr><td>3. 공간 구성</td><td>3–가. 실외 놀이 공간 확보 및 효율적 활용
나. 실내 흥미 영역 구성 및 효율적 활용
다. 교육활동 지원을 위한 시설 · 설비의 적절한 배치</td></tr>
<tr><td>4. 교재 · 교구</td><td>4–가. 다양한 교재 · 교구의 충분한 확보
나. 교재 · 교구의 효율적 활용</td></tr>
</table>

영역	소영역	항목
II. 교육과정	1. 교육목표 및 교육계획	1-가. 교육목표의 적합성 나. 교육계획 수립의 적절성
	2. 교수·학습 과정	2-가. 교수·학습 방법의 적절성 나. 교사-유아 간의 활발하고 질적인 상호작용
	3. 교육평가	3-가. 유아발달평가 실시 및 결과 활용 나. 교육과정평가 실시 및 결과 활용 다. 교사자체평가 실시 및 결과 활용
III. 운영관리	1. 인사관리	1-가. 교직원 인사의 공정성 나. 교직원 근무성적 평정의 공정성
	2. 문서관리	2-가. 문서 보관 및 관리의 충실성
	3. 재무 및 조직관리	3-가. 교육비 책정의 합리성 및 예산 사용의 적절성 나. 민주적인 유치원 운영
IV. 유아의 영양·건강·안전	1. 영양 관리	1-가. 영양을 고려한 다양한 중·간식 제공 나. 중·간식을 위한 시설·설비 구비 및 관리
	2. 건강관리	2-가. 유아의 건강관리 나. 실내·외 시설, 설비의 청결 관리
	3. 안전관리	3-가. 안전을 위한 시설·설비 구비 및 관리 나. 교사와 유아에 대한 안전 교육 실시 다. 안전사고에 대비한 수습책 수립
V. 교직원	1. 교직원의 자격	1-가. 교직원의 자격소지 나. 교사 학력, 경력 및 근속연수
	2. 교직원의 전문성 향상 노력	2-가. 교직원의 전문성 향상 노력 나. 원내 자율장학의 활성화
	3. 근무여건	3-가. 교직원의 근무여건 나. 교직원의 복지 후생
VI. 가정 및 지역사회와의 연계	1. 가정과의 연계	1-가. 가정과의 협력 나. 부모교육의 활성화 노력 다. 유치원에 대한 학부모 만족도
	2. 지역사회와의 연계	2-가. 지역사회 기관과의 다양한 연계 노력

(3) 유치원 평가항목별 지표(배점 및 가중치)

► **물리적 환경(150점)**

소영역(배점)	항목(배점)	지표(가중치)
1. 건물 형태 및 주변 환경 (20)	1-가. 유치원 주변 환경의 안전성 및 건물형태의 적합성(20)	1-가-1. 유치원 주변 환경의 교육적 적합성 및 안전성(2)
		2. 건물형태의 적합성(2)
2. 시설 · 설비 (30)	2-가. 유아교육활동에 적합한 시설 · 설비(15)	2-가-1. 보통교실 배치의 적절성(1)
		2. 화장실 이용의 편리성(1)
		3. 실내 환경의 쾌적성(1)
	2-나. 유아발달수준에 적합한 시설 · 설비(15)	2-나-1. 실내 시설 · 설비의 적합성(2)
		2. 실외 시설 · 설비의 적합성(1)
3. 공간구성 (60)	3-가. 실외 놀이 공간 확보 및 효율적 활용(15)	3-가-1. 실외 놀이 공간 확보(2)
		2. 활동 영역의 다양성 및 효율적 활용(2)
	3-나. 실내 흥미 영역 구성 및 효율적 활용(30)	3-나-1. 다양한 흥미 영역의 효율적 배치 및 구성(4)
		2. 흥미 영역의 융통성 있는 재배치(2)
	3-다. 교육활동 지원을 위한 시설 · 설비 배치(15)	3-다-1. 교육활동 지원을 위한 기본적인 시설 · 설비 배치(2)
4. 교재 · 교구 (40)	4-가. 다양한 교재 · 교구의 충분한 확보(20)	4-가-1. 다양한 교재 · 교구의 확보(2)
		2. 유아의 발달수준과 생활주제에 적합한 교재 · 교구의 사용(2)
	4-나. 교재 · 교구 활용의 효율성(20)	4-나-1. 교재 · 교구의 사용의 용이성(1)
		2. 교재 · 교구의 정기적인 교체(2)
		3. 교재 · 교구의 적절한 보관 및 관리(1)

► 교육과정(250점)

소영역(배점)	항목(배점)	지표(가중치)
1. 교육목표 및 교육계획 (100)	1-가. 교육목표의 적합성(30)	1-가-1. 상위 목표를 반영한 교육목표 수립(3)
		2. 기관의 교육철학과 목표를 반영한 교육계획 수립(3)
	1-나. 교육계획 수립의 적절성(70)	1-나-1. 국가고시 유치원 교육과정을 반영한 교육내용 및 활동 선정(5)
		2. 주제 중심의 통합적 교육과정 운영계획 수립(6)
		3. 교육계획안 작성의 충실성(3)
2. 교수·학습 과정 (100)	2-가. 교수·학습 방법의 적절성(50)	2-가-1. 주제 전개의 적절성(3)
		2. 효과적인 교수·학습 방법 사용(4)
		3. 다양한 교수매체의 적절한 활용(3)
	2-나. 교사-유아 간의 활발하고 질적인 상호작용(50)	2-나-1. 교사-유아간의 활발한 상호작용(4)
		2. 교사의 긍정적이고 지지적인 태도(6)
3. 교육평가 (50)	3-가. 유아발달평가 실시 및 결과 활용(20)	3-가-1. 유아발달평가 실시 여부(2)
		2. 평가 결과 활용의 적절성(2)
	3-나. 교육과정평가 실시 및 결과 활용(20)	3-나-1. 교육과정평가 실시 여부(2)
		2. 평가결과 활용의 적절성 (2)
	3-다. 교사 자체 평가 실시 및 결과 활용(10)	3-다-1. 교사자체평가 실시 여부(1)
		2. 평가결과 활용의 적절성(1)

► **운영관리(150점)**

소영역(배점)	항목(배점)	지표(가중치)
1. 인사관리 (50)	1-가. 교직원 인사의 공정성(25)	1-가-1. 인사 관련 문건 유무(3)
		2. 임용과 해임의 공정성(2)
	1-나. 교직원 근무성적 평정의 공정성(25)	1-나-1. 근무성적 평정관련 문건 유무(2)
		2. 근무성적 평정의 공정성(2)
		3. 근무성적 평정 결과 활용(1)
2. 문서관리 (40)	2-가. 문서 보관 및 관리의 충실성 (40)	2-가-1. 각종 문서 작성의 충실성(4)
		2. 각종 문서 관리의 효율성(4)
3. 재무 및 조직 관리 (60)	3-가. 교육비 책정의 합리성 및 예산 사용의 적절성(40)	3-가-1. 교육비 책정의 합리성(3)
		2. 예산사용의 적절성(5)
	3-나. 민주적인 유치원 운영(20)	3-나-1. 다양한 구성원의 의견을 반영한 의사 결정(2)
		2. 교직원 회의의 내용과 방법의 적절성 (2)

► **유아의 영양 · 건강 · 안전(150점)**

소영역(배점)	항목(배점)	지표(가중치)
1. 영양관리 (40)	1—가. 영양을 고려한 다양한 중 · 간식제공(20)	1—가—1. 다양한 간식 계획 및 제공(2)
		2. 영양을 고려한 중식 계획 및 제공(2)
	1—나. 중 · 간식을 위한 시설 · 설비 구비 및 관리(20)	1—나—1. 중 · 간식을 위한 기본 시설 · 설비 및 도구 구비(2)
		2. 중 · 간식을 위한 기본 시설 · 설비의 청결성(2)
2. 건강관리 (40)	2—가. 유아의 건강관리(15)	2—가—1. 정기적인 건강진단 실시 및 결과 활용
		2. 의료기관과의 협약(1)
	2—나. 실내 · 외 시설, 설비의 청결관리(25)	2—나—1. 실내 시설 · 설비의 청결성(2)
		2. 실외 시설 · 설비의 청결성(1)
		3. 교재 · 교구 및 비품의 청결성(2)
3. 안전관리 (70)	3—가. 안전을 위한 시설 · 설비 구비 및 관리(15)	3—가—1. 비상구 및 소방시설 · 설비 구비(1)
		2. 시설 · 설비의 안전관리(2)
	3—나. 교사와 유아에 대한 안전교육 실시(15)	3—나—1. 교사에 대한 안전교육 실시(2)
		2. 유아에 대한 안전지도 실시(1)
	3—다. 안전사고에 대한 적절한 수습책 수립(40)	3—다—1. 건물 및 유아에 대한 보험가입(4)
		2. 유아 통원 차량에 대한 보험가입(2)
		3. 사고 발생시 수습책 수립(2)

► **교직원(200점)**

소영역(배점)	항목(배점)	지표(가중치)
1. 교직원 자격(70)	1—가. 교직원의 자격소지(30)	1—가—1. 원장의 자격소지(2)
		2. 교사의 자격소지(4)
	1—나. 교사의 학력, 경력 및 근속연수(40)	1—나—1. 교사의 학력(2)
		2. 교사의 교육경력(3)
		3. 당해 유치원의 근속연수(3)
2. 교직원의 전문성 향상노력 (60)	2—가. 교직원의 전문성 향상 노력 (35)	2—가—1. 원장의 전문성 향상 노력(3)
		2. 교사들의 전문성 향상 노력(4)
	2—나. 원내 자율장학의 활성화(25)	2—나—1. 원내 자율장학 실시 및 결과 활용(5)
3. 근무여건 (70)	3—가. 교직원의 근무여건(40)	3—가—1. 교사의 보수수준(4)
		3—가—2. 교사의 근무시간(2)
		3—가—3. 교사의 업무내용(2)
	3—나. 교직원의 복지후생(30)	3—나—1. 각종 연금 및 보험가입 및 지원(2)
		3—나—2. 정기적인 건강진단 실시(2)
		3—나—3. 교육활동을 위한 지원(2)

► **가정 및 지역사회와의 연계(100점)**

소영역(배점)	항목(배점)	지표(가중치)
1. 가정과의 연계(80)	1—가. 교직원의 자격소지(30)	1—가—1. 가정과의 활발한 의사소통(4)
		2. 학부모의유치원 교육활동 참여(2)
		3. 다양한 방법을 통한 유치원 교육활동 지원(2)
	1—나. 부모교육의 활성화 노력(20)	1—나—1. 부모교육 내용 및 방법의 적절성(3)
		2. 부모들의 의견을 반영한 부모교육 실시(1)
	1—다. 유치원에 대한 학부모 만족도 (20)	1—다—1. 학부모의 유치원 교육내용 및 활동에 대한 만족 정도(4)
2. 지역사회와의 연계(20)	2—가. 지역사회 기관과의 다양한 연계 노력 (20)	2—가—1. 초등학교와의 연계 노력(2)
		2. 지역사회와의 협력(2)

2. 보육시설 평가

보육시설에서는 보육의 질적 향상을 도모하기 위하여 보육시설 평가인증제를 실시하고 있다. 이를 구체적으로 설명하면 다음과 같다(여성가족부, 2005).

1) 평가인증제 도입의 필요성

우리나라도 경제발전과 함께 1980년대 이후 여성의 경제활동 참여가 확대되면서 영·유아보육에 대한 요구가 급속하게 증가하고 있다. 정부에서는 이러한 사회적 요구에 부응하여 1991년 〈영유아보육법〉을 제정하여, 1995년부터 3년간 보육시설 확충계획을 추진한 바 있다. 보육시설 확충정책은 양적으로 괄목할 만한 성과를 거두었다. 그러나 보육시설 확충계획의 정책결과가 평가되면서 보육시설들이 영·유아에게 적절하고 바람직한 보육서비스를 제공하고 있는지, 그리고 부모의 요구를 적절하게 수렴하고 있는가 하는 측면에서 심각한 우려와 함께 의문이 제기되어 왔다. 그럼에도 불구하고 사회적으로 보육에 대한 수요 및 요구가 계속 높아지자 국가가 보육을 책임져야 한다는 주장이 강화되고 있다. 즉, 보편주의를 표방하는 보육정책에서 정부 보육비용 부담이 낮은 문제점, 민간에 의존하고 있는 보육현장에서 제공되는 보육서비스의 질적 수준 보장의 문제점, 이와 함께 보육서비스 제공에서 사각지대가 존재하게 된 점 등으로 인해 실제적으로 취업부모들이 보육시설을 적절하게 이용할 수 없게 되었다는 것이다. 따라서 보육시설에 대한 평가를 통해 보육서비스의 질적 수준을 높이기 위한 방안을 탐색하기 위한 것이다.

2) 평가인증제와 보육의 질

평가인증제도란 보육서비스의 질적 수준을 높이는 것이 목적으로, 전문가들이 동의하는 좋은 보육의 질을 나타내는 평가인증지표를 이용하여 보육시설 스스로 보육서비스의 질적 수준을 가늠해보고, 그 수준을 지표처럼 향상시키고자 노력하는 과정이다. 평가인증 여부는 기관의 질적 수준에 대한 스스로의 판단 결과와 보육 전문가에 의한 판단 과정의 타당성 점검, 그리고 질을 고양하고자 하는 기관의 노력 여부에 따라 결정된다. 평가인증제도의 성패는 보육시설들이 지표 내용만큼 시설 스스로 질을 향상시키고자 하는 의지가 있는가 하는 점에 달려있다. 따라서 평가인증제도는 보육시설이 스스로의 강점과 약점을 파악하여 시설 종사자들의 보육서비스 수행에 관한 자신감을 고양할 뿐만 아니라 시설의 약점을 개선하여 질을 고양하고자 하는 동기를 부여하기 위해 구성되고 지원된다. 평가인증제의 도입으로 기대되는 효과를 제시하면 다음과 같다.

- 보육서비스의 질적 수준을 향상시켜 영·유아의 잘 자랄 권리를 보장할 수 있다.
- 보육시설(보육서비스 제공자)은 보육서비스의 질적 수준을 높이고자 준비하고 노력하게 됨으로써 보육의 목적을 성취하여 사회에 기여하게 된다.
- 보육대상 영·유아의 보호자는 보육시설에 대한 합리적인 선택의 판단 근거 자료로 활용할 수 있다.
- 정부의 보육정책 수립자는 보육현장이 효율적으로 운영될 수 있도록 하여 보육현장을 적극적으로 지원하고 관리할 수 있게 된다.

3) 평가인증 지표

(1) 21인 이상 보육시설(7개 영역 80항목)

영 역	하위 영역
영역 1. 보육환경 (10항목)	가. 보육시설 환경 (5항목) 나. 보육활동 자료 (5항목)
영역 2. 운영관리 (13항목)	가. 시설의 운영관리 (7항목) 나. 보육인력 (6항목)
영역 3. 보육과정 (15항목)	가. 보육활동 계획과 구성 (7항목) 나. 보육활동 (8항목)
영역 4. 상호작용 (11항목)	가. 일상적 양육 (3항목) 나. 교사의 상호작용 (8항목)

영 역	하위 영역
영역 5. 건강과 영양 (13항목)	가. 청결과 위생 (8항목) 나. 질병관리 (3항목) 다. 급식과 간식 (2항목)
영역 6. 안전 (10항목)	가. 실내 · 외 시설의 안전 (4항목) 나. 영 · 유아의 안전보호 (6항목)
영역 7. 가족 및 지역사회와의 협력 (8항목)	가. 가족과의 협력 (6항목) 나. 지역사회와의 협조 (2항목)

(2) 21인 미만 보육시설(5개 영역 60항목)

영 역	하위 영역
영역 1. 보육환경 및 운영관리 (12항목)	가. 보육시설 환경 (3항목) 나. 시설운영 및 가족과의 협력 (6항목) 다. 보육인력 (3항목)
영역 2. 보육과정 (13항목)	가. 보육활동 계획과 구성 (4항목) 나. 보육활동과 자료 (9항목)
영역 3. 상호작용 (11항목)	가. 일상적 양육 (4항목) 나. 교사의 상호작용 (7항목)
영역 4. 건강과 영양 (14항목)	가. 청결과 위생 (8항목) 나. 질병관리 (3항목) 다. 급식과 간식 (3항목)
영역 5. 안전 (10항목)	가. 실내 시설의 안전 (4항목) 나. 영 · 유아의 안전보호 (6항목)

* 60항목 중 50개는 동일하거나 유사하며, 10개는 소규모 시설에 적합한 항목임.

(3) 21인 이상 보육시설 평가인증지표

영역 1. 보육환경	
가. 보육시설 환경	* 대 1–1. 보육실의 채광과 조명 * 대 1–2. 보육실의 공간 배치 대 1–3. 보육실 내 영 · 유아의 휴식 공간 * 대 1–4. 비품과 활동자료의 보관 장소 * 대 1–5. 실외 놀이터와 놀이시설

영역 1. 보육환경	
나. 보육활동 자료	대 1−6. 대 · 소근육 활동 자료 대 1−7. 언어활동 자료 대 1−8. 탐구활동 자료 대 1−9. 창의적 표현활동 자료 대 1−10. 역할 및 쌓기놀이 자료
영역 2. 운영관리	
가. 시설의 운영관리	* 대 2−1. 시설에 대한 정보 안내 대 2−2. 보육실의 교사 대 영 · 유아 비율 대 2−3. 재정관리 체계 * 대 2−4. 정기적인 교사회의 및 회의내용 * 대 2−5. 시설장과 종사자의 업무분장 대 2−6. 신입원아 적응을 위한 절차 대 2−7. 원아에 대한 문서 관리
나. 보육인력	대 2−8. 보육시설 종사자의 재교육 * 대 2−9. 새로운 보육인력에 대한 오리엔테이션 대 2−10. 보육교사용 참고자료의 구입과 사용 대 2−11. 보육시설 종사자의 근로계약서와 복무규정 * 대 2−12. 보육교사를 위한 공간과 개인용 가구 * 대 2−13. 보육시설에서 3년 이상 경력의 보육교사 비율
영역 3. 보육과정	
가. 보육활동 계획과 구성	대 3−1. 보육계획안의 수립 대 3−2. 보육활동 계획의 균형 * 대 3−3. 자유선택활동 시간 * 대 3−4. 일과의 통합적 운영 대 3−5. 일상생활 관련 활동 대 3−6. 실외활동 시간 * 대 3−7. 보육과정 평가
나. 보육활동	대 3−8. 대 · 소 근육 활동 대 3−9. 언어활동 대 3−10. 친사회적 활동 대 3−11. 기본 생활습관 활동 대 3−12. 사고력 및 탐구 활동 대 3−13. 창의적인 음률활동 대 3−14. 창의적인 미술활동 대 3−15. 역할 및 쌓기 놀이

영역 4. 상호작용	
가. 일상적 양육	대 4−1. 식사와 간식 시간 대 4−2. 영 · 유아의 낮잠 시간 대 4−3. 기저귀 갈기 및 화장실 사용
나. 교사의 상호작용	대 4−4. 영 · 유아를 존중하는 교사의 말과 행동 대 4−5. 영 · 유아의 요구와 질문에 대한 교사 반응 대 4−6. 영 · 유아에 대한 교사의 평등한 대우 대 4−7. 긍정적인 방법의 행동 지도 대 4−8. 또래 간 긍정적 상호작용의 격려 대 4−9. 영 · 유아의 자유놀이에 교사 참여 * 대 4−10. 영 · 유아의 부정적 정서 수용 대 4−11. 영 · 유아간의 다툼이나 문제상황 개입
영역 5. 건강과 영양	
가. 청결과 위생	대 5−1. 실내 시설의 청결 유지 대 5−2. 보육실 환기와 습도 조절 대 5−3. 화장실과 세면장의 청결 유지 대 5−4. 조리실과 식자재의 위생적 관리 * 대 5−5. 마실 물과 물 컵의 관리 대 5−6. 보육교사와 영 · 유아의 손 씻기 대 5−7. 개별 침구의 사용과 관리 대 5−8. 놀잇감의 청결
나. 질병관리	대 5−9. 전염성 질환에 대한 예방 및 관리대책 대 5−10. 아프거나 다친 영 · 유아에 대한 처리 대 5−11. 영 · 유아와 종사자의 정기 건강검진
다. 급식과 간식	대 5−12. 영 · 유아를 위한 급식 대 5−13. 영 · 유아를 위한 간식
영역 6. 안전	
가. 실내 · 외 시설의 안전	* 대 6−1. 실외 시설의 안전관리 대 6−2. 실내 시설(보육실 외)의 안전관리 대 6−3. 보육 실내 설비와 놀잇감의 안전관리 대 6−4. 위험한 물건의 보관
나. 영 · 유아의 안전보호	대 6−5. 영 · 유아에 대한 성인의 보호 대 6−6. 영 · 유아의 인계 과정 대 6−7. 등원 및 귀가용 차량 운행 대 6−8. 안전사고에 대한 보육시설의 책임 한계 대 6−9. 비상사태를 대비한 시설 · 설비와 대처방안 대 6−10. 안전교육과 정기적인 소방훈련

영역 7. 가족 및 지역사회와의 협력	
가. 가족과의 협력	* 대 7－1. 신입원아 부모 오리엔테이션 대 7－2. 보육시설과 가정 간의 의사소통 * 대 7－3. 정기적인 부모 개별면담 * 대 7－4. 부모교육 활동의 제공 * 대 7－5. 부모간의 교류 기회 제공 * 대 7－6. 보육시설 운영위원회의 구성과 활동
나. 지역사회와의 협조	* 대 7－7. 지역사회 기관과의 협조체제 * 대 7－8. 영 · 유아와 가족을 돕기 위한 전문가와의 협조
다. 보육활동	대 3－8. 대 · 소 근육 활동 대 3－9. 언어활동 대 3－10. 친사회적 활동 대 3－11. 기본 생활습관 활동 대 3－12. 사고력 및 탐구 활동 대 3－13. 창의적인 음률활동 대 3－14. 창의적인 미술활동 대 3－15. 역할 및 쌓기놀이

4) 평가기준

보육시설 평가인증을 위한 영역별 평가기준은 다음과 같다(여성가족부, 2005).

(1) 보육환경

보육환경은 영 · 유아의 학습 및 행동 습관의 형성에 중요한 영향을 미친다. 어린 시기일수록 환경의 영향이 크고 영 · 유아가 보육시설에서 장시간 생활하고 있으므로 보육시설의 환경은 매우 중요하다. 따라서 보육시설의 실내 · 외 환경은 가정과 같이 편안하고 쾌적하며, 영 · 유아의 일상 생활이나 놀이를 적극 격려하도록 계획하고 구성해야 한다. 예를 들면, 영 · 유아가 쉬고 싶을 때나 혼자 놀이를 하고 싶을 때 시간이나 장소, 주변 사람에게 방해를 받지 않는 공간을 마련해 주어야 한다. 한편, 영 · 유아는 구체적인 사물을 스스로 보고, 만지고, 느끼며, 놀이를 통해 새로운 지식을 습득한다. 따라서 이들의 흥미나 연령에 적합한 교재 · 교구를 다양하게 마련해 주어야 한다. 이 영역에서의 평가는 쾌적한 보육시설 환경의 유지와 영·유아 발달에 적합한 교재·교구의 구비에 초점을 둔다.

(2) 운영관리

보육시설의 운영관리는 시설의 보육철학이 반영되며, 시설장의 역할이 큰 비중을 차지한다. 무엇보다도 영·유아를 집단으로 보육하기 위해 바람직한 운영관리 체계를 갖추고 보육인력의 전문성을 신장시키기 위한 노력이 필요하다. 따라서 이 영역의 평가는 시설의 운영관리 측면과 보육인력의 전문성 증진에 초점을 둔다.

시설의 운영관리 측면에서는 종사자 간 업무 분장과 의사소통을 원활히 할 수 있는 체제를 갖추고, 합리적이고 투명한 재정관리와 원아관리를 위한 문서화, 그리고 보육실의 교사 대 영·유아 비율 준수 등이 중요한 평가 요소이다. 보육인력의 전문성과 합리적인 근무환경은 보육교사가 자신의 업무에 최선을 다할 수 있도록 지지해 주는 중요한 요인이 되며, 보육과정을 통하여 영·유아의 발달에 긍정적인 영향을 미친다. 보육인력의 전문성을 증진하기 위하여 시설장은 충분한 재교육과정을 마련하고, 보육교사를 지원하는 시설과 참고자료 구입 등을 가능케 하며, 경력교사의 비율을 높이도록 노력해야 한다.

(3) 보육과정

보육과정은 영·유아 발달에 적합한 경험 및 학습을 촉진할 수 있는 다양한 활동으로 계획되고 통합적으로 운영되어야 한다. 영·유아기는 발달이 급속히 이루어지므로 개인 간 발달차가 크고, 개별 영·유아 내에서도 발달 영역 간의 차이가 날 수 있다. 따라서 보육과정은 영·유아의 흥미와 개인차를 최대한 반영함으로써 이들의 개별적 욕구가 충족될 수 있도록 계획할 필요가 있다. 특히, 영아와 3세 유아는 한 가지 활동에 오래 집중할 수 없기 때문에 대집단활동보다는 개별 또는 소집단활동이 주로 이루어지는 것이 바람직하다. 또한, 4, 5세 유아들은 스스로 보육활동을 선택하여 자유롭게 참여할 수 있도록 격려하며, 보육교사는 활동을 융통성 있게 운영해야 한다.

보육과정을 통해 영·유아는 기본생활습관과 사회성 발달을 이루고, 대·소 근육, 언어, 음률 및 미술, 수·과학활동과 역할놀이 및 쌓기놀이를 균형 있게 경험하도록 한다. 보육과정은 실내·외활동뿐 아니라 기관이 속한 주변 이웃의 일상생활 관련 활동이 포함되도록 하며, 정기적인 보육과정 평가를 통해 그 결과를 운영에 반영하도록 한다.

(4) 상호 작용

보육시설의 교사는 영·유아의 일상적 양육과 상호 작용을 통해 영·유아의 개별적 차이를 이해하게 되며, 영·유아에게 발달상으로 적합한 경험을 제공할 수 있다. 이러한 경험은 부모들에게 교사에 대한 신뢰를 갖게 하며, 영·유아가 교사 또는 다른 또래들과 긍정적인 관계를 형성하고 대인관계 기술을 습득하는 데 기초를 이룬다.

이 영역의 평가는 보육교사와 영·유아 간의 관계 형성에 기초가 되는 일상적 양육에서의 개별화, 교사의 수용적이고 반응적인 태도, 그리고 긍정적인 방법을 사용한 행동지도에 초점을 둔다. 이러한 보육교사의 행동과 태도는 영·유아로 하여금 자존감을 향상시키고, 평등하다는 느낌을 갖게 하며, 다른 또래들과 긍정적으로 상호 작용할 수 있는 능력을 길러준다.

보육교사는 영아의 수유, 유아의 식사 및 간식 시간을 편안하고 즐거운 분위기로 만들어야 한다. 이 시간이 단순히 음식을 먹는 시간에 그치지 않고, 보육교사가 영·유아의 개별적인 음식 선호와 특성을 알고 그들과 상호 작용을 할 수 있는 기회로 활용해야 한다. 또한 강압적이거나 서두르지 않는 가운데 서서히 식습관을 형성시켜야 한다. 보육교사는 영·유아의 말과 행동에 관심을 보이고, 주의 깊게 들으며, 밝은 표정으로 적절하게 응답해 주어야 한다. 교사가 음식을 대하고 바르게 식사하는 행동을 통해 바른 식사예법과 편식하지 않는 태도를 보여줄 수 있다.

(5) 건강과 영양

영·유아에게 청결하고 위생적인 환경을 마련해주고 양질의 식사와 간식을 제공하는 것은 영·유아의 건강을 유지하기 위해 매우 중요하다. 보육시설 내 실내 공간의 위생과 청결은 어릴 때부터 위생적인 생활 습관을 기르는 데도 큰 역할을 할 수 있다. 보육교사는 집단생활에서 예상되는 전염성 질환에 대한 예방 대책을 마련하고, 몸이 아픈 영·유아에게 적절한 조치를 취해주어야 한다. 그리고 보육시설에서는 양질의 식품으로 다양하게 조리된 식단을 계획하여 제공함으로써 영·유아의 성장을 도와주어야 한다.

이 영역에서는 보육실 내외 각 공간의 청결과 위생, 영·유아의 위생적 생활습관 지도, 몸이 아픈 영·유아에 대한 적절한 대책 수립 여부, 그리고 영·유아의 식사와 간식의 적절성이 주요 점검 항목으로 포함되어 있다. 영·유아의 실내활동에 불쾌감을 주지 않도록 실내 공간이 깨끗하게 유지되기 위해서는 보육실은 물론 현관 및 복도, 공유 공간(유희실, 교사실, 자료실 등)을 매일 청소하고, 정기적으로 소독해야 한다(화장실과 조리실은 별도의 항목으로 점검함). 특히 보육실은 다수의 영·유아로 인해 먼지가 많고 여러 설비가 자주 더럽혀질 수 있는 곳이므로 정기적인 청소와 소독을 통하여 청결한 상태를 유지하여야 한다. 또한 청소용 걸레나 도구는 삶거나 소독하여 청결하게 사용한다.

(6) 안 전

보육시설에 영·유아를 맡기는 부모나 보호자가 가장 우선적으로 바라는 것은 영·유아가 안전하게 보호되는 것이다. 사고나 위험으로부터 영·유아를 보호할 수 있는 안전한 보육환경은 영·유아로 하여금 보육활동에 마음 놓고 참여하도록 하여 건강한 신체와 심리적 안정감을 발달시킬 수 있도록 도와준다.

시설장과 보육교사는 보육시설에서 생활하는 영·유아의 안전을 책임지고 있다. 따라서 영·유아의 안전을 위해 필요한 시설의 설치는 물론, 관련 설비의 사용수칙을 잘 알고 있어야 한다. 보육시설의 안전관리 수칙은 문서로 준비하여 세심하게 관리할 필요가 있다. 이렇게 문서화함으로써 평상시 종사자들이 안전사고 예방수칙을 숙지하여 수행할 수 있고, 사고 발생 시에도 미리 수립되어 있는 대처요령에 따라 당황하지 않고 효율적으로 행동할 수 있다.

보육시설의 안전관리는 시설과 장비 등에 국한되지 않는다. 보육일과 전반에 걸쳐 영 · 유아의 안전한 보호에 세심한 주의를 기울여야 한다. 영 · 유아는 항상 성인의 보호 아래 있어야 하며, 등원 및 귀가 시간의 안전, 영 · 유아 인계과정에서의 보호자 신원 확인 등 영 · 유아 안전보호에 만전을 기해야 한다.

이 영역에서는 보육시설 실내 · 외 시설물의 안전관리, 영 · 유아의 보호수칙이나 안전사고 발생 시의 대책 여부, 안전교육 등을 점검한다.

3. 유아에 대한 평가

2007 개정 유치원 교육과정에서는 유아에 대한 평가에 대해서 다음과 같이 제시하고 있다.

- 교육과정 목표와 내용을 준거로 유아의 특성과 변화 정도를 평가한다.
- 유아의 태도, 지식, 기능 등이 종합적으로 포함되도록 평가한다.
- 유치원 일과 속에서 생활과 교육활동 전반에 걸쳐 포괄적으로 평가가 이루어지도록 한다.
- 관찰, 활동결과물 분석, 면담 등 다양한 방법을 사용하여 종합적으로 평가하고, 그 결과를 기록한다.
- 평가결과는 유아에 대한 이해와 유아 지원을 위한 의사 결정, 교수 · 학습방법 개선, 교육과정의 편성과 운영, 부모 면담, 생활기록부 작성 등을 위한 기초자료로 활용한다.

1) 평가결과의 기록

교육에서 평가는 아동 및 학생을 평가하는 일로 그치는 것이 아니라 그 평가 결과를 기록하는 일도 중요한 업무 중의 하나이다. 평가의 목적이 유아의 변화 정도를 확인하기 위한 것이라면 변화 과정을 쉽게 알아볼 수 있도록 기록하는 것이 중요하다. 기록은 유아의 발달 모습을 보여 주면서 교사의 유아 발달에 관한 해석의 정보를 제공해 주기 때문에 유아평가의 기록은 신중을 기해야 한다. 교사가 유아에 대한 평가 결과를 기록하고 활용하는 데 유의할 점을 제시하면 다음과 같다(임재택, 2000).

- 기록된 평가결과는 각 유아가 필요로 하는 여러 형태의 교육경험을 계획하는 데 지침으로 활용되도록 해야 한다. 교사는 유아의 평가기록을 면밀히 검토해 봄으로써 그 유아의 장점과 단점을 발견하고 적절한 지도방안을 모색할 수 있다.
- 한 유아의 평가기록을 여러 사람이 서로 다른 관점에서 독자적으로 평가할 수 있는 자료로 활용될 수 있도록 한다.
- 교사는 유아의 발달을 평가하고 기록하는 과정에서 그 유아에 대해 보다 깊이 생각해 보도록 해야 한다.
- 평가 기록은 전문가(예 : 아동상담가, 의사)들이 유아의 문제가 일시적인 것인지 혹은 계속적인 것인지를 결정하고, 문제의 원인을 파악하고, 그 문제가 유아의 발달에 미치는 영향을 확인하고, 문제에 대한 해결 방안을 모색하는 데 보다 효과적으로 활용될 수 있도록 해야 한다.
- 교사들은 유아에 대한 평가 기록을 통해 유아의 발달과정을 이해하도록 해야 한다.
- 유아에 대한 평가 기록은 부모들과의 면담자료로 사용될 수 있으며, 특히 불만을 가진 부모들을 설득하는 도구로 활용될 수 있어야 한다.
- 평가 기록은 원을 자주 옮기는 유아들에게 유익한 자료로 활용되어야 한다. 또한 원에서의 평가 기록은 초등학교에서의 지도 및 교육자료로 사용될 수 있다는 점에 유의해야 한다.
- 원을 지도 · 장학하는 행정기관에서는 각 원에서 유아의 발달과 교육프로그램 등 여러 가지 평가 결과를 기록 · 보관해 둘 것을 요구하고 있다.

2) 유아생활기록부 작성 및 관리

〈유아교육법〉 제14조에 의거하여 유치원 생활기록부 관리 지침을 마련하여 2009학년 신입 유아부터 적용하고 있다. 이 지침에서 정하고 있는 내용을 정리하면 다음과 같다.

(1) 보관 · 활용

- 유치원생활기록부는 컴퓨터 저장매체에 별표의 서식에 따라 기재하여 20년간 보관하고, 그 출력물은 유아가 졸업한 이후 3년 동안 보관한다.

• 유치원장은 유아의 보호자 또는 유아가 입학한 초등학교장이 유아의 생활지도에 필요하여 요청할 경우에는 이를 출력하여 송부하여야 한다.

(2) 기재 · 서식 등

• 유치원생활기록부는 한글로 기재하고, 기재란이 부족할 때에는 유치원의 필요에 따라 추가할 수 있다.
• 생활기록부 작성에 필요한 보조기록부는 각 유치원의 실정에 맞게 작성·사용함을 원칙으로 하되, 필요한 경우 시·도교육청별로 일정한 서식을 작성·사용하게 할 수 있다.
• 유아가 학기 중 또는 1년 과정이수 후 전학할 경우 유치원장은 보호자의 요청에 따라 유아의 생활기록부 출력물 또는 저장매체를 전학하는 유치원에 송부하고, 퇴학할 경우에는 유치원 생활기록부에 퇴학 일을 기재하여 3년간 보관한 후 이를 폐기할 수 있다.
• 기재사항의 일부분을 삭제 또는 수정할 때에는 '사무관리규정시행규칙' 제5조(행정안전부령)에 따라 삭제 또는 수정한 글자 중앙에 두선을 그어 원안의 글자를 알 수 있도록 삭제 또는 수정하고, 삭제 또는 수정한 자가 삭제 또는 수정된 곳에 날인하며, 중요한 내용을 삭제 또는 수정한 때에는 생활기록부의 여백에 삭제 또는 수정한 자수를 표시하고 관인을 날인한다.

한편, 유치원 생활기록부는 교사가 유아를 지도하기 위해 기록하는 모든 기록문 중에 가장 으뜸가는 원부라고 할 수 있다. 법적으로도 유치원 생활기록부는 유아의 재원을 증명할 수 있는 중요한 자료이다. 따라서 유치원 생활기록부의 작성 및 취급에 주의를 기울여야 한다. 유치원 생활기록부의 작성 요령은 다음과 같다.

► **인적사항** 유치원생활기록부의 인적 사항은 다음과 같이 기재한다.

• 유아의 성명은 한글로 기재한다. 다만 부득이한 경우 해당국 언어로 기재할 수 있다.
• 성별은 해당하는 곳에 남, 여로 기재한다.
• 생년월일은 아라비아숫자로 기재한다.
• 주소는 입학당시의 주소와 변경된 주소를 차례로 기재하고, 졸업 당시의 주소를 최종적으로 기재한다.

- ‘가족상황’란에는 부모(보호자)의 성명, 생년월일을 기재한다.
- ‘특기사항’란에는 형제자매, 가족의 구성형태, 다문화 가정 여부 등을 기재한다.

▸ **학적사항**

- 입학전 경험은 유치원과 어린이집 등의 기관 명칭과 재적기간을 기재한다.
- 입학, 전입, 전출, 퇴학, 졸업의 경우 연월일, 원명, 연령을, ‘특기사항’란에는 특기할 만한 사유를 기재한다(예시: 입학과 졸업의 기록은 만3세 입학, 만4세 수료, 만4세 입학, 만 5세 수료, 만 5세 입학, 만 6세 졸업)
- ‘졸업후의 상황’란에는 진학한 학교 등 유아의 진로상황을 기재한다.

▸ **출결상황**

- 출결상황은 각 항목에 따라 아라비아 숫자로 기재한다.
- 교육일수는 유아교육법시행령 제12조의 규정에 의하여 원장이 정한 총 출석해야 할 일수를 기재한다.
- 출석일수는 출석한 일수를 기재한다.
- ‘의견’란에는 일주일 이상 장기 결석한 경우 사유 등을 간략하게 기재한다.

▸ **신체발달상황** : ‘학교건강검사규칙’ 제4조(교육과학기술부령)에 따라 신체검사 결과를 다음 각 호와 같이 기재한다.

- 검사일자는 아라비아 숫자로 기재한다.
- ‘특기사항’란에는 유아의 신체가 학습활동에 영향을 미치는 특별한 병력이나 전염병 예방 접종 일을 기재하고, 기타 신체적 특징 사항을 간략하게 기재한다.

▸ **유아발달상황**

- 유치원 교육과정은 건강, 사회, 표현, 언어 및 탐구생활 등 교육영역의 발달상황에 대한 관찰 결과를 구체적인 문장으로 기술하며, 문장의 끝맺음은 ‘ ~함’, ‘~임’ 등으로 통일하여 기재한다.
- 기술내용은 유치원 교육과정에 제시된 수준별 내용을 준거로 기재하고, ‘종합발달상황’란에는

유아의 발달상황에 대한 종합적 평가를 간략하게 기재한다.

▸ 기타사항

- '졸업대장번호'란은 만 5세아가 졸업할 경우에만 아라비아 숫자로 졸업년도 및 졸업대장번호를 기재한다(예시: 2009-369).
- '사진 란'에는 입학 당시의 상반신 칼라 사진 1매를 붙인다.

유치원 생활기록부

(앞면)

구분 \ 연령	3세	4세	5세	사진 (3×4)
반				
담임성명(인)				

졸업대장번호	20 —

1. 인적사항

성명	(한글)	성별	남 · 여	생년월일	
주소					

가족상황	구분 \ 관계	부	모	특기사항
	성 명			
	생년월일			
	직 업			

2. 학적사항

입학 전 경험	(년 개월)	특기사항
20 년 월 일 유치원 세 입학		
20 년 월 일 유치원 세 전입 (전출)		
20 년 월 일 유치원 세 퇴학		
20 년 월 일 유치원 세 졸업 (수료)		
졸업 후의 상황	초등학교 진학, 기타 :	

3. 출결상황

구분/연령	3세	4세	5세
교육일수			
결석일수			
의 견			

4. 신체발달상황

구분 \ 검사일	20 . . .	20 . . .	20 . . .
키	cm	cm	cm
몸무게	kg	kg	kg
시력검사	좌) 우)	좌) 우)	좌) 우)
구강검사	상 하)	상 하)	
특기사항			

그림 13-1 유치원 생활기록부 1

유치원 생활기록부

(뒷면)

성 명			
5. 유 아 발 달 상 황			
연 령 / 영역별	3세	4세	5세
건강생활			
사회생활			
표현생활			
언어생활			
탐구생활			
종합발달상황			

그림 13-2 유치원 생활기록부 2

참고문헌

강문희 외(2006). 유아교유기관 운영관리. 서울: 학지사.

강윤구(1992). 영 · 유아보육사업론. 서울: 혜화당.

곽노의 외(1996). 비교유아교육론. 서울: 양서원.

교육부(1998). 제6차 유치원 교육과정의 해설.

교육부(2000). 유치원 교육활동 지도자료.

권동택(2003). "학교조직의 질 관리를 위한 학교장의 변혁적 리더십 연구". 교육행정학 연구. 21(1). 148.

권인탁(1994). "교육조직에서 변혁 지향적 지도성 측정에 관한 연구". 전북대학교 박사학위논문.

김재규 · 공은배 · 이원영 · 백성준(1994). "유치원 표준교육비 산출 연구". 중앙교육심의회 보통교육 분과 위원회.

김종철(1982). 교육행정의 이론과 실제. 서울: 교육과학사.

김종철(1989). 한국교육정책연구. 서울: 교육과학사.

김진영 · 김정원 · 전선옥(2000). 부모교육. 서울: 창지사.

남정걸(2004). 교육행정 및 교육경영. 서울: 교육과학사.

류영국(1992). "교육조직의 갈등관리에 관한 연구". 단국대학교 박사학위논문.

류윤석(1995). "학교조직문화의 형성과정에 관한 연구". 단국대학교 박사학위논문.

류윤석(2005). "유치원 조직의 총체적 질 관리를 위한 변혁적 리더십의 정책방안 탐색". 열린유아교육 연구. 10(1).

박남기(2004). "교직사회의 갈등 구조". http://www.classmi.net.

박남기(2006). 21세기 학급경영의 이론과 실제. 광주교육대학교 출판부.

박병량(2003). 학급경영. 서울: 학지사.

박병량 · 주철안(1999). 학교 · 학급경영론. 서울: 학지사.

백미열 외 3인 공저(2000). 유아교육기관의 운영관리. 서울: 양지.

보건복지부(1992). 어린이집 보육교사를 위한 영 · 유아보육프로그램(제1권).

보건복지부(1998), 영 · 유아 안전프로그램 Ⅰ, Ⅱ.

서지영 · 서영숙(2002). "유아교사의 조직 헌신도에 영향을 미치는 관련변인 연구". 미래유아교육학회지. 9(2). 115-136.

성영혜 · 이상희(2000). 최신 유아교육기관 운영관리. 서울: 동문사.

순천율산유치원(2005). 보고 느끼고 체험하는 활동을 통한 유아의 안전생활습관 기르기.

신동주(1999). 실외 환경 구성 지침. 서울: 교육과학사.

양옥승 외(1998). 세계의 보육제도. 서울: 양서원

여성가족부(2005). 보육시설 평가인증 지침서.

오석홍(1988). 조직이론. 서울: 박영사.

유안진 · 김연진(1998). 부모교육. 서울: 동문사.

유현숙 · 박영숙(1997). "사립유치원 기관평가 준거 개발 연구". 연구보고 RR 97-11, 한국교육개발원.

유효순 · 정원식(1994). 부모교육. 한국방송통신대학 출판부.

윤석희(1989). 단계별 유아교육과정. 안산전문대학 부속유치원.

이대균 · 송정원(2000). 유아교재 · 교구 연구 및 지도. 서울: 양서원.

이대균 · 송정원(2004). 최신 유아교육기관의 운영관리. 서울: 양서원.

이영석(1996). 유아교육론. 서울: 형설출판사.

이영자 · 권영례(2000). 유아교육기관 운영관리. 서울: 창지사.

이영자 · 신동주(2006). 유아교육기관 운영관리. 서울: 창지사.

이윤경(1999). "유치원교사의 갈등관리 유형과 직무만족도와의 관계". 교육학연구. 37(3). 365-383.

이윤식(1999). 장학론. 서울: 교육과학사.

이재연 · 김경희(1993). 부모교육. 서울: 양서원.

이현섭 외 4인 공저(1997). 유아교육개론. 서울: 학지사.

임재택(2000). 유아교육기관 운영관리. 서울: 양서원.

장명림 외(2000). 유치원 모의평가를 통한 유아교육평가모형 확립 방안 연구. 한국교육개발원.

전남보육정보센터(2005). 보육시설 평가 인증 조력안내서.

정태범(1998). 교육행정학. 서울: 양서원.

조부경(1989). "유치원 교육실습지도를 위한 임상장학모형 개발". 이화여자대학교 박사학위논문.

조부경 · 백은주 · 서소영(2001). 유아교사의 발달을 돕는 장학. 서울: 양서원.

조성일 · 장선철(2000). 유아교육기관 운영관리. 서울: 동문사.

조태영(2004). "유아교육조직의 갈등관리". 아동교육. 13(1). 159.

조평호 · 김기태(2004). 교육재정과 학교시설. 서울: 교육과학사.

주정일(1990). "한국탁아사업의 어제 · 오늘 · 내일". 보건사회부. 한국행동과학연구소 주최 전국탁아 세미나 : 한국탁아사업의 어제 · 오늘 · 내일.

한국교육개발원(2004). **교육통계연보.**

한국교육행정학회(1995). **교육인사행정론.**

한국교육행정학회(1995). **교육조직론.** 서울 : 도서출판 하우.

한국행동과학연구소 편(1984). **새마을 유아원 운영지도서.** 서울: 국정교과서주식회사.

한임순(1997). **최신유아교육개론.** 서울: 동문사.

허혜경 · 김성희(1997). **유아건강교육의 이론과 실제.** 서울: 창지사.

Bass, B. M. & Avolio, B. J.(1990). *Transformational Leadership Development*. Cal.: Consulting Psychologists Press, Inc.

Bass, B. M.(1990). From Transactional to Transformational leadership : Learning to share the vision. *Organizational Dynamics*, Winter. 19-31.

Decker, C. A., & Decker, J. R.(1997). *Planning and administering early childhood programs* (6th Ed.). Prentice-hall, Inc.

Esbensen, S. B.(1987). *An Outdoor Classroom*. Ypsilanti, MI: High/Scope Press.

Evans, E. B. & Shub. B., & Weinstein, M.(1971). *Day care : How to plan, develop and operate a day care*. Boston: Bacon Press.

Fowler, W.(1980). Infant and Child Care : *A Guide to Education in Group Setting*. Boston: Allyn and Bacon, Inc.

Frost, J. L., & Kissinger, J. B.(1976). *The young child and the educative process*. N.Y.: Holt, Rinehart and Winston.

Hoy & Miskel(1996). *Educational administration*. New York: McGraw-Hill, Inc.

Jefferson, R. E.(1968). Indoor facilities. In Sunderland, S. & Gray, N.(eds), *Housing for early childhood education*. Washington, D.C.: ACEI.

Morgan, C. & Murgatroyd(1993). *Total quality management in the public sector*. Philadelphia: Open University Press.

Osman, F. L.(1971). *Patterns for designing children's centers*. N.Y.: Educational Facilities Laboratories, Inc.

Rahim. A.(1986). *Managing Conflict in Organizations*, New York: Praeger.

Sciarra. D. J. & Dorsey. A. G.(2002). *Leaders and supervisors in child care programs*. Columbia: Delmar.

찾아보기

» ㄱ

» ㄴ

» ㄷ

» ㅁ

» ㅂ

» ㅅ

» ㅇ

» 인명

저 자 **류윤석**

단국대학교 대학원 교육학과(교육학 박사)
현재 순천청암대학 유아교육과 교수
저서 실기교육의 이해
부모교육(공제)
교육사회학(공제)

유아교육기관 운영관리

2010년 3월 1일 초판 인쇄
2010년 3월 5일 초판 발행

지은이 | 류윤석
발행인 | 유제구
발행처 | 파워북
주 소 | 서울 마포구 염리동 161-5 대동빌딩 4층
전 화 | (02) 730-1412
팩 스 | (02) 730-1410
등 록 | 1997. 1. 1 제 300-1997-13

정 가 17,000원
ISBN 978-89-8160-148-5